统计方法：基于R语言

Statistical Methods with R

叶露 / 著

中国财经出版传媒集团

经济科学出版社
Economic Science Press

·北京·

图书在版编目（CIP）数据

统计方法：基于 R 语言／叶露著． -- 北京：经济科学出版社，2024.1
ISBN 978 - 7 - 5218 - 5572 - 2

Ⅰ．①统… Ⅱ．①叶… Ⅲ．①统计分析 - 统计程序
Ⅳ．①C819

中国国家版本馆 CIP 数据核字（2024）第 027210 号

责任编辑：杨　洋　赵　岩
责任校对：孙　晨
责任印制：范　艳

统计方法：基于 R 语言
叶　露　著
经济科学出版社出版、发行　新华书店经销
社址：北京市海淀区阜成路甲 28 号　邮编：100142
总编部电话：010 - 88191217　发行部电话：010 - 88191522
网址：www. esp. com. cn
电子邮箱：esp@ esp. com. cn
天猫网店：经济科学出版社旗舰店
网址：http：// jjkxcbs. tmall. com
北京季蜂印刷有限公司印装
710 × 1000　16 开　18 印张　280000 字
2024 年 1 月第 1 版　2024 年 1 月第 1 次印刷
ISBN 978 - 7 - 5218 - 5572 - 2　定价：58. 00 元
（图书出现印装问题，本社负责调换。电话：010 - 88191545）
（版权所有　侵权必究　打击盗版　举报热线：010 - 88191661
QQ：2242791300　营销中心电话：010 - 88191537
电子邮箱：dbts@ esp. com. cn）

前言
Preface

利用统计方法进行建模和预测已经是现代研究最重要的技术之一。本书从数据获取、数据描述、数据分析三个方面，系统介绍了数据科学中的典型统计方法，包括抽样技术、线性回归方程、时间序列分析等。全书内容讲解简明扼要，注重应用，利用 R 语言自带数据，进行实例展示。没有冗余的数理推导，可以让读者快速进入统计方法的学习。

本书的内容主要分为四大部分，共 5 章。第一部分为第 1 章抽样技术，介绍了典型的几类抽样技术，包括简单随机抽样、分层抽样、整群抽样、系统抽样、多阶段抽样。第二部分为第 2 章描述性统计和第 3 章推断性统计，介绍了统计学基本内容，包括变量类型、图表表示、点估计、区间估计、显著性检验、方差分析等内容，帮助学生建立起统计学研究的整体框架，体会到"期望"和"方差"是基础统计研究的核心，从而使得统计方法的进阶学习成为可能。第三部分为第 4 章线性回归方程，包括古典模型、多重共线性、序列相关性、异方差性、内生性问题、面板数据等内容。第四部分为第 5 章时间序列分析，包括平稳时间序列、波动性建模、趋势建模、多方程建模等内容。

本书是作者长期从事一线统计课程课堂教学的系统总结，参阅了国内外大量优秀教材，也试图融入当下科学研究中热门关注的统计模型，可作为统计学、数据科学、经济学、管理学、计算机科学等相关专业本科生的统计方法教材和教学参考书，也可作为相关专业硕士生的教材和研究方法工具书。

本书的特点有：

第一，本书最大的特点是统计方法系统化。涵盖《抽样技术》《统计学》《计量经济学》《时间序列分析》四门课程的专业知识，让读者对统计方法体系有全面认识，形成系统性的逻辑思路。

第二，本书使用 R 语言作为实践软件，所用数据来自 R 包中自带数据集。实践练习所用的数据均来自 R 包中自带数据集，公开且免费。

第三，本书呈现互动式教学活动安排。各章节互动式教学活动内容，可以更好地实践"以学生为中心"的教学理念。

本书得以出版最大的动力来自我的家人和我的学生们。2018 年的第一本教材《随机过程基础》出版和使用，从家人和学生们的反馈中，感受到了满满幸福感。儿子不到一年级，把《随机过程基础》看（翻）了不下 5 遍，还问我："妈妈，为啥我看不懂？"17 级的万三瑜同学在图书馆，看到老师的书，还发了朋友圈，配文"在图书馆看到班主任的书！"单佳琪同学在课程结束后，专门整理了书中的错误文档，悄悄地发邮件给我。除此之外，还有很多同学课后对教材的讨论，以及一些读者的邮件咨询、讨论。最后，感谢经济科学出版社，让书得以顺利出版。

由于作者水平有限，难免有疏漏和不足之处，期待各位读者的批评指正。

叶 露
毕业于南开大学数学科学学院
任教于浙江理工大学经济管理学院
zjwzajyl@ 126. com
2024 年 1 月

CONTENTS

目 录

第**1**章

抽样技术

抽样技术的根本目标是解决数据来源问题。通过发放调查问卷可以获得研究数据，这样采集来的数据必然要考虑三个问题：

（1）调查获得的结论是否可以作为研究问题的推断？如果可以，为什么？

（2）如何进行样本的抽取，才能得到科学可信、效率最高的样本数据？

（3）在不同抽样方法下，如何对"科学可信、效率最高"做出统计判断？

故以下课程介绍典型的随机抽样方法时，将围绕上述三个问题展开。在统计理论上主要掌握期望和方差的计算。

1.1 调查与抽样调查

学习要点

1. 全面调查 VS 非全面调查（抽样调查）

2. 概率抽样 VS 非概率抽样

3. 几种概率抽样的简介

4. 基本概念

1.1.1　调查

调查（survey）是指通过使用明确的概念、方法和程序，依据专门设计的调查方案指导的方式，从一个总体全部或部分单元中搜集感兴趣的指标信息，并将这些信息综合整理成数据系列的有关活动。但是，需要注意的是，调查不是获取数据的唯一方式。

在科学研究中，数据有两种类型，一种是实验数据，另一种是调查数据。实验数据是指在实验方案的指导下，通过控制变量，在控制的条件下得到观测的结果。实验数据在自然科学研究中用到较多。

调查数据一般是指客观上已存在，但需要通过观察或询问才能得到数据。调查的目的是获取调查对象的数量特征。调查对象一般与人的活动有关。调查是与人打交道的艺术。

问题：生活中的"调查"举例?

1.1.2　全面调查与非全面调查

全面调查（红色语录）是对被调查对象总体中的全部对象进行调查，能收集到调查目标的全部信息，不需要统计方法对总体进行推断，如人口普查。非全面调查是指从总体中抽取少数而不是全部单元，收集调查数据并对总体的数量特征进行估计。

全面调查与非全面调查相辅相成，相互补充。非全面调查，或称为抽样调查，可作为全面调查的补充。例如，人口普查中间的每年进行人口变动的抽样调查，对当年人口出生、死亡等进行估计。抽样数据可以对普查数据进行评估和修正。比如，普查结束后，可利用抽样数据计算误差率，进行质量评估和数据修正。抽样调查可以进行深层次分析。在普查的基础上，根据研究的需要，可以针对某些问题进行专题分析。利用抽样调查，可以提前获取总体的估计。普查往往需要较长的时间，为了尽快得到总体的某些特征数据，抽样调查可以提前获得某些目标量的估计。但是，抽样调查不能代替普查。普查不仅能提供研究对象的总体情况，还可以提供各个区域、各个类别的统计信息。普查为抽样提供辅助信息，提高抽样效率。

相对于全面调查，抽样调查有如下几方面优点：

（1）时间短速度快。在这日新月异的时代，很多民生民意调查要求有很强的时效性，如 ofo 共享单车用户满意度等，需在较短时间内完成。与全面调查相比，抽样调查相对调查单元较少，数据整理工作量相对较少，因而可以较快提供目标人群的调研结果。对于时效性较强的调查，通常使用抽样调查。

（2）费用少成本低。相对于全面调查，抽样调查能大大节约调查的人力、物力及财力，节约调查费用。

（3）调研结果比较准确。全面调查参与人员众多、涉及范围广，在数据采集过程中有较大可能产生数据误差。而抽样调查参与的人员较少，可以对参与调查的人员进行培训及高效监管，保证原始价数据的正确性，降低总误差。

（4）应用范围广。有些调查是全面调查无法完成的，这时必须进行抽样调查得到数据。例如，杭州旅游满意度统计，不可能对所有来杭州的游客进行一一访问，只能以抽样方式进行。抽样调查的应用领域主要包括对经济现象的调查，对民生民意的调查，对市场信息的调研。

1.1.3　概率抽样与非概率抽样

抽样调查根据"单元是否按照一定的概率入样"可分为概率抽样和非概率抽样。概率抽样，也称为随机抽样，是指按照概率原则，从总体中抽取一定数目的单位作为样本进行观察，随机抽样使总体中每个单位都有一定的概率被选入样本，从而使根据样本所做出的结论对总体具有充分的代表性。非概率抽样，也称为非随机抽样，是以方便为出发点或根据研究者主观的判断来抽取样本。非随机抽样主要依赖研究者个人的经验和判断，它无法估计和控制抽样误差，无法用样本的量化数据来推断总体。概率抽样的每个样本单元是随机抽取的，能保证样本的代表性，避免人为因素的干扰。概率抽样能计算出每个单元的入样概率，能得到总体目标量的估计值，进而计算出估计值的抽样误差，提供推断的可信度。概率抽样是抽样调查的主要内容。而非概率抽样往往难以评价样本的代表性，无法估计抽样误差，偏倚往往较大。但是，非概率抽样有其存在的合理性。首先，受客观条件限制，无法进行严格的随机抽样。随机抽样需要抽样框，即包含所有抽样单元的名单，而这份名单有时却无法得到，故只能使用非概率抽样。其次，为了快速获得调查结果往往使用非概率抽样得到预调查结果。概率抽样往往比较复杂，需要较大工作量得到目标量的估计，而非概率抽样较快速经济。再次，在调查对象不确定，或无法确定的情况下采用非概率抽样。例如，对某一突发（偶然）事件进行现场调查等。最后，当总体各单位间离散程度不大，且调查员具有丰富的调查经验时，往往采用非概率抽样。

非随机抽样有许多种形式，常见的有下列几种：

（1）方便抽样，即根据调查者的方便与否来抽取样本，如"街头拦人法"。

（2）判断抽样，即凭研究人员的主观意愿、经验和知识，从总体中选择具有典型代表性样本作为调查对象。例如，"平均型"或"多数型"，即按照一定标准，主观选取样本。

（3）配额抽样（也称"定额抽样"），即事先对总体中所有单位按其属性、特征分为若干类型，这些属性、特征称为"控制特征"。如被调查者的姓名、年龄、收入、职业、教育程度等；然后，按照各个控制特征分配样本数额。但是，从各控制特征中抽取样本的方法一般采用方便抽样而不是随机抽样。该方法简单易行，样本具有较高的代表性。

（4）自愿样本，即样本不是经过抽取，而是自愿接受调查的单元组成。该方法得到的调查结果有很大的偏倚，比如，微信调查，只有感兴趣的人群才会成为调查单元。但是，该方法有存在的必要性，特别是对于某些疾病的药品实验，往往需要自愿者来完成。

1.1.4　概率抽样方法

基本的概率抽样方式有简单随机抽样、分层抽样、整群抽样、系统抽样和多阶段抽样方法。

　　简单随机抽样（simple random sampling，SRS）又称纯随机抽样，考虑一个包含 N 个单位的母体，从中抽取 n 个单位作为样本。如果抽样是不放回的，即同一个单位不能在样本中重复出现，那么总共有 C(N,n) 种不同的取法，也就是说共有 C(N,n) 个可能的不同样本。如果每个样本被抽中的概率都相等，则称这种抽样方法为简单随机抽样，所得到的样本叫作简单随机样本（SRS）。

　　例 1.1　某大学欲了解该校研究生中打算报考托福人数的比例，全校研究生共有 570 人，随机抽取了 100 人，其中有 14 人准备参加托福考试，试以 95% 的把握程度对研究生中欲报考托福人数的比例作出估计。

　　分层抽样（stratified sampling）又称类别抽样，它是先将总体所有单位按某些重要标志进行分类（层），然后在各类（层）中采用简单随机抽样或系统抽样方式抽取样本单位的一种抽样方式。分层时，层间的方差尽量大，层内的方差尽量小，这时，分层抽样的精度会高于简单随机抽样。

　　例 1.2　对员工收入状况进行调查，就可将员工按职业不同，分为生产人员、商业人员、服务性工作人员等各层，再从各层中抽取员工。

　　整群抽样（cluster sampling）是先将总体划分成许多不相重合的子总体或群，然后以群为抽样单位，按某种随机方式从中抽取若干个群，形成一个"群"的随机样本，对抽中的群内所有单位都进行调查。整群抽样不必要求有总体所有基本单位的抽样框，实施便利、费用节省。影响整群抽样误差的主要是群间方差。分群时使群内方差尽可能大，使群间方差尽可能小。整群抽样的估计精度一般低于简单随机抽样。

　　例 1.3　某大学要调查学生的视力，可以将班级作为一个群，随机抽取几个班，对这些班的全部学生进行调查。

　　系统抽样（systematic sampling）是将 N 个总体单位按一定顺序排列，先随机抽取一个单位作为样本的第一个单位，然后按某种确定的规则抽取样本的其他单位。其中最简单也是最常用的规则是等间隔抽取。所以系统抽样又称等距抽样。

　　例 1.4　从 600 名大学生中抽选 50 名大学生利用学校现有名册按顺序编号排序，从第 001 号编至 600 号。抽选距离 = N ÷ n = 600 ÷ 50 = 12（人）。如从第一个 12 人中用简单随机抽样方式，抽取第一个样本单位，如抽到的是 8 号，依次抽出的是 20 号、32 号、44 号等。

多阶段抽样（multi-stage sampling）是指抽取样本单位时分几个阶段进行：首先在总体中按随机原则抽取若干初级（一级）单位，然后再从被抽中的初级单位中抽取若干次级（二级）单位，这种抽样称为二阶段抽样。如果每个次级单位又可以进一步分为更小的三级单位，那么在每个被抽中的二级单位中再抽取三级单位，这称为三阶段抽样，以此类推，可以定义更多阶段的抽样。其优点为样本单位相对集中，实施调查比较方便，可以节省调查费用。抽样时并不需要全部低阶段单位的抽样框。

例1.5 全国性调查：省；市或县；街道、镇、或乡，等等。在大规模的抽样调查中，特别是当抽样单位为各级行政单位时，通常都采用多阶段抽样。

图 1.1 在 12 个学生中抽 3 个同学参加，分别采用简单随机抽样、分层抽样、整群抽样、系统抽样和多阶段抽样方式，请根据图 1.1 说说各方法的特点。

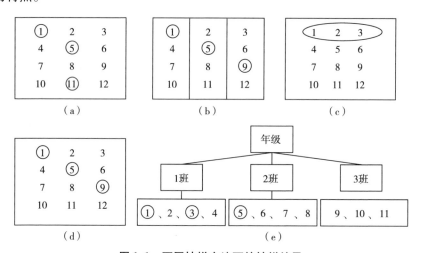

图1.1　不同抽样方法下的抽样结果

1.1.5　深入开展调查研究

以下选段是《习近平关于"不忘初心、牢记使命"重要论述摘编》关于加强学习，深入开展调查研究，全面增强执政本领的伟大论述，值得每一个同学好好学习，认真实践。

下去调研，要去一些困难多的地方、问题多的地方，调研不是光看好的。当地干部有时有些顾虑，怕我们看了那些不好的东西会产生负面印象。这里面有一个政绩观的问题。工作什么时候也会有好的、差的，先进的、落后的。看了困难多、问题多的地方，才能帮助他们解决问题，也有利于我们正确决策。去了就不要兴师动众，做到既能轻车简从，又能深入一些地方。如果能解决这些问题，我真心想看一些最偏僻的地方、最困难的地方。到边远地方去，同群众聚一聚，见见面，聊聊天，有什么不好？有些地方待上一天也可以，把情况摸透了，心中更有数。搞得深一些，比浮光掠影、走马观花走好几个点效果要好。关键是不要弄虚作假①。

在改进工作作风上，我很重视调查研究。开展调查研究就是走群众路线，没有调查就没有发言权，就没有决策权。对高级干部来说，能不能坚持群众观点？能不能接地气？要做到这一点，坚持调查研究是一种很重要的方式②。

调查研究是谋事之基、成事之道。没有调查，就没有发言权，更没有决策权。研究、思考、确定全面深化改革的思路和重大举措，刻舟求剑不行，闭门造车不行，异想天开更不行，必须进行全面深入的调查研究。在武汉主持召开部分省市负责人座谈会时的讲话③。

领导干部下去调查研究，是为了掌握第一手材料。焦裕禄讲，吃别人嚼过的馍没有味道，就是说要掌握真实情况，形成真知灼见，以利于正确下决心、指导工作。但是，现在调查研究好像还有一个"功能"，就是让别人知道我在调查研究，我在忘我工作，我在接触群众。而这个"功能"在一些人那里似乎渐渐变成了调查研究的主要功能，调查研究的本来目的倒变成次要的，甚至可有可无了。这样的话，每次下去能不带记者吗？能不带摄像机吗？如果没有记者、没有摄像机，那么在他们看来，这个活动还去不去就要考虑了，就要琢磨一下还有没有意义？没有留声留影，那不

---

　　① 《习近平关于"不忘初心、牢记使命"论述摘编》，党建读物出版社、中央文献出版社，2019 年版，第 206 页。

　　②③ 《做焦裕禄式的县委书记》，引自《习近平谈治国理政》第二卷，外文出版社 2017 年版，第 144～145 页。

就等于没有去活动吗？显然，这其中有个导向问题。有的人觉得无声无息、埋头苦干，最后得不到认可。要想得到认可就要出头露脸，最后变成出头露脸就是工作、就是政绩，这是私心杂念在作怪①。

我说过，当县委书记一定要跑遍所有的村，当市委书记一定要跑遍所有的乡镇，当省委书记一定要跑遍所有的县市区。我在正定时经常骑着自行车下乡，从滹沱河北岸到滹沱河以南的公社去，每次骑到滹沱河沙滩就得扛着自行车走。虽然辛苦一点，但确实摸清楚了情况，同基层干部和老百姓拉近了距离、增进了感情。情况搞清楚了，就要坚持从实际出发谋划事业和工作，使想出来的点子、举措、方案符合实际情况，不好高骛远，不脱离实际。重要决策方案，特别是涉及群众切身利益的重要政策措施，要广泛听取群众意见，不能嫌麻烦、图省事②。

调查研究是我们做好工作的基本功。党的十九大明确了坚持和发展新时代中国特色社会主义的大政方针，做出了一系列重大工作部署，提出了一系列重大举措，关键是抓好贯彻落实。正确的决策离不开调查研究。中央委员会的每一位同志都要积极开展调查研究，要扑下身子、沉到一线，迈开步子、走出院子，到车间码头，到田间地头，到市场社区，亲自察看、亲身体验。调查研究要紧扣人民群众生产生活，紧扣经济社会发展实际，紧扣全面从严治党面临的问题。既要到工作局面好和先进的地方去总结经验，又要到困难较多、情况复杂、矛盾尖锐的地方去研究问题，特别是要多到群众意见多的地方去，多到工作做得差的地方去，既要听群众的顺耳话，也要听群众的逆耳言，这样才能听到实话、察到实情、收到实效。各级干部特别是领导干部要结合贯彻落实党的十九大精神真正动起来、深下去，切实把存在的矛盾和问题搞清搞透，把各项工作做实做好③。

党的十九大描绘了未来发展的宏伟蓝图，要完成大会确定的各项目标任务，就必须在全党大兴调查研究之风。各级领导干部要带头调研、经常

① 《习近平关于"不忘初心、牢记使命"论述摘编》，党建读物出版社，中央文献出版社，2019年版，第212页。

② 《习近平关于"不忘初心、牢记使命"论述摘编》，党建读物出版社，中央文献出版社，2019年版，第213页。

③ 《习近平关于"不忘初心、牢记使命"论述摘编》，党建读物出版社，中央文献出版社，2019年版，第219页。

调研，扑下身子，沉到一线，全面了解情况，深入研究问题，把准事物的本质和规律，找到破解难题的办法和路径。要实事求是，有一是一、有二是二，既报喜又报忧，特别要力戒形式主义、官僚主义，坚决反对在调查研究中走马观花、浅尝辄止、一得自矜、以偏概全，草率地下结论、做判断[1]。

调查研究是我们党的传家宝，是做好各项工作的基本功。要在全党大兴调查研究之风，推动全党崇尚实干、力戒空谈、精准发力，让改革发展稳定各项任务落下去，让惠及百姓的各项工作实起来，推动党中央大政方针和决策部署在基层落地生根。中央政治局的同志要拜人民为师，向人民学习，放下架子、扑下身子，接地气、通下情，"身入"更要"心至"，围绕全面从严治党问题，围绕贯彻落实党的十九大精神需要解决的问题，围绕坚决打好防范化解重大风险、精准脱贫、污染防治的攻坚战，围绕人民群众生产生活问题，围绕改革稳定发展问题，开展深入细致的调查研究，抓住老百姓最急最忧最怨的问题，解决好群众最关心最直接最现实的利益问题，真正把功夫下到察实情、出实招、办实事、求实效上。中央政治局的同志要以身作则，推动各级干部动起来、深下去，使调查研究在全党蔚然成风[2]。

调查研究是做好各项工作的基本功。不了解真实情况，拍脑袋做决定，是做不好工作的。把党的十九大精神落到实处，迫切需要广泛深入开展调查研究，把存在的矛盾和困难摸清搞透，把各项工作做实做好。调查研究千万不能搞形式主义，不能搞浮光掠影、人到心不到的"蜻蜓点水"式调研，不能搞做指示多、虚心求教少的"钦差"式调研，不能搞调研自主性差、丧失主动权的"被调研"，不能搞到工作成绩突出的地方调研多、到情况复杂和矛盾突出的地方调研少的"嫌贫爱富"式调研，而是要拜人民为师、向人民学习，放下架子、扑下身子，接地气、同下情，既到工作局面好和先进的地方去总结经验，又到群众意见多的地方去，到工作做得

---

① 《习近平关于"不忘初心、牢记使命"论述摘编》，党建读物出版社，中央文献出版社，2019 年版，第 219 页。

② 《习近平关于"不忘初心、牢记使命"论述摘编》，党建读物出版社，中央文献出版社，2019 年版，第 220 页。

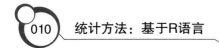

差的地方去，到困难较多、情况复杂、矛盾尖锐的地方去调查研究，真正把功夫下到察实情、出实招、办实事、求实效上①。

"一语不能践，万卷徒空虚。"要教育引导广大党员干部了解民情、掌握实情，搞清楚问题是什么、症结在哪里，拿出破解难题的实招、硬招。调查研究要注重实效，使调研的过程成为加深对党的创新理论领悟的过程，成为保持同人民群众血肉联系的过程，成为推动事业发展的过程②。

1.1.6　习题

（1）概念回顾：全面调查和非全面调查；概率抽样和非概率抽样。

（2）要从100个观众中选10个参与节目的互动游戏，讨论以下情况是否为概率抽样，为什么？

①　让嘉宾选观众。

②　将观众按1~100编号，嘉宾从钱包里随便抽出一张纸币，号码尾数与纸币号码尾数相同者即为抽中的观众。

③　将观众按年龄大小从1~100编号，嘉宾随意列出10个数字，号码相同者即为抽中的观众。

④　将观众随机从1~100编号，嘉宾随意列出10个数字，号码相同者即为抽中的观众。

⑤　在不知道观众是不是随机编号的情况下，要进行概率抽样，你会怎么做？

（3）为了估计某大学教授一周内备课的平均时间，说出下列做法对应的哪种抽样方法？

做法1：从一份所有教授名单里随机抽取 n 个。

做法2：从各个系中随机抽取 n 个。

做法3：随机抽取1个系，然后询问系中每个教授的情况。

---

①　《习近平关于"不忘初心、牢记使命"论述摘编》，党建读物出版社，中央文献出版社，2019 年版，第 222~223 页。

②　《习近平关于"不忘初心、牢记使命"论述摘编》，党建读物出版社，中央文献出版社，2019 年版，第 226~227 页。

做法4：随机抽取系，选定系后，随机抽取教授。

（4）简单随机抽样为什么不是分层抽样？分层抽样为什么和整群抽样不同？

1.2 基本概念

学习要点

1. 目标总体与抽样总体
2. 抽样框与抽样单元
3. 总体参数与统计量
4. 估计量的方差、偏倚、均方误差
5. 抽样误差与非抽样误差
6. 精度与费用

1.2.1 目标总体与抽样总体

目标总体可简称为总体，指所要研究对象的全体，或者说是希望从中获取信息的总体，它是由研究对象中所有性质相同的个体所组成。组成总体的各个个体称作总体单元或单位。抽样总体是指从中抽取样本的总体。在实际调查中，往往面临目标总体与抽样总体是否一致的问题。

例 1.6　研究北京市个体商业情况。如图 1.2 所示，目标总体：北京市所有个体经营户。抽样总体：北京市工商局登记个体经营营业执照的个体商业户。

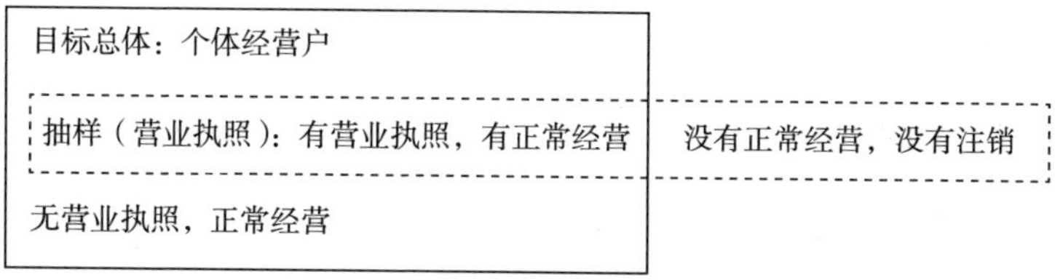

图 1.2　例 1.6 的目标总体与抽样总体

例1.7 调查某门选修课的课程满意度。如图1.3所示，目标总体：选修了该门课的全部学生。抽样总体：该大学的学生花名册。

图1.3　例1.7的目标总体与抽样总体

例1.8 采用上门访问"家庭"的形式，对全国犯罪受害人进行调查。

如图1.4所示，目标总体：全国犯罪受害人。抽样总体：有具体家庭地址的受害人。

图1.4　例1.8的目标总体与抽样总体

1.2.2　抽样框与抽样单元

抽样总体的具体表现是抽样框。通常抽样框是一份包含所有抽样单元的名单。抽样框的形式有名单（在校生名单，电话号码簿）、地图（地理区域）、数据（时间，距离）等。好的抽样框要求与目标总体一致，且能提供与研究目标相关的辅助信息。此外，抽样框必须是有序的，即抽样单元必须编号，且根据某种顺序进行了排列。抽样框中包含的抽样单元务必要"不重不漏"，否则将出现抽样框误差。

抽样单元是构成抽样框的基本要素。抽样单元可以进行分级。总体由若干个规模较大的抽样单元组成，这些较大规模的抽样单元被称为初级单元，每个初级单元又可以包含若干个规模较小的单元，这些规模较小的单元称为二级单元，同样的方法定义三级单元、四级单元等。例如：对某省的小学生视力调查，初级单元为小学，二级单元为年级，三级单元为班级，基本抽样单元，即四级单元为学生。

1.2.3 总体参数和（样本）统计量

总体是调查的客体，总体参数是总体某个特征或属性的数量表现。设总体有 N 个基本单元，值为 $Y_1, Y_2, Y_3, \cdots, Y_N$，常见的总体参数有五种形式：

（1）总体总值 Y，$Y = \sum_{i=1}^{N} Y_i$；

（2）总体均值 $\bar{Y}$，$\bar{Y} = \dfrac{1}{N} \sum_{i=1}^{N} Y_i = \dfrac{Y}{N}$；

（3）总体比例 P，$P = \sum_{i=1}^{N} Y_i$，这里的 Y_i 是示性变量，当第 i 个单元具有某个特定特征时，$Y_i = 1$，否则 $Y_i = 0$；

（4）总体比率 R，$R = \dfrac{Y}{X}$，Y 和 X 为总体的两个总体参数。

总体总值、总体均值、总体比例三者是统一的，它们都可以用总体均值来表示。总体参数是客观存在的，但往往未知，需要通过抽样进行推断。另外，在抽样调查中，方差的概念极其重要。

（5）总体方差 σ^2 和 S^2，$\sigma^2 = \dfrac{1}{N} \sum_{i=1}^{N} (Y_i - \bar{Y})^2$ 和 $S^2 = \dfrac{1}{N-1} \sum_{i=1}^{N} (Y_i - \bar{Y})^2$。

统计量是样本的函数，也叫估计量。根据样本的变量值计算出的一个值，叫估计值，用于对总体参数的估计。估计量是随机变量，比如样本均值，其具体结果取决于抽样设计和被选入样本的总体基本单元的特定组合。设从 N 总体中抽取 n 个单元，即抽样比为 $f = \dfrac{n}{N}$，值分别为 $y_1, y_2, y_3, \cdots, y_n$，常见的样本统计量有：

（1）样本总值 y，$y = \sum_{i=1}^{n} y_i$；

（2）总体均值 $\bar{y}$，$\bar{y} = \dfrac{1}{n} \sum_{i=1}^{n} y_i = \dfrac{y}{n}$；

（3）样本比例 p，$p = \sum_{i=1}^{n} y_i$，这里的 y_i 是示性变量，当第 i 个单元具有某个特定特征时，$y_i = 1$，否则 $y_i = 0$；

（4）样本比率 r，$r = \frac{y}{x}$，y 和 x 为两个特征下的样本总值；

（5）样本方差 s^2，$s^2 = \frac{1}{n-1} \sum_{i=1}^{n} (y_i - \bar{y})^2$。

对总体参数最常见的估计方法是简单线性估计，除此之外，还可以借助于辅助变量。辅助变量必须满足的两个条件：（1）与要估计的变量高度相关；（2）其总体信息已知。辅助变量的加入往往能提高估计的精度。

那么，如何评价一个估计量对总体的估计精度？

1.2.4 估计量的方差、偏倚、均方误差

估计量的方差、偏倚和均方误差是常用的评价估计量估计精度的衡量指标。样本统计量是随机变量，它的具体取值随每次抽取的样本不同而不同，而且总体参数未知，那么怎么判断某一次取样的可信度？如果两次取样得到的估计值相差很远，那么又该相信哪个估计值作为总体参数的估计呢？自然地，经过反复取样，得到的估计值相差很小，且所有估计值总是落在某个区间内，则会有很多信心判断总体参数的情况。估计量分布的方差称为估计量方差（variance），是对抽样方案进行评价的标准之一。一个抽样方案比另一个好，就是因为它的估计量方差小，即估计值更集中。总体参数记为 θ，样本统计量 $\hat{\theta}$ 为总体参数 θ 的估计式，$E(\hat{\theta})$ 为估计量的期望，则估计量方差表达式为 $V(\hat{\theta}) = E[\hat{\theta} - E(\hat{\theta})]^2$。

偏倚（bias）是指按照某一抽样方案反复进行抽样，估计值的数学期望与待估参数之间的离差。偏倚的表达式为 $B(\hat{\theta}) = E(\hat{\theta}) - \theta$。对于无偏估计量（概念？），偏倚为零。

统计量的方差可以随样本量的增大而减小，但偏倚往往不能随样本量增大而减小。偏倚产生有几种原因，一是估计量本身的构造就是有偏的，即期望不是参数；二是由一些非抽样误差导致。对两个无偏估计，自然选择方差小的估计量作为参数的估计。对于同方差的估计量，则选择无偏倚

的估计量作为参数的估计。图 1.5 给出了四种估计量形成的正态分布密度图。其中 A 和 B 为无偏的，C 和 D 为有偏的。显然，估计量 A 和 C 的方差比 B 和 D 小。估计量 A 是 θ 的最优估计量，估计量 D 是最差的估计量。那么，对于偏倚大方差小和偏倚小方差大的两个估计量，到底应该选择哪个呢？即 B 和 C 的优劣性如何比较？这就需要均方误差这一指标。

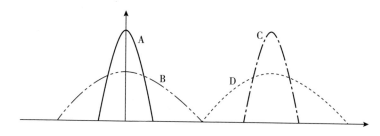

图 1.5　四种估计量分布

均方误差（mean square error，MSE）指所有可能的估计值与待估参数之间离差平方的均值，它等于估计量方差加偏倚的平方。

$$MSE(\hat{\theta}) = E(\hat{\theta} - \theta)^2$$
$$= E[\hat{\theta} - E(\hat{\theta}) + E(\hat{\theta}) - \theta]^2$$
$$= E[\hat{\theta} - E(\hat{\theta})]^2 + E[E(\hat{\theta}) - \theta]^2 + 2E[\hat{\theta} - E(\hat{\theta})][E(\hat{\theta}) - \theta]$$
$$= E[\hat{\theta} - E(\hat{\theta})]^2 + [E(\hat{\theta}) - \theta]^2$$
$$= V(\hat{\theta}) + B^2(\hat{\theta})$$

1.2.5　抽样误差与非抽样误差

抽样误差是利用部分单元的数据推断总体数量特征引起的误差。抽样误差是由于抽取样本的随机性造成的样本值与总体值之间的差异，只要采用抽样调查，抽样误差就不可避免，一般由估计量方差或估计量标准差来衡量。

非抽样误差是由可避免的错误和缺陷所造成的误差。是相对于抽样误差而言的，它不是由于抽样的随机性，而是由于其他多种原因引起的估计值与总体参数之间的差异。主要包括：抽样框误差、测量和记录观测数据的计量误差、无回答误差等。

例 1.9　估计本校同学的平均身高。测量人员抽取班上上课同学的便利样本，测量完成后发现测量身高的卷尺不准确。问存在几种非抽样误差？分别是什么非抽样误差？有什么办法避免？

答：一是选择偏差，即抽样框误差。二是测量误差。

测量和记录数据的计量误差有以下几种情况：

（1）不愿说：为了获得更多资助的贫困县；女生体重等敏感问题。

（2）问题不好理解。

（3）记不清：比如问最近 6 个月旅游次数，有时，人们会把 6 个月前也计算进去。

（4）对不同访问者有不同的回答：比如对不同的老师询问学生上课效果。

（5）会给出访问者想听到的回答。

例 1.10　在"你是否同意如下说法"这样开头的问题中，人们倾向于表示同意。比如，对于两句叙述："把孩子带到这个世界是不明智的，前途未卜的。""出生在今天的小孩将会有值得期待的美好未来。"对于这两句话，伦斯基和莱格特（Lenski & Leggett，1960）调查发现样本中有 1/10 的受访人倾向于赞成。但是，这两句话是矛盾的。

例 1.11　问题 1：你是否同意如下说法：大多数男人比女人在心智上更适合从政？问题 2：你认为大多数男人比女人在心智上更适合从政、还是男女一样、还是女人更适合？研究发现问题 1 回答男人更合适的比例远远大于问题 2。很多情况下，为了体面羞于承认而得到不实的调查结果。比如，在民意调查中，人们说更愿意有更好的公共福利，但实际投票时，人们更多地支持削减税收（Harris，1992）。

例 1.12　还有一些调查问题设置存在激励受访者给出期望回答的倾向，即诱导性提问。"据估计在当今掩埋的垃圾中一次性尿布的比例小于 2%，而饮料容器、家庭垃圾所占比例达到 20%。鉴于此，你认为对一次性尿布征税或禁用公平吗？"

（6）问题排序的影响。比如，对减肥意愿的调查，先询问受访者体重，再问"你是否想减肥？"和先问"你是否想减肥？"，再问体重，两者得到的减肥意愿人数比例不同（Serdula et al.，1995）。

（7）某些词语的不同意义。比如"你有车吗?"有或没有取决于受访者的理解。"你"：个人还是家庭？"有"：分期付款算吗？"车"：货车算吗？

谨慎设计调查问卷能提高准确性。一个好的样本必要条件：抽样总体与目标总体尽量一致；样本应反映整个总体的"特征"，即"代表性"；应尽量避免非抽样误差——"选择偏差"和"测量偏差"；在保证精度的情况下，同时要考虑费用问题。

1.2.6 精度与费用

精度由误差来表现。如果不考虑非抽样误差，精度就是与抽样误差有关。抽样误差与样本量有关，样本量越大，在其他条件相同的情况下，抽样误差就越小，则抽样调查的精度就越高。具体指标一般用绝对误差 d 或相对误差 D 来表示。在 $1 - \alpha$ 置信水平下，有：

$$P(\ |\hat{\theta} - \theta|\ \leqslant d) = 1 - \alpha$$

$$P\left(\frac{|\hat{\theta} - \theta|}{\theta} \leqslant D\right) = 1 - \alpha$$

当样本量较大时，根据中心极限定理，$\hat{\theta}$ 近似服从正态分布，即 $\dfrac{|\hat{\theta} - \theta|}{\sqrt{V(\hat{\theta})}} \sim N(0,1)$，这时，

$$P\left(\frac{|\hat{\theta} - \theta|}{\sqrt{V(\hat{\theta})}} \leqslant u\right) = 1 - \alpha$$

其中，u 为标准正态分布的双侧 α 分位数，当 $\alpha = 0.05$ 时，$u = 1.96$，当 $\alpha = 0.1$ 时，$u = 1.65$。故绝对误差和相对误差可表示为：

$$d = u\sqrt{V(\hat{\theta})}$$

$$D = u\frac{\sqrt{V(\hat{\theta})}}{\theta}$$

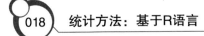

由调查精度 d 或 D，以及置信水平 $1 - \alpha$，可以确定估计量的方差里的样本量 n。

调查的费用是一个与样本量有关的函数，最简单的是线性费用函数。

最优抽样设计是指以最小的费用达到要求的精度或者在给定费用的情况下达到最大的精度。

1.2.7　抽样调查步骤

（1）确定调研问题，即决定做什么？为什么做？

（2）抽样方案设计，即解决怎么做？科学性？可行性？

（3）问卷设计，要求问题能被调查人理解且愿意做出准确的回答，得到的调查数据便于有效统计。

（4）实施调查过程，这里涉及调查人员的培训以及针对预调查中发现的一些问题进行调整。

（5）数据处理分析，主要是对于缺失数据怎么办？如何实现变量的转换，使之易于进行统计分析，得到统计结果？

（6）撰写调查报告。

1.2.8　习题

（1）对如下调查内容试写出总体目标和抽样目标，并画出关系图。

① 对 30 家麦当劳连锁店，欲抽取 8 家调查其经营情况。调查人员按电话簿里的顺序一一拨打联系，由最先同意接受调查的 8 家连锁店组成调查样本。

② 在 NBA 全明星网络调查中，38% 的选票支持姚明为西部最佳中锋。

③ 对某城市小学生零花钱情况的调查，随机选取 30 所学校，在选中的学校中随机抽取 50 名学生做了现场调查。

（2）判断下面要估计的总体目标量是什么类型：

① 某地区的粮食产量；

② 某种型号灯泡的寿命；

③ 全国小学教师的比例；

④ 某品牌奶粉中氮元素的含量；

⑤ 某社区居民的用电总量及平均用电量。

（3）学完第1章后，选定一个调查主题，完成一份抽样方案设计，内容如下：

第一，确定抽样调查的目的、任务和要求；

第二，确定调查对象的范围和抽样单位；

第三，确定调查方式和抽取样本方法；

第四，确定必要的样本数；

第五，对主要抽样指针的精度提出要求；

第六，确定总体目标量的估算方法；

第七，制定实施总体方案的办法和步骤。

1.3 简单随机抽样

学习要点

1. 定义及其抽选方法

2. 估计量及其性质

3. 样本量的确定

4. 子总体的估计

1.3.1 定义

简单随机抽样也称为纯随机抽样。按每次抽取的样本有无放回分为放回简单随机抽样和不放回简单随机抽样。

当从总体 N 个抽样单元中抽取 n 个抽样单元时，如果依次抽取单元时，不管以前是否被抽中过，每次都从 N 个抽样单元中随机抽取，这叫作放回简单随机抽样（SRS with replacement）。所有可能的样本为 N^n 个（考虑样本单元的顺序），每个样本被抽中的概率为 $1/N^n$。放回简单随机抽样在每次抽取样本单元时，都将前一次抽取的样本单元放回总体，因此，总体的结构不变，抽样是相互独立进行的，这一点是它与不放回简单随机抽样的主要不同之处。放回简单随机抽样的样本量不受总体大小的限制，可以是任意的。

当从总体 N 个抽样单元中依次抽取 n 个抽样单元时，每个被抽中的单元不再放回总体，而是从总体剩下的单元中进行抽样，这叫作不放回简单随机抽样（SRS without replacement）。不放回简单随机抽样的样本量要受总体大小的限制。在实际工作中，更多地采用不放回简单随机抽样。从含有 N 个单元的总体中抽取 n 个单元组成样本，如果抽样是不放回的，则所有可能的样本有 C_N^n 个，若每个样本被抽中的概率相同，都为 $\dfrac{1}{C_N^n}$。具体抽样时，通常是根据随机数，逐个抽取样本单元，直到抽满 n 个单元为止。

简单随机抽样的抽取原则：

（1）按随机原则取样；

（2）每个抽样单元被抽中的概率都是已知的或事先确定的；

（3）每个抽样单元被抽中的概率都是相等的。

例 1.13　设总体有 5 个单元（1、2、3、4、5），按放回简单随机抽样的方式抽取 2 个单元，则所有可能的样本为 25 个（考虑样本单元的顺序）。

例 1.14　设总体有 5 个单元（1、2、3、4、5），按不放回简单随机抽样的方式抽取 2 个单元，则所有可能的样本为 10 个。

涉及到的三个概率：

（1）每个样本被抽中的概率 P（某个样本），即某个样本出现的概率。

（2）总体某单元入样概率 P（某单元在一次抽取中被抽中），即某个单元在一次抽取中被抽中的概率。

（3）总体某单元包含概率 P（某单元出现在样本中），即某个单元出现的概率。

性质 1.1　每个样本被抽中的概率相等。

证明　放回情况下，P（某个样本）$= 1/N^n$

不放回情况下，P（某个样本）$= \dfrac{1}{C_N^n}$

性质 1.2　每个单元的入样概率相等；且包含概率也相等。

证明　放回情况下，

$$P(单元 A 在第一次抽取中被抽中) = \frac{1}{N}$$

$$P(单元 A 在第二次抽取中被抽中) = \frac{1}{N}$$

$$\vdots$$

$$P(单元 A 在第 n 次抽取中被抽中) = \frac{1}{N}$$

$$P(单元 A 出现在样本中) = P(A 第 1 次被抽中) + \cdots + P(A 第 n 次被抽中)$$

$$= \frac{n}{N}$$

不放回情况下，

$$P(单元 A 在第一次抽取中被抽中) = \frac{1}{N}$$

$$P(单元 A 在第二次抽取中被抽中) = \frac{N-1}{N} \frac{1}{N-1}$$

$$= \frac{1}{N}$$

$$\vdots$$

$$P(单元 A 在第 n 次抽取中被抽中) = \frac{1}{N}$$

$$P(单元 A 出现在样本中) = P(A 第 1 次被抽中) + \cdots + P(A 第 n 次被抽中)$$

$$= \frac{n}{N}$$

如何进行简单随机抽样？

（1）抽签法。令 N 个签充分混合，每次从中抽取一个签，放回（不放回），记录数字，再抽下一个，直到抽满 n 个，记录的数字记为抽取的样本。此方法适用总体 N 较小的情况。

（2）随机数法——随机数表、随机数骰子、摇奖机、计算机产生的伪随机数。

用 R 软件进行抽样：

第一，10 个同学中随机选 2 个

x < -1:10

sample(x, size = 2, replace = TRUE) 有放回

x < -1:10

sample(x, size = 2, replace = FALSE) 无放回

第二，10 个同学每次抽一个

x < -1:10

sample(x, replace = TRUE) 有放回

x < -1:10

sample(x, replace = FALSE) 无放回

（3）如何模拟抛硬币的结果，即生成二项分布（n 个伯努利实验）序列？

sample[c(0, 1), 100, replace = TRUE]

讨论：以下做法是否为简单随机抽样？

（1）总体编号为 1~35，在 0~99 中产生随机数，若 =0 或 >35，则抛弃重抽。

（2）总体编号为 1~35，在 0~99 中产生随机数，除以 35，余数作为被抽中的数，如果余数为 0，则被抽中的数为 35。

1.3.2 总体均值的估计量及其性质

对于总体均值、总体总量、总体比例你认为应该怎么估计？用样本均值，样本均值乘以总个数，样本比例去估计是自然的想法。

为什么想法可行？这一节主要对不放回简单随机抽样下，三个总体参数的估计量及其性质展开讨论。

性质 1.3 对于简单随机抽样，样本均值是总体均值的无偏估计，即：

$$E(\bar{y}) = \bar{Y}$$

证明 样本均值可表示为：

$$\overline{y} = \frac{1}{n}\sum_{i=1}^{n} y_i$$

$$= \frac{1}{n}\sum_{i=1}^{N} I_i Y_i$$

这里，$I_i (i=1,2,\cdots,N)$ 为示性函数，总体单元 i 出现在样本中则记为 1，否则为 0，即：

$$I_i = \begin{cases} 1, & \text{单元 } i \text{ 出现在样本中；} \\ 0, & \text{单元 } i \text{ 没有出现在样本中。} \end{cases}$$

I_i 为随机变量，且 $E(I_i) = P(I_i = 1) = \dfrac{n}{N}$。

$$E(\overline{y}) = E\left(\frac{1}{n}\sum_{i=1}^{N} I_i Y_i\right)$$

$$= \frac{1}{n}\sum_{i=1}^{N} Y_i E(I_i)$$

$$= \frac{1}{N}\sum_{i=1}^{N} Y_i$$

$$= \overline{Y}$$

性质 1.4 样本均值 $\overline{y}$ 的方差为：

$$V(\overline{y}) = \left(1 - \frac{n}{N}\right)\frac{S^2}{n}$$

$$= \frac{1-f}{n}S^2$$

证明 单元 i 被抽中的概率为 $\dfrac{n}{N}$，故：

$$E(I_i) = \frac{n}{N}$$

$$E(I_i^2) = \frac{n}{N}$$

$$V(I_i) = \frac{n}{N}\left(1 - \frac{n}{N}\right)$$

当 $i \neq j$ 时，即两个单元 i 和 j 同时出现在样本中的概率为 $\dfrac{C_{N-2}^{n-2}}{C_N^n} = \dfrac{n}{N}\dfrac{n-1}{N-1}$，故：

$$E(I_i I_j) = \frac{n}{N}\frac{n-1}{N-1}$$

$$\mathrm{cov}(I_i, I_j) = E(I_i I_j) - E(I_i)E(I_j)$$

$$= -\frac{1}{N-1}\frac{n}{N}\left(1 - \frac{n}{N}\right)$$

从而推出样本均值的方差：

$$V(\bar{y}) = V\left(\frac{1}{n}\sum_{i=1}^{N} I_i Y_i\right)$$

$$= \frac{\sum_{i=1}^{N} Y_i^2 V(I_i) + \sum_{i=1}^{N}\sum_{j \neq i}^{N} Y_i Y_j \mathrm{cov}(I_i, I_j)}{n^2}$$

$$= \frac{\dfrac{n}{N}\left(1 - \dfrac{n}{N}\right)\sum_{i=1}^{N} Y_i^2 - \dfrac{1}{N-1}\dfrac{n}{N}\left(1 - \dfrac{n}{N}\right)\sum_{i=1}^{N}\sum_{j \neq i}^{N} Y_i Y_j}{n^2}$$

$$= \frac{1}{n}\frac{1}{N}\left(1 - \frac{n}{N}\right)\left[\sum_{i=1}^{N} Y_i^2 - \frac{\sum_{i=1}^{N}\sum_{j \neq i}^{N} Y_i Y_j}{N-1}\right]$$

$$= \frac{1}{n}\frac{1}{N}\left(1 - \frac{n}{N}\right)\left[\sum_{i=1}^{N} Y_i^2 - \frac{Y^2 - \sum_{i=1}^{N} Y_i^2}{N-1}\right]$$

$$= \frac{1}{n}\frac{1}{N}\left(1 - \frac{n}{N}\right)\frac{N\sum_{i=1}^{N} Y_i^2 - N^2 \bar{Y}^2}{N-1}$$

$$= \left(1 - \frac{n}{N}\right)\frac{S^2}{n}$$

$$= \frac{1-f}{n}S^2$$

估计量的方差反映了估计量精度的高低。估计量的方差小意味着估计量的波动小，结果稳定，精度高。由样本均值的方差可以看出，总体均值估计的好坏受三个因素的影响：样本量 n，抽样比 f，以及总体方差 S^2。当样本量增大时，方差减小，即样本含单元数越多，得到的样本均值越稳定。当抽样比变大时，同样方差变小。当总体各单元间比较相似，即总体方差很小时，取得的样本其均值自然也是很小。对于估计量的方差，还需注意如下几点：

（1）当抽样个数为1时，样本均值的方差为总体方差 σ^2。当抽样个数为 N 时（普查），样本均值的方差为 0，为什么？

（2）对于大样本而言，方差近似为 S^2/n，即样本量而非抽样比决定估计量的精度。如果做的汤确实搅均匀了，那么总体无论是做了 1L 还是 2L，都只需 1 勺或 2 勺就可检查出调味料放的是多是少（如验血等）；再比如，从 100000 个单元总体中抽取 100 个与从 100000000 个单元总体中抽取 100 个有差不多的精确度。

$$N = 100000, V = S^2/100 \times 99900/100000$$
$$N = 100000000, V = S^2/100 \times 99999900/100000000$$

在总体确定的情况下，总体方差是我们无法改变的，采用简单随机抽样时，只有通过加大样本量来提高估计量的精度。

但是，在实际操作中，总体参数往往未知，即总体方差往往未知，需要样本方差来估计。

性质 1.5 样本均值的无偏估计为：

$$v(\bar{y}) = \frac{1-f}{n}S^2$$

其中，s^2 是样本方差。

证明 要证，

$$E[v(\bar{y})] = \frac{1-f}{n}E(S^2)$$
$$= \frac{1-f}{n}S^2$$

只需证，

$$E(s^2) = E\left[\frac{\sum_{i=1}^{n}(y_i - \bar{y})^2}{n-1}\right]$$
$$= \frac{E(\sum_{i=1}^{n}y_i^2) - E(n\bar{y}^2)}{n-1}$$

$$= \frac{E(\sum_{i=1}^{N} Y_i^2 I_i) - nE(\bar{y}^2)}{n-1}$$

$$= \frac{\frac{n}{N}\sum_{i=1}^{N} Y_i^2 - n\left[\bar{Y}^2 + \left(1 - \frac{n}{N}\right)\frac{S^2}{n}\right]}{n-1}$$

$$= S^2$$

样本均值方差估计的平方根一般称为标准误，记为 se。

对于有放回简单随机抽样，总体均值的估计量有如下性质。

性质 1.6 样本均值为总体均值的无偏估计，即：

$$E(\bar{y}) = \bar{Y}$$

样本均值的方差为：

$$V(\bar{y}) = \frac{\sigma^2}{n}$$

样本均值的方差的无偏估计为：

$$v(\bar{y}) = \frac{s^2}{n}$$

证明 在有放回的简单随机抽样中，该随机变量是 iid 的，即服从独立同分布。

$$E(\bar{y}) = E\left(\frac{1}{n}\sum_{i=1}^{n} y_i\right)$$

$$= \frac{\sum_{i=1}^{n} E(y_i)}{n}$$

$$= \bar{Y}$$

$$V(\bar{y}) = V\left(\frac{1}{n}\sum_{i=1}^{n} y_i\right)$$

$$= \frac{\sum_{i=1}^{n} V(y_i)}{n^2}$$

$$= \frac{\sigma^2}{n}$$

由于：

$$E(s^2) = E\left[\frac{\sum_{i=1}^{n}(y_i - \bar{y})^2}{n-1}\right]$$

$$= \frac{E(\sum_{i=1}^{n} y_i^2) - E(n\bar{y}^2)}{n-1}$$

$$= \frac{\sum_{i=1}^{n} E(y_i^2) - nE(\bar{y}^2)}{n-1}$$

$$= \frac{n(\sigma^2 + \bar{Y}^2) - n\left[\bar{Y}^2 + \frac{\sigma^2}{n}\right]}{n-1}$$

$$= \sigma^2$$

故：

$$E[v(\bar{y})] = E\left[\frac{s^2}{n}\right]$$

$$= \frac{\sigma^2}{n}$$

$$= V(\bar{y})$$

思考：有放回的简单随机抽样和无放回的简单随机抽样结果哪里不一样？在哪一步不一样？为什么不一样？

例 1.15 如表 1.1 所示，总体有 4 个单元，编号为 1，2，3，4。值为 3，5，5，1，用不放回简单随机抽样抽取 2 个单元组成一个样本，求总体均值、总体方差、样本均值的期望、样本均值的方差，并验证 $E(s^2) = S^2$。

表 1.1 例 1.15 中的相关计算

序号	单元编号	单元取值	样本均值	均值平方	样本方差
1	1，2	3，5	4	16	2
2	1，3	3，5	4	16	2
3	1，4	3，1	2	4	2
4	2，3	5，5	5	25	0
5	2，4	5，1	3	9	8
6	3，4	5，1	3	9	8

答：总体均值：

$$\overline{Y} = \frac{3+5+5+1}{4} = \frac{7}{2}$$

总体方差：

$$S^2 = \frac{(3-3.5)^2 + (5-3.5)^2 + (5-3.5)^2 + (1-3.5)^2}{3} = \frac{11}{3}$$

样本均值的期望为：

$$E\overline{y} = \frac{4 \times 2 + 3 \times 2 + 2 + 5}{6} = \frac{7}{2}$$

样本均值的方差为：

$$V(\overline{y}) = \left(1 - \frac{n}{N}\right)\frac{S^2}{n}$$

$$= \left(1 - \frac{2}{4}\right)\frac{11}{3 \times 2}$$

$$= \frac{11}{12}$$

或者由各样本的均值直接计算：

$$V(\overline{y}) = E(\overline{y}^2) - (E\overline{y})^2$$

$$= \frac{79}{6} - \frac{49}{4}$$

$$= \frac{11}{12}$$

且，

$$E(s^2) = \frac{2 \times 3 + 8 \times 2}{6}$$

$$= \frac{11}{3}$$

1.3.3 总体总值的估计量及其性质

性质 1.7 总体总量 Y 的无偏估计量为：

$$\hat{Y} = N\overline{y}$$

总体总值估计量的方差为：

$$V(\hat{Y}) = \frac{N^2(1-f)}{n}S^2$$

总体总量估计量方差的无偏估计为：

$$v(\hat{Y}) = \frac{N^2(1-f)}{n}s^2$$

以上性质可以自行推导。

例 1.16 在例 1.15 中，抽取序号为 2 的样本作为总体总值的估计，试写出估计值以及 95% 置信水平下总体方差已知和未知两种情况下的绝对误差。

总体总值的估计为：

$$\hat{Y} = 4 \times 4 = 16$$

总体方差已知时，总体总值估计量的方差为：

$$V(\hat{Y}) = \frac{4^2\left(1-\dfrac{2}{4}\right)}{2}\frac{11}{3}$$

$$= \frac{44}{3}$$

故在 95% 置信水平下，绝对误差为：

$$d = 1.96 \times \sqrt{44/3} \approx 7.51$$

总体方差未知时，总体总值估计量的方差为：

$$V(\hat{Y}) = \frac{4^2\left(1-\dfrac{2}{4}\right)}{2}2$$

$$= 8$$

故在 95% 置信水平下，绝对误差为：

$$d = 1.96 \times \sqrt{8} \approx 5.54$$

1.3.4　总体比例的估计量及其性质

对于某一类特征的单元占总体单元数中的比例 P，将总体单元按是否具有这种特征划分为两类，对每个单元都定义指标值：

$$Y_i = \begin{cases} 1, \text{第 i 个单元具有所考虑的特征；} \\ 0, \text{否则} \end{cases}$$

令 $\sum_{i=1}^{N} Y_i = A$，即具有该特征的单元有 A 个，则：

$$P = \frac{\sum_{i=1}^{N} Y_i}{N} = \frac{A}{N} = \bar{Y}$$

总体方差的计算式为：

$$S^2 = \frac{1}{N-1} \sum_{i=1}^{N} (Y_i - \bar{Y})^2$$
$$= \frac{A(1-P)^2 + (N-A)P^2}{N-1}$$
$$= \frac{NPQ}{N-1}$$

其中，$Q = 1 - P$。对于样本而言，在 n 个样本量中，具有此特征的单元数为 a，则样本比例为 $p = \dfrac{a}{n}$。

性质 1.8　对于简单随机抽样，p 是 P 的无偏估计。p 的方差为：

$$V(p) = \frac{PQ}{n} \left(\frac{N-n}{N-1} \right)$$

其无偏估计为：

$$v(p) = \frac{1-f}{n-1} pq$$

其中，$q = 1 - p$

证明，

$$E(p) = E(\bar{y})$$
$$= \bar{Y}$$
$$= P$$

$$V(p) = \frac{1-f}{n}S^2$$
$$= \frac{1-f}{n}\frac{NPQ}{N-1}$$
$$= \frac{PQ}{n}\frac{N-n}{N-1}$$

$$v(p) = \frac{1-f}{n}s^2$$
$$= \frac{1-f}{n}\frac{np(1-p)}{n-1}$$
$$= \frac{1-f}{n-1}pq$$

例 1.17　某超市新开张一段时间之后，为改进销售服务环境，欲调查附近几个小区居民到该超市购物的满意度，该超市与附近几个小区的居委会取得联系，在总体中按简单随机抽样抽取了一个大小为 $n = 200$ 人的样本，调查发现对该超市购物环境表示满意或基本满意的居民有 130 位，要估计对该超市购物环境持肯定态度居民的比例，及该估计的方差，并在置信度 95% 下，给出估计的绝对误差。假定这时的抽样比可以忽略。

答：比例的估计为：

$$p = \frac{130}{200} = 65\%$$

由于总体比例未知，故方差的估计为：

$$v(p) = \frac{1-f}{n-1}pq$$
$$\approx \frac{1}{200-1}0.65 \times 0.35$$
$$\approx 0.001143$$

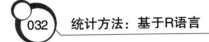

绝对误差为：

$$d = 1.96 \times \sqrt{0.001143} = 0.0663$$

对总体参数的估计量总结如表1.2所示。

表1.2　　　　　　　　　总体参数的估计量总结

总体参数	符号	估计量	期望	方差	方差的估计	大N下的近似
总体均值	$\overline{Y}$	$\overline{y}$	$\overline{Y}$	$\dfrac{1-f}{n}S^2$	$\dfrac{1-f}{n}s^2$	$\dfrac{s^2}{n}$
总体总值	Y	$N\overline{y}$	Y	$\dfrac{N^2(1-f)}{n}S^2$	$\dfrac{N^2(1-f)}{n}s^2$	
总体比例	P	p	P	$\dfrac{PQ}{n}\dfrac{N-n}{N-1}$	$\dfrac{1-f}{n-1}pq$	$\dfrac{pq}{n-1}$

简单随机样本比较易于设计和分析，但在以下情况，它不是最好的设计：

（1）在进行简单随机抽样之前，想一想抽样调查是否是研究该问题最好的方法？

例1.18　研究某品牌沐浴液是否有驱蚊功能，则研究的最好方法是实验，而不是调查。若要估计具有驱蚊功能沐浴液的市场前景，则需要调查有多少人愿意购买此类产品？

（2）没有观测单元的清单，或费用太大。

例1.19　调查某个学校学生课下锻炼时间，可采取整群抽样，抽取某个学院的全体学生。

（3）有更合适的抽样方法。

例1.20　已经得知学生体测成绩的学院排名，调查该校学生课下锻炼时间时可以进行分层抽样。

在下列情况下，应使用简单抽样。

（1）没有其他信息。比如学生名单抽样框仅仅是字母排序的名单，没有专业、年级等信息。

（2）调查中主要的兴趣是各种变量的数量关系，对总体的回归方程，即没有使用其他抽样方法的理由。

1.3.5　样本量的确定

样本量的确定步骤：

Step1 给定所需要的精度；

Step2 找出样本量与精度之间的关系；

Step3 估计所需的数值，求解 n；

Step4 如超出预算，调整精度值重新计算。

下面以总体均值的估计为例，详细给出操作步骤。

给定绝对误差 d 或相对误差 D，即给定所需的精度。利用：

$$d = u \sqrt{V(\hat{\theta})}$$

$$D = u \frac{\sqrt{V(\hat{\theta})}}{\theta}$$

来确定样本量 n。对于总体均值的估计量 $\hat{\theta} = \bar{y}$，总体方差 S^2 和总体总量 N 已知的情况下，估计量的方差为：

$$V(\bar{y}) = \frac{1-f}{n} S^2$$

若代入绝对误差中，得到：

$$\frac{d^2}{u^2} nN = (N-n) S^2$$

故样本量为：

$$n = \frac{Nu^2 S^2}{Nd^2 + u^2 S^2}$$

若代入相对误差中，得到：

$$\frac{D^2 \bar{Y}^2}{u^2} nN = (N-n) S^2$$

故样本量为：

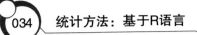

$$n = \frac{Nu^2 S^2}{ND^2 \bar{Y}^2 + u^2 S^2}$$

在实际估计中，式子中的总体参数 $\bar{Y}$ 往往用样本抽样值 $\bar{y}$ 来代替。

当总体方差未知，总体总量 N 已知时，可以用方差的估计来代替方差，即：

$$v(\bar{y}) = \frac{1-f}{n} s^2$$

此时，样本量为：

$$n = \frac{Nu^2 s^2}{Nd^2 + u^2 s^2}$$

或

$$n = \frac{Nu^2 s^2}{ND^2 \bar{Y}^2 + u^2 s^2}$$

当 N 很大，抽样比可忽略时，方差近似为 $\frac{s^2}{n}$，此时的样本量要求为：

$$\left(\frac{d}{u}\right)^2 = \frac{s^2}{n} \text{或} \left(\frac{D\bar{Y}}{u}\right)^2 = \frac{s^2}{n}$$

求得样本量为：

$$n = \frac{u^2 s^2}{d^2} \text{或} n = \frac{u^2 s^2}{D^2 \bar{Y}^2}$$

得到样本量的估计后，还要根据实际的预算情况进行调整。

对于总体总值的估计，同样把估计量的方差代入，得到样本量为：

$$n = \frac{N^2 u^2 S^2}{d^2 + Nu^2 S^2} \text{或} n = \frac{N^2 u^2 S^2}{D^2 \bar{Y}^2 + Nu^2 S^2}$$

当总体方差 S^2 未知时可用样本方差 s^2 代替。

对于总体比例的估计，同样把估计量的方差代入，得到样本量为：

$$n = \frac{Nu^2 PQ}{d^2(N-1) + u^2 PQ} \text{或} n = \frac{Nu^2 Q}{D^2 P(N-1) + u^2 Q}$$

若方差未知，N 已知，则用方差的估计代入，得到样本量为：

$$n = \frac{Nu^2pq + Nd^2}{u^2pq + Nd^2} \text{ 或 } n = \frac{Nu^2q + ND^2p}{u^2q + ND^2p}$$

当总体总量 N 未知时，样本量为：

$$n = \frac{u^2pq + d^2}{d^2} \text{ 或 } n = \frac{u^2q + D^2p}{D^2p}$$

有时，总体总量 N 很大时，方差的近似可以用 $\frac{pq}{n}$ 来代替，这时样本量为 $n = \frac{u^2pq}{d^2}$ 或 $n = \frac{u^2q}{D^2p}$。注意，有时样本比例未知，可以令 $P = 0.5$，进行保守估计，得到最大样本量。

样本量设计中的几个误区，需谨慎考虑。

（1）估计精度越高越好吗？在 95% 的置信水平下，$u = 1.96$，计算简单随机抽样下估计比例需要的样本量及其误差（当 $P = 0.5$ 时），如表 1.3 所示。

表 1.3　　　　在一定置信水平下，样本量与误差之间的关系

样本量 n	误差 d
50	0.1386
100	0.0980
500	0.0438
1000	0.0310
10000	0.0098

对精度要求的判断十分重要。为得到最小误差而选择最大样本量不是好的选择。

（2）样本量与总体规模有关吗？按照总体比例确定样本量合适吗？在 95% 的置信水平下，$u = 1.96$，绝对误差为 5%，在 $P = 0.5$ 条件下，计算简单随机抽样下估计比例需要的样本量，如表 1.4 所示。

表 1.4　　　　在一定置信水平下，样本量与总体规模之间的关系

总体规模 N	所需样本量 n
50	44
100	80
500	218
1000	278
5000	357
10000	370
100000	383
1000000	384
10000000	384

　　由此可知，在精度要求相同条件下，在杭州市进行一项调查和在全国进行一项调查，需要的样本量差不多。

1.3.6　设计效应

　　设计效应是指不放回简单随机抽样的样本量的方差与复杂抽样的样本估计量的方差的比率。用公式表示为：

$$deff = \frac{V(\hat{\theta})}{V(\hat{\theta}_{SRS})}$$

其中，$V(\hat{\theta})$ 为某个抽样设计在同样样本量条件下估计量的方差，$V(\hat{\theta}_{SRS})$ 为不放回情况下简单随机抽样的估计量方差。设计效应可以用来比较不同抽样方法的效率。如果 deff < 1，则抽样设计比简单随机抽样的效率高；如果 deff > 1，则抽样设计比简单随机抽样的效率低。

　　对于均值的估计量，放回简单随机抽样的方差为 $\frac{\sigma^2}{n}$，不放回简单随机抽样下的方差为 $\frac{1-f}{n}S^2$，两者比值为 $\frac{N-1}{N-n}$。由于 n ≥ 1，则 deff ≥ 1，故不放回简单随机抽样比放回简单随机抽样效率高。

1.3.7　子总体的估计

总体中感兴趣的部分称为子总体，比如，人群中的儿童，购买者中的老年人等。以下是针对子总体均值和子总体总值的估计量的期望和方差。下角标加"Z"表示具有该特征的量。

性质 1.9　子总体均值的估计量为 $\bar{y}_z = \dfrac{y_z}{n_z}$，即样本中具有该特征单元取值的总和除以具有该特征单元的个数。该估计量是子总体均值 $\bar{Y}_z = \dfrac{Y_z}{N_z}$ 的无偏估计。方差为 $V(\bar{y}_z) = \left(1 - \dfrac{n_z}{N_z}\right)\dfrac{S_z^2}{n_z}$。方差的估计为 $v(\bar{y}_z) = \left(1 - \dfrac{n}{N}\right)\dfrac{s_z^2}{n_z}$。

性质 1.10　子总体总值的估计量为 $\hat{Y}_z = N p_z \bar{y}_z$，其中 $p_z = \dfrac{n_z}{n}$，$q_z = 1 - p_z$。该估计量是子总体均值 Y_z 的无偏估计。方差为 $V(\hat{Y}_z) = \dfrac{N(N-n)}{n}$ $\left(\dfrac{N_z - 1}{N}S_z^2 + \dfrac{N}{N-1}P_z Q_z \bar{Y}_z^2\right)$，其中 $P_z = \dfrac{N_z}{N}$，$Q_z = 1 - P_z$。方差的估计为 $v(\hat{Y}_z) = \dfrac{N(N-n)}{n}\left(\dfrac{n_z - 1}{n}s_z^2 + \dfrac{n}{n-1}p_z q_z \bar{y}_z^2\right)$。

1.3.8　习题

（1）设总体为 $\{0,1,3,5,6\}$，计算总体均值 $\bar{Y} = 3$、总体方差 $\sigma^2 = 5.2$ 和 $S^2 = 6.5$，并给出全部 $n = 2$ 的样本，并验证 $E(\bar{y}) = \bar{Y}$ 以及在不放回情况下 $E(s^2) = S^2$，在放回情况下 $E(s^2) = \sigma^2$。

（2）总体单元数 $N = 6$，值为 3、4、2、6、8、4，试计算总体均值 $\bar{Y} = 4.5$，总体方差 $S^2 = 4.7$。若进行样本量 $n = 2$ 的不放回简单随机抽样，是列出所有可能的样本，并计算所有样本的均值和方差。

（3）为了解教授一天的工作时间（单位：小时），随机抽取了某学院的 10 名教授，得到的结果为 7、7、6、5、7、7、8、6、5、5，估计教授的每天平均工作时间，并计算该估计的方差。（答案：均值6.3，方差0.112）

（4）为了解某小区在用电高峰期的电费情况，在 7000 户家庭中按不放回简单随机抽样抽取 200 户进行调查，得到样本均值为 $\bar{y} = 1800$，样本方差为 $s^2 = 640000$，试估计该小区每个家庭的平均月电费支出，并计算该估计的方差。若要求该估计的相对误差不超过 10%，则需抽取多少户家庭？（答案：1800；3108.6；75）

（5）从 2000 包商品中不放回随机抽样，抽取 100 包进行检验，其中合格品有 95 包，试估计该品牌商品的合格率，以及该估计的方差、绝对误差、相对误差。（答案：0.95；0.000456；0.042；0.044）

（6）在某市进行一项民意调查（只能选支持或不支持），在置信水平 90% 下，估计的绝对误差不超过 10%，则需调查多少个人？在置信水平 95% 下，估计的绝对误差不超过 3%，则需调查多少个人？（答案：68；1067）

（7）对于家庭收入的追踪调研中，去年样本量为 n，估计的相对误差为 D。今年要求相对误差不变，但预计总体的平均收入比去年增加 18%，则今年需要多大的样本量？

1.4　分层抽样

学习要点

1. 分层随机抽样的定义、使用场合以及符号

2. 估计量及其性质

3. 样本量的分配原则

4. 样本量的确定

5. 分层抽样的若干问题

为什么提出要分层抽样？这要从估计的精度讲起。怎么提高估计精度？估计精度与样本量、总体方差有关。加大样本量，能提高精度，但同时会增加经济负担。在一定的预算下，不可能一味地增加样本量，且在上

一章可以看到样本量增加 100 倍没有换来相同程度的精度的提高。总体方差虽然大多数情况下未知，但是它是一定的，即采用简单随机抽样时，它的大小是不可能被改变的。那么，若把总体单元先进行分类，再在每个类中抽取样本，对于每个类而言，单元间比较相似，方差减小，能不能提高估计精度？答案是显然的，这就是常用的分层抽样方法。

1.4.1 定义

在抽样之前，先将总体 N 个单元划分成 L 个互不重复的子总体，每个子总体称为层，它们含有的单元数分别为 N_1、N_2、$\cdots$、N_L，这些层合起来就是整个总体 $N_1 + N_2 + \cdots + N_L = N$。然后，在每个层中分别独立地进行抽样，这种抽样就是分层抽样，所得到的样本称为分层样本。如果每层都是独立按照简单随机抽样进行，则称为分层随机抽样。每层的样本量为 n_1、n_2、$\cdots$、n_L，合计样本量为 $n_1 + n_2 + \cdots + n_L = n$。

分层抽样的抽样效率较高，也就是说分层抽样的估计精度较高。这是因为分层抽样估计量的方差只和层内方差有关，和层间方差无关。

分层抽样不仅能对总体指标进行推算，而且能对各层指标进行推算。

层内抽样方法可以不同，而且便于抽样工作的组织。

分层抽样时需注意总体中的每一个单元一定属于并且只属于某一个层，而不可能同时属于两个层或不属于任何一个层。为了提高精度，可按调查对象的不同类型进行层的划分，一般层内单元具有相同性质。

尽可能使层内单元的指标值相近，层间单元的差异尽可能大，从而达到提高抽样估计精度的目的。

例 1.21 对各高校录取分数线的抽样调查，调查目的不仅要推算平均录取分数线，还要推算不同专业的平均录取分数线。可以按省分层抽取样本。当然在大数据发展下，对于全国高校的录取分数线统计并不需要抽样就能完成。

例 1.22 某高校对学生课堂出勤率进行抽查，根据经验，本科生和研究生课堂出勤率差异较大，且各个年级之间的差异也很大。分年级进行抽样很有必要。

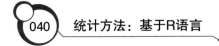

使用分层抽样有以下几个原因：

（1）避免抽到一个"不理想"的样本。

例1.23   从1000名男生和1000名女生中抽取容量为100的简单随机样本，有可能在获得的样本中不包含女生或只有少数女生。而分层抽样得到的样本没有这个问题。

（2）子域是研究的领域。

例1.24   要说明性别对应届生求职、薪水等是否有影响，即对比毕业生中男女毕业生聘用岗位、薪酬等，必须按性别进行分层。

（3）易于组织，降低成本。

（4）减小总体的估计方差。其目的就是之前所说的提高估计精度。

例1.25   研究血压的影响因素，需按年龄分层，减小方差，提高估计精度，同时可以说明年龄增大对血压是否有影响。

对于分层抽样，用下角标"h"表示每层的情况（见表1.5）。

表1.5   分层抽样的参数和统计量符号表示

	总体	样本
层单元数	N_h	n_h
层单元值	Y_{hi}	y_{hi}
层权	$W_h = \dfrac{N_h}{N}$	$f_h = \dfrac{n_h}{N_h}$：层抽样比
层均值	$\overline{Y}_h = \dfrac{\sum_{i=1}^{N_h} Y_{hi}}{N_h}$	$\overline{y}_h = \dfrac{\sum_{i=1}^{n_h} y_{hi}}{n_h}$
层方差	$S_h^2 = \dfrac{1}{N_h - 1} \sum_{i=1}^{N_h} (Y_{hi} - \overline{Y}_h)^2$	$s_h^2 = \dfrac{1}{n_h - 1} \sum_{i=1}^{n_h} (y_{hi} - \overline{y}_h)^2$
层比例	$P_h = \dfrac{A_h}{N_h}$	$p_h = \dfrac{a_h}{n_h}$

1.4.2   总体参数的估计量及其性质

在分层情况下，总体均值可以表示为：

$$\overline{Y} = \frac{\sum_{h=1}^{L} N_h \overline{Y}_h}{N} = \sum_{h=1}^{L} W_h \overline{Y}_h$$

对于分层样本，总体均值的估计量为：

$$\bar{y} = \frac{\sum_{h=1}^{L} N_h \bar{y}_h}{N} = \sum_{h=1}^{L} W_h \bar{y}_h$$

性质 1.11 对于一般的分层抽样，如果 $\bar{y}_h$ 是 $\bar{Y}_h$ 的无偏估计，则 $\bar{y}$ 是 $\bar{Y}$ 的无偏估计，方差为 $V(\bar{y}) = \sum_{h=1}^{L} W_h^2 V(\bar{y}_h)$。对每层进行简单随机抽样时，$\bar{y}$ 是 $\bar{Y}$ 的无偏估计，方差为 $V(\bar{y}) = \sum_{h=1}^{L} W_h^2 V(\bar{y}_h) = \sum_{h=1}^{L} W_h^2 \frac{1-f_h}{n_h} S_h^2$，方差的估计为：$v(\bar{y}) = \sum_{h=1}^{L} W_h^2 v(\bar{y}_h) = \sum_{h=1}^{L} W_h^2 \frac{1-f_h}{n_h} s_h^2$。

证明 对于每一层，有 $E(\bar{y}_h) = \bar{Y}_h$，故，

$$\begin{aligned} E(\bar{y}) &= E(\sum_{h=1}^{L} W_h \bar{y}_h) \\ &= \sum_{h=1}^{L} W_h E(\bar{y}_h) \\ &= \sum_{h=1}^{L} W_h \bar{Y}_h \\ &= \bar{Y} \end{aligned}$$

估计量的方差为：

$$\begin{aligned} V(\bar{y}) &= V(\sum_{h=1}^{L} W_h \bar{y}_h) \\ &= \sum_{h=1}^{L} W_h^2 V(\bar{y}_h) + 2\sum_{h=1}^{L} \sum_{k>h}^{L} \mathrm{cov}(\bar{y}_h, \bar{y}_k) \\ &= \sum_{h=1}^{L} W_h^2 V(\bar{y}_h) \end{aligned}$$

特别的，对于每层中的简单随机抽样，只要把简单随机抽样的结果代入上式即得相应的方差和方差估计。

性质 1.12 考虑总体总值 $Y = \sum_{h=1}^{L} Y_h = N\bar{Y}$，构造估计量 $\hat{Y} = N\bar{y}$。对于一般的分层抽样，如果 $\bar{y}$ 是 $\bar{Y}$ 的无偏估计，则 $\hat{Y}$ 是 Y 的无偏估计，方差为 $V(\hat{Y}) = \sum_{h=1}^{L} N_h^2 V(\bar{y}_h)$。对每层进行简单随机抽样时，$\bar{y}$ 是 $\bar{Y}$ 的无偏估计，方差为 $V(\hat{Y}) = \sum_{h=1}^{L} N_h^2 V(\bar{y}_h) = \sum_{h=1}^{L} N_h^2 \frac{1-f_h}{n_h} S_h^2$，方差的估

计为 $v(\hat{Y}) = \sum_{h=1}^{L} N_h^2 v(\bar{y}_h) = \sum_{h=1}^{L} N_h^2 \frac{1-f_h}{n_h} s_h^2$。

性质 1.13 考虑总体比例 P，构造估计量 $p = \sum_{h=1}^{L} W_h p_h$。对于一般的分层抽样，如果 p_h 是 P_h 的无偏估计，则 p 是 P 的无偏估计，方差为 $V(p) = \sum_{h=1}^{L} W_h^2 V(p_h)$。对每层进行简单随机抽样时，$p$ 是 P 的无偏估计，$V(p) = \sum_{h=1}^{L} W_h^2 V(\bar{y}_h) = \sum_{h=1}^{L} W_h^2 \frac{N_h - n_h}{N_h - 1} \frac{P_h Q_h}{n_h}$，由于 $N_h - 1 \approx N_h$，所以有 $V(p) \approx \sum_{h=1}^{L} W_h^2 \frac{1-f_h}{n_h} P_h Q_h$。方差的估计为 $v(p) = \sum_{h=1}^{L} W_h^2 \frac{1-f_h}{n_h - 1} p_h q_h$。

性质 1.14 考虑总体特征单元数 $A = NP = \sum_{h=1}^{L} N_h P_h$，构造估计量 $\hat{A} = Np = \sum_{h=1}^{L} N_h p_h$。如果 p_h 是 P_h 的无偏估计，则 $\hat{A}$ 是 A 的无偏估计，方差为 $V(\hat{A}) = \sum_{h=1}^{L} N_h^2 V(p_h)$。对每层进行简单随机抽样时，$\hat{A}$ 是 A 的无偏估计，$V(\hat{A}) = \sum_{h=1}^{L} N_h^2 V(p_h) = \sum_{h=1}^{L} N_h^2 \frac{N_h - n_h}{N_h - 1} \frac{P_h Q_h}{n_h}$，方差的估计为 $v(\hat{A}) = \sum_{h=1}^{L} N_h^2 \frac{1-f_h}{n_h - 1} p_h q_h$。

试自行给出总体总值估计量、总体比例估计量和总体特征单元数估计量的性质证明。

例 1.26 调查某地区的居民奶制品年消费支出，以居民户为抽样单元，根据经济及收入水平将居民户划分为 4 层，每层按简单随机抽样抽取 10 户，调查获得如表 1.6 所示数据（单位：元），要估计该地区奶制品每户居民的平均年消费支出及方差，该地区的年消费总支出及估计的方差，该地区未购买奶制品的居民户比例以及估计的方差，该地区未购买奶制品的居民总数估计以及估计的方差。如果忽略分层信息，即假设 40 户的样本是在简单随机抽样下进行的，估计该地区居民奶制品每户居民的平均年消费支出及方差，该地区的年消费总支出及估计的方差，该地区未购买奶制品的居民户比例以及估计的方差，该地区未购买奶制品的居民总数估计以及估计的方差。

表1.6 　　　　　　　　　例1.26 居民奶制品年消费支出抽样样本数据

层	户数	每户居民奶制品年消费支出（元）									
		1	2	3	4	5	6	7	8	9	10
1	200	10	40	0	110	15	10	40	80	90	0
2	400	50	130	60	80	100	55	160	85	160	170
3	750	180	260	110	0	140	60	200	180	300	220
4	1500	50	35	15	0	20	30	25	10	30	25

答：总体总数为 $N = 200 + 400 + 750 + 1500 = 2850$。分层抽样下，各层层权为 $W_1 = 4/57$，$W_2 = 8/57$，$W_3 = 15/57$，$W_4 = 30/57$，每层的样本信息如表1.7所示。

表1.7 　　　　　　　　　例1.26 居民奶制品年消费支出抽样样本统计量

层	抽样比	总值	均值	方差
1	1/20	395	39.5	1624.72
2	1/40	1050	105.0	2166.67
3	1/75	1650	165.0	8205.56
4	1/150	240	24.0	193.33

则分层抽样下，总体均值的估计量为：

$$\bar{y} = \sum_{h=1}^{4} W_h \bar{y}_h = \frac{4}{57} \times 39.5 + \frac{8}{57} \times 105 + \frac{15}{57} \times 165 + \frac{30}{57} \times 24$$

$$= 73.5614$$

该估计量的方差为：

$$v(\bar{y}) = \sum_{h=1}^{4} W_h^2 \frac{1-f_h}{n_h} s_h^2$$

$$= \left(\frac{200}{2850}\right)^2 \times \frac{1-\frac{1}{20}}{10} \times 1624.72 + \left(\frac{400}{2850}\right)^2 \times \frac{1-\frac{1}{40}}{10} \times 2166.67 +$$

$$\left(\frac{750}{2850}\right)^2 \times \frac{1-\frac{1}{75}}{10} \times 8205.56 + \left(\frac{1500}{2850}\right)^2 \times \frac{1-\frac{1}{150}}{10} \times 193.33$$

$$= 66.31$$

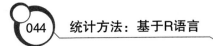

总体总值的估计量为：

$$\hat{Y} = N\bar{y} = 2850 \times 73.5614 = 209650$$

该估计量的方差为：

$$
\begin{aligned}
v(\hat{Y}) &= \sum_{h=1}^{4} N_h^2 \frac{1 - f_h}{n_h} s_h^2 \\
&= 2850^2 \times v(\bar{y}) \\
&= 5.386 \times 10^8
\end{aligned}
$$

总体年未购买奶制品的比例估计为：

$$
\begin{aligned}
p &= \sum_{h=1}^{4} W_h p_h \\
&= \frac{4}{57} \times 0.2 + \frac{8}{57} \times 0 + \frac{15}{57} \times 0.1 + \frac{30}{57} \times 0.1 \\
&= 0.09298
\end{aligned}
$$

方差的估计为：

$$
\begin{aligned}
v(p) &= \sum_{h=1}^{4} W_h^2 \frac{1 - f_h}{n_h - 1} p_h q_h \\
&= \left(\frac{200}{2850}\right)^2 \times \frac{1 - \frac{1}{20}}{9} \times 0.8 \times 0.2 + \left(\frac{750}{2850}\right)^2 \times \frac{1 - \frac{1}{75}}{9} \times 0.1 \\
&\quad \times 0.9 + \left(\frac{1500}{2850}\right)^2 \times \frac{1 - \frac{1}{150}}{9} \times 0.1 \times 0.9 \\
&= 0.003518
\end{aligned}
$$

总体中未购买奶制品的居民户总数估计为：

$$
\begin{aligned}
\hat{A} &= Np \\
&= 2850 \times \left(\frac{4}{57} \times 0.2 + \frac{8}{57} \times 0 + \frac{15}{57} \times 0.1 + \frac{30}{57} \times 0.1\right) \\
&= 265
\end{aligned}
$$

方差的估计为：

$$v(\hat{A}) = \sum_{h=1}^{4} N_h^2 \frac{1 - f_h}{n_h - 1} p_h q_h$$

$$= 2850^2 \times v(p)$$

$$= 28575.56$$

下面假设该 40 户居民是在简单随机抽样下抽取，则总体均值的估计量为：

$$\bar{y} = \frac{3335}{40} = 83.375$$

样本方差为 $s^2 = \frac{235519.4}{39} = 6038.959$，该估计量的方差为：

$$v(\bar{y}) = \left(1 - \frac{40}{2850}\right) \times \frac{6038.959}{40}$$

$$= 148.855$$

总体总值的估计量为：

$$\hat{Y} = N\bar{y} = 2850 \times 83.375 = 237618.8$$

该估计量的方差为：

$$v(\hat{Y}) = 2850^2 \times v(\bar{y})$$

$$= 1.209075079 \times 10^9$$

总体年未购买奶制品的比例估计为：

$$p = 0.1$$

方差的估计为：

$$v(p) = \left(1 - \frac{40}{2850}\right) \times \frac{0.1 \times 0.9}{39}$$

$$= 0.002275304$$

总体中未购买奶制品的居民户总数估计为：

$$\hat{A} = Np$$

$$= 2850 \times 0.1$$

$$= 285$$

方差的估计为：

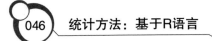

$$v(\hat{A}) = 2850^2 \times v(p)$$
$$= 18481.15$$

假设在简单随机抽样下，若只关心购买奶制品居民的平均年消费支出以及年消费总支出，试计算估计值以及该估计的方差？

有购买奶制品居民这一子总体的平均年消费支出为：

$$\bar{y}_z = \frac{3335}{36} = 92.63889$$

子总体样本方差为 $s_z^2 = \frac{204624.3056}{35} = 5846.40873$，该估计量的方差为：

$$v(\bar{y}_z) = \left(1 - \frac{40}{2850}\right) \times \frac{5846.40873}{36}$$
$$= 160.1209$$

总体总值的估计量为：

$$\hat{Y}_z = 2850 \times \frac{36}{40} \times 92.63889 = 237618.8$$

该估计量的方差为：

$$v(\hat{Y}_z) = \frac{2850 \times (2850 - 40)}{40} \times \left(\frac{35}{39} \times 5846.40873 + \frac{40}{39} \times 0.9 \times 0.1 \times 92.63889^2\right)$$
$$= 1.209074949 \times 10^9$$

1.4.3 样本量在各层的分配

在确定样本量的情况下，需确定各层样本量。估计量的方差不仅与各层的方差有关，还和各层所分配的样本量有关。实际工作中有不同的分配方法，可以按各层单元数占总体单元数的比例分配，也可以采用使估计量总方差达到最小或费用最小进行样本量的分配。

为尽可能在有限的调研费用下提高估计的精度，常用有以下六种不同的样本分配方法。

（1）常数分配法。

常数分配方法是将总样本量平均分配到各层，既不考虑每层的层权也不考虑每层的方差，适用于每层特征差不多的情形。此时，每层的样本量为：

$$n_h = \frac{n}{h}$$

（2）与层方差成正比。

即使每层的样本量与层方差成正比，这样方差大的层会分到较多的样本量，方差较小的层会分到较少的样本量。这种分配方法使得每层的精度差不多。此时，每层的样本量为：

$$n_h = \frac{S_h^2}{\sum\limits_{h=1}^{L} S_h^2}$$

（3）与层权成正比。

样本量与层权成正比，即与每层的规模成正比，也称为比例分配。

这样规模大的层分配的样本多，规模小的层分配到的样本量少。从一个包含 2400 个男人和 1600 个女人的总体中按比例分配抽取 10% 的样本，即抽取 240 个和 160 个女人，每个单元包含概率为 10%，与简单随机抽样中的单元包含概率相同，但是，简单随机抽样中可能出现"差"样本，比如样本中的 400 人全部为男人，按比例分配的分层抽样不存在这问题。该种方法没有考虑层方法和层单元调查费用，从精度和费用的角度来看，并不十分理想。此时，每层样本量为：

$$n_h = \frac{W_h}{\sum\limits_{h=1}^{L} W_h}$$

（4）与层单元费用成反比。

即样本量的分配与费用成反比，每个单元调研复杂，费用较高的层分到的样本量少，单个单元调研较方便，费用较少的层分到的样本量多，这样使得调研的总费用降低。但是，这种调研方法忽略了层方差，忽略了方差大的总体往往需要较大的样本量才能更好地得到结果这一原则。该方法

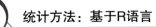

下，每层的样本量为：

$$n_h = \frac{c_h}{\sum\limits_{h=1}^{L} c_h}$$

（5）与层权和标准差的乘积成正比。

每层的样本量与层权和标准差的乘积成正比，也称为奈曼分配。这种分配方法既考虑了层规模，也考虑了层的标准差，规模大且单元间相差较大的层分到的样本量较多，规模小且单元间比较相似的层分到的样本量较少。该方法下，每层的样本量为：

$$n_h = \frac{W_h S_h}{\sum\limits_{h=1}^{L} W_h S_h}$$

（6）与 $W_h S_h / \sqrt{c_h}$ 成正比。

该分配方法又称为最优分配，该方法既考虑了层规模，也考虑了层方差和层单元费用。规模大、方差大且单元费用低的层分到的样本量较多。这种方法下，精度和费用都较适当。该方法下每层的样本量为：

$$n_h = \frac{W_h S_h / \sqrt{c_h}}{\sum\limits_{h=1}^{L} W_h S_h / \sqrt{c_h}}$$

例 1.27　将总体分为三层，层权 W_h、层标准差 S_h，以及每层单元调研费用 c_h 已知，总样本量为300、总体总量 N 很大，试给出每种分配方法下的每层样本量（见表1.8）。

表1.8　　　　　　　　　　　六种分配方法下的各层样本量

层h	层权 W_h	层标准差 S_h	层单元费用 c_h	常数分配法	与层方差 S_h^2 成正比	与层权 W_h 成正比	与层单元调查费用 c_h 成反比	与层权和标准差的乘积 $W_h S_h$ 成正比	与 $W_h S_h / \sqrt{c_h}$ 成正比
1	0.2	20	9	100	49	60	79	40	40
2	0.3	30	4	100	100	90	177	90	134
3	0.5	34	16	100	141	150	44	170	126

接下来试着计算总体均值估计量的方差和总费用？

对于总体均值估计量的方差，由于总体规模 N 很大，故使用方差的估计：

$$v(\bar{y}) = \sum_{h=1}^{3} W_h^2 \frac{S_h^2}{n_h}$$

总费用的计算式是：

$$C = \sum_{h=1}^{3} n_h c_h$$

六种方法下，方差和总费用如表 1.9 所示。

表 1.9 六种分配方法下的方差和总费用

指标	常数分配	与层方差成正比	比例分配	与层单元调查费用成反比	奈曼分配	最优分配
方差	3.86	3.11	3.09	7.23	3.00	3.30
费用	2900	3137	3300	2123	3440	2912

在六种方法下的方差比较为：

奈曼分配 < 比例分配 < 与层方差成正比 < 最优分配 < 常数分配 < 与层单元调查费用成反比

在六种方法下的总费用比较为：

与层单元调查费用成反比 < 常数分配 < 最优分配 < 与层方差成正比 < 比例分配 < 奈曼分配

与层单元调查费用成反比这一方法的方差较大为 7.23，除此之外的其他方法方差大多在 3 与 4 之间。对于总费用，与层单元调查费用成反比这一方法调查费用偏低，为 2123，其他分配方法下的总费用为 3000 左右。

假设 300 个样本是简单随机抽样产生的，利用已知信息，试计算总体均值估计量的方差估计？

对于总体均值估计量的方差：

$$V(\bar{y}) = \left(1 - \frac{n}{N}\right) \frac{S^2}{n}$$

$$= \frac{1-f}{n} S^2$$

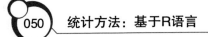

利用已有信息，总体方差为：

$$S^2 = \frac{20^2 \times (0.2N-1) + 30^2 \times (0.3N-1) + 34^2 \times (0.5N-1)}{N-1}$$

故方差为：

$$V(\bar{y}) = \frac{N-n}{Nn} \times \frac{928N - 2456}{N-1}$$

$$\approx \frac{1}{300} \times 928$$

$$\approx 3.09$$

约等号在总体规模 N 很大的情况下成立，方差估计和比例分配下的方差近似。

1.4.4　样本量的确定

对于给定精度，即给定的绝对误差 d 或相对误差 D，有：$V = \left(\dfrac{d}{u}\right)^2 = \left(\dfrac{D\theta}{u}\right)^2$。精度给定，即方差给定，此时，为求得样本量，只需把设定的值代入方差公式，直接求得样本量 n 即可。以总体均值的估计量为例，方差为：

$$V(\bar{y}) = \sum_{h=1}^{L} W_h^2 \frac{1 - f_h}{n_h} S_h^2$$

$$= \sum_{h=1}^{L} \frac{W_h^2}{n_h} S_h^2 - \sum_{h=1}^{L} \frac{W_h^2}{N_h} S_h^2$$

在总体规模、层规模、层方差，以及层数已知的情况下，将不同分配方式下的 n_h 代入表达式，从而解出样本量 n。

1.4.5　分层时的若干问题

每层按一定的样本量分配方式进行分配，有时会出现理论的样本量超过层规模的情况。此时，该层取 100% 抽样，剩下的样本量继续按选定的分配方法进行。进行方差计算时要注意，全部抽样的那层为 0。

例 1.28 将总体分为 4 层，层规模和层标准差如下表所示，现从总体中抽取样本量为 80 的样本，如何按奈曼分配法抽取各层的样本？并计算该抽样方法下总体均值估计量的方差（见表 1.10）。

表 1.10　　　　　　　　　　例 1.28 中的已知信息

h	N_h	S_h	$N_h S_h$
1	5	400	2000
2	10	500	5000
3	200	10	2000
4	400	20	8000

答：$\sum_{h=1}^{4} N_h S_h = 17000$。按奈曼分配，则各层的样本量为：

$$n_1 = \frac{80}{17} \times 2 = 9.41, n_2 = 23.53, n_3 = 9.41, n_4 = 37.65$$

此时，第一层 $n_1 > N_1$，第一层 $n_2 > N_2$，故第一层和第二层为 100% 抽样，即第一层抽 5 个，第二层抽 10 个，剩下 65 个样本在第三层和第四层中进行分配：

$$n_3 = \frac{65}{10} \times 2 = 13, n_4 = 52$$

此时，所有层的样本量分配完毕。

对于总体均值估计量的方差，有：

$$V(\bar{y}) = \left(\frac{200}{615}\right)^2 \times \frac{1 - \frac{13}{200}}{13} \times 10^2 + \left(\frac{400}{615}\right)^2 \times \frac{1 - \frac{52}{400}}{52} \times 20^2$$

$$= 3.5917$$

第一层和第二层由于是 100% 抽样，所以在方差计算式中为 0。

与简单随机抽样相比，分层抽样通常能提高估计的精度，为什么还需要简单随机抽样？分层抽样增加了调查的复杂程度：对于每个层，需要知道有多少单元数以及哪些单元属于该层。当层间方差较大，层内方差较

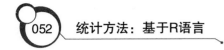
小，用分层是最有效的。

对于固定样本量的情况，如果$\frac{1}{N_h}$相对 1 可以忽略，即各层规模较大时，如果各层均值差异越大，则采用按比例分配的方式较好；而当各层的标准差相差很大时，则最优分配（单元费用相等情况下为奈曼分配）更好；在调查多个目标变量时，按比例分配的分层抽样可能更好些。

关于层的划分，按调查目标量进行分层当然是最好的，但我们在调查之前并不知道，因此，分层只能是通过与高度相关的辅助指标来进行。比如要估计公司的广告支出总额。应将支出最多地放第一层；支出次多的一类放第二层，依次类推。但是，分层时公司的广告支出费用是未知的，因此只能找与费用密切相关的变量，如雇员数等。

这里要注意分层随机抽样与定额抽样（或称为配额抽样）的区别。定额抽样方法是非概率抽样，它与分层随机抽样一样，都是将总体按一定标准分为不同的子总体，再从子总体中抽取样本，但抽取样本的方法是非随机的。也就是说二者最重要的区别在于：在子总体中抽取样本时是不是采用概率抽样（随机抽样）的方式。定额抽样的极端情况是，样本单元的选择完全取决于调查者的主观判断，在子总体中实际选择的是便利样本。

另外，所谓的事后分层方法不是分层抽样方法，它是在简单随机抽样的样本中进行的。例如，某高校欲了解在校学生考研意愿，在全校 8000 名学生中抽出了一个 200 人的简单随机样本，再在样本里根据学生的院系分层，计算考研比例。在实际工作中，抽样时并没有层的抽样框或总体特别大来不及事先分层，有时几个变量都适合于分层，要进行事先的交叉分层比较困难，并且我们并不需要交叉分层后每个子层的估计，如需要按年龄分层的结果，还需要按受教育程度分层的结果，但并不需要这两个指标的交叉结果。利用事后分层并不能很大的提高估计精度，只有当样本量足够大时，事后分层的精度和按比例分层抽样的精度相当。

1.4.6　习题

（1）某演唱会现场欲从观众中随机选取 10 名幸运观众，请给出几种选择观众的方案？并说明此方案的好处？

（2）某市有住户 90000 家，其中 35000 家为民房，45000 家为公寓，10000 家为公共住宅。假设民房住户的平均用电量为公寓或公共住宅住户的 2 倍，标准差与其平均值成比例，要估计该市所有用户的平均用电量，采用奈曼分配法，应如何采集一个样本量为 900 的样本？若其方差与平均值成比例，采用奈曼分配法，又该如何采集一个样本量为 900 的样本？（答案：504，324，72；426，388，86）

（3）某学院有讲师 132 人，副教授 92 人，教授 27 人。已知讲师请假天数的方差为 36，副教授请假天数的方差为 25，教授请假天数的方差为 9。若要抽取 30 个人调查该学院教师平均每人的请假天数，试用奈曼分配法确定各层的样本量？当样本量为 50 时，又该如何确定各层的样本量？（答案：18，10，2；30，17，3）

1.5 | 比率估计和回归估计

1802 年法国还没有人口普查，拉普拉斯想要估计法国的人口数目。他获得了一个遍布全国范围的 30 个乡镇的样本，已知 30 个乡镇总共有 2037615 个居民，在此之前的三年中，有 215599 个登记的新生儿。拉普拉斯认为 30 个乡镇每年登记的新生儿数平均为 215599 ÷ 3 = 71866.33。把总人数 2037615 按照 71866.33 来分，拉普拉斯估计每年每 28.35 人里有一个注册新生儿。于是，用 28.35 乘以年度新生儿总数来估计得出法国人口总数。拉普拉斯将登记新生儿总数作为总人口数的辅助信息。本节介绍的比率估计和回归估计都要用与目标变量相关的辅助信息来提高总体参数的估计精度。这时，调查中需要辅助信息，抽样框也通常有每个单元额外的信息。

学习要点

1. 比率估计和回归估计的定义、使用场合以及符号
2. 简单随机抽样下的比率估计
3. 分层抽样下的比率估计

4. 简单随机抽样下的回归估计

5. 分层抽样下的回归估计

1.5.1　定义

比率估计是利用目标变量与辅助变量的比例关系来提高估计精度。回归估计是利用目标变量与辅助变量的线性回归关系来提高估计精度。

前面介绍的简单随机抽样和分层抽样法下都对总体均值、总体总值，以及总体比例这三个参数给出了样本统计量估计，但对总体比率都未给出样本统计量估计。如果考察的是总体比率，那么对它的估计将由这一节的简单随机抽样下的比率估计和分层随机抽样下的比率估计来完成。同样是两个量之间的比，比例估计和比率估计有什么区别？

总体比例的分母是总体规模 N，比例估计的分母为样本规模 n，不会随着样本的变化而变化。但是，比率估计的分母为另一个指标，是随着样本的变化而变化的。所以，比例估计和比率估计是不一样的，是从单一指标到多个指标的跨越。

比率估计和回归估计对估计精度提高的程度主要取决于辅助信息的相关性。且在该节中，假设辅助变量的总体均值或总体总值已知。在实际操作中，辅助变量的信息相对于目标变量而言，通过调查信息较易获取。

对于目标变量 Y 和辅助变量 X，表 1.11 有如下几个指标需注意。

表 1.11　　　　　比率估计和回归估计中用到的指标符号表示

	总体	样本
方差	$S_y^2 = \dfrac{\sum_{i=1}^{N}(Y_i - \bar{Y})^2}{N-1}$ $S_x^2 = \dfrac{\sum_{i=1}^{N}(X_i - \bar{X})^2}{N-1}$	$s_y^2 = \dfrac{\sum_{i=1}^{n}(y_i - \bar{y})^2}{n-1}$ $s_x^2 = \dfrac{\sum_{i=1}^{n}(x_i - \bar{x})^2}{n-1}$
协方差	$S_{xy} = \dfrac{\sum_{i=1}^{N}(Y_i - \bar{Y})(X_i - \bar{X})}{N-1}$	$s_{xy} = \dfrac{\sum_{i=1}^{n}(y_i - \bar{y})(x_i - \bar{x})}{n-1}$
相关系数	$\rho = \dfrac{S_y S_x}{S_{xy}}$	$\hat{\rho} = \dfrac{s_y s_x}{s_{xy}}$

1.5.2　简单随机抽样下的比率估计

比率估计通常需要测量两个变量，目标变量 Y 和辅助变量 X，将其信息用于比率、目标变量总量或目标变量均值的估计。

为什么要使用比率估计？

（1）要估计的目标变量就是总体比率，如学习时间中英语学习时间的占比；体育锻炼时间中游泳的占比；月支出中食品消费的占比等。

（2）估计一个总体总值，但总体大小 N 是未知的。利用辅助变量 X，得到总体规模大小 N，进而通过目标变量的均值估计，得到总体总值的估计，即 $\hat{Y} = N\bar{y}$，此处的 N 由辅助变量的信息得到。

例 1.29　要估计某次捕鱼渔网中长度长于 12 厘米的鱼的总数，抽取一个鱼的随机样本，估计长度长于 12 厘米的鱼所占的比例，用鱼的总数 N 乘以这个比例即可得到捕鱼渔网中长度长于 12 厘米的鱼的总数。但如果 N 未知不能使用怎么办？称量渔网中鱼的总重量，以经验估计鱼的平均重量，从而得出鱼的总个数 N。总个数与样本比例相乘得到大鱼的总个数。

（3）提高总体均值与总体总值估计的精度。辅助指标应该与调查指标有较好的正相关关系。一个好的辅助指标能大大提高估计的精度。同时，辅助指标的总体总量或总体均值已知，或者比较容易获得。

例 1.30　在一所具有 4000 名学生的大学提取一个 400 个学生的简单随机样本，此样本包含 240 个女性，160 个男性，被抽中学生中有 84 名女性和 40 名男性毕业后想成为教师。试估计总体中有多少名学生想成为教师？

答：如仅仅是简单随机抽样下的估计，有 $\dfrac{124}{400} \times 4000 = 1240$。若已知该校有 2700 名女生和 1300 名男生，则：

$$\frac{84}{240} \times 2700 + \frac{40}{160} \times 1300 = 1270$$

其中，84/240 就是想成为教师的女生的比率估计量。由于样本中想成为教师的女生比率比想成为教师的男生比率相差较大，所以有理由认为 1270 的估计值会比 1240 更接近总体真实情况。

性质 1.15　在简单随机抽样下，总体比率的估计量为：

$$r = \frac{\sum_{i=1}^{n} y_i}{\sum_{i=1}^{n} x_i}$$

该估计量是有偏的，当样本量 n 较大时，该估计量渐近无偏。其方差为：

$$V(r) \approx \frac{1-f}{n\bar{X}^2} \frac{1}{N-1} \sum_{i=1}^{N} (Y_i - RX_i)^2$$

$$= \frac{1-f}{n\bar{X}^2} (S_y^2 + R^2 S_x^2 - 2RS_{xy})$$

该方差的估计为：

$$v(r) \approx \frac{1-f}{n\bar{X}^2} \frac{1}{n-1} \sum_{i=1}^{n} (y_i - rx_i)^2$$

$$= \frac{1-f}{n\bar{X}^2} (s_y^2 + r^2 s_x^2 - 2rs_{xy})$$

或，

$$v(r) \approx \frac{1-f}{n\bar{x}^2} (s_y^2 + r^2 s_x^2 - 2rs_{xy})$$

试自行证明如下等式：

$$\frac{1}{N-1} \sum_{i=1}^{N} (Y_i - RX_i)^2 = S_y^2 + R^2 S_x^2 - 2RS_{xy}$$

以及

$$\frac{1}{n-1} \sum_{i=1}^{n} (y_i - rx_i)^2 = s_y^2 + r^2 s_x^2 - 2rs_{xy}$$

性质 1.16　在简单随机抽样下，总体均值 $\bar{Y}$ 的估计量为：

$$\bar{y}_R = r\bar{X}$$

该估计量是有偏的，当样本量 n 较大时，该估计量渐近无偏。其方差为：

$$V(\bar{y}_R) \approx \frac{1-f}{n} \frac{1}{N-1} \sum_{i=1}^{N} (Y_i - RX_i)^2$$

$$= \frac{1-f}{n} (S_y^2 + R^2 S_x^2 - 2RS_{xy})$$

该方差的估计为：

$$v(\bar{y}_R) \approx \frac{1-f}{n} \frac{1}{n-1} \sum_{i=1}^{n} (y_i - rx_i)^2$$

$$= \frac{1-f}{n} (s_y^2 + r^2 s_x^2 - 2rs_{xy})$$

性质 1.17 在简单随机抽样下，总体总值 Y 的估计量为：

$$\hat{Y}_R = N \bar{y}_R = Nr\bar{X}$$

该估计量是有偏的，当样本量 n 较大时，该估计量渐近无偏。其方差为：

$$V(\hat{Y}_R) \approx \frac{1-f}{n} \frac{N^2}{N-1} \sum_{i=1}^{N} (Y_i - RX_i)^2$$

$$= \frac{1-f}{n} (S_y^2 + R^2 S_x^2 - 2RS_{xy})$$

该方差的估计为：

$$v(\hat{Y}_R) \approx \frac{1-f}{n} \frac{N^2}{n-1} \sum_{i=1}^{n} (y_i - rx_i)^2$$

$$= \frac{1-f}{n} N^2 (s_y^2 + r^2 s_x^2 - 2rs_{xy})$$

比率估计需要有足够的样本量才能保证估计的有效。当样本量足够大，或者抽样比足够大，或者辅助变量的均值很大、方差很小，或者辅助变量和目标变量的相关系数接近 1，都会使估计的偏倚减小。简单估计是无偏的，而比率估计是有偏的。简单估计量的方差远远大于比率估计量的方差，比率估计的偏差不大，其均方误差也比简单估计的小得多。因此对这个总体，比率估计比简单估计的效率高。

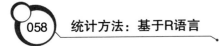

性质 1.18 当 $R^2 S_x^2 - 2R\rho S_x S_y < 0$ 时，即相关系数 $\rho > \dfrac{S_x / \overline{X}}{2S_y / \overline{Y}}$ 时，有

$V(\overline{y}) > V(\overline{y}_R)$，即比率估计优于简单估计。

证明 简单随机抽样下，对总体均值 $\overline{Y}$ 的估计量有方差：

$$V(\overline{y}) = \frac{1-f}{n} S_y^2$$

简单随机抽样下，利用比率估计对总体均值 $\overline{Y}$ 进行估计，有方差：

$$V(\overline{y}_R) \approx \frac{1-f}{n} \frac{1}{N-1} \sum_{i=1}^{N} (Y_i - RX_i)^2$$

$$= \frac{1-f}{n} (S_y^2 + R^2 S_x^2 - 2R S_{xy})$$

$$= \frac{1-f}{n} (S_y^2 + R^2 S_x^2 - 2R\rho S_x S_y)$$

故 $R^2 S_x^2 - 2R\rho S_x S_y < 0$ 时，且 $R = \dfrac{\overline{Y}}{\overline{X}}$ 代入，得相关系数 $\rho > \dfrac{S_x / \overline{X}}{2S_y / \overline{Y}}$ 时，

有 $V(\overline{y}) > V(\overline{y}_R)$，即比率估计优于简单估计。

在实际操作中，目标变量和辅助变量往往来自同一调查总体，即 $\dfrac{S_x / \overline{X}}{S_y / \overline{Y}} \approx$

1，此时，要得到 $\rho > \dfrac{1}{2}$ 的合适辅助变量并不难。但是，辅助变量和目标变量存在负相关关系时不考虑采用比率估计，因为由方差的表达式可以看出这样的辅助变量会大大增加目标变量的方差，降低估计量的精度。

例 1.31 总体有 4 个单元，编号为 1，2，3，4。值为 3，5，5，1，用不放回简单随机抽样抽取 2 个单元组成一个样本，辅助变量值为 6，11，10，3，试计算目标变量的方差，辅助变量的方差，相关系数。比较简单随机抽样下的总体均值简单估计量和比率估计量的性质，并计算方差。

答： 由例 1.15 知总体均值 $\overline{Y} = \dfrac{7}{2}$，目标变量总体方差 $S_y^2 = \dfrac{11}{3}$。辅助变量总体均值为 $\overline{X} = 7.5$，总体方差 $S_x^2 = 41/3$，总体协方差为 $S_{xy} = 7$，两

者的相关系数为 $\rho = \dfrac{7}{\sqrt{\dfrac{11}{3} \times \dfrac{41}{3}}} = 0.9888514$。在简单随机抽样下，对总体均

值的简单估计量为总体均值的无偏估计，方差为 $\dfrac{11}{12}$。

简单随机抽样下采用比率估计，则各个样本的估计值如表 1.12 所示。

表 1.12　　　　　　　　例 1.31 中的目标变量和辅助变量

序号	单元编号	目标变量取值	辅助变量取值	目标变量均值	辅助变量均值	比率估计下的目标变量
1	1, 2	3, 5	6, 11	4	8.5	$\dfrac{60}{17}$
2	1, 3	3, 5	6, 10	4	8	$\dfrac{15}{4}$
3	1, 4	3, 1	6, 3	2	4.5	$\dfrac{10}{3}$
4	2, 3	5, 5	10, 11	5	10.5	$\dfrac{25}{7}$
5	2, 4	5, 1	10, 3	3	6.5	$\dfrac{45}{13}$
6	3, 4	5, 1	11, 3	3	7	$\dfrac{45}{14}$

比率估计下的总体均值估计的平均值为：

$$\left(\frac{60}{17} + \frac{15}{4} + \frac{10}{3} + \frac{25}{7} + \frac{45}{13} + \frac{45}{14}\right)/6 \approx 3.48$$

为有偏估计，方差为 0.03654（试用两种方法得到此方差）。

虽然比率估计下的总体均值的估计不是无偏的，但是，比简单估计量的方差小很多。

例 1.32 某县有 190000 亩水稻田，分布在 512 个村，不放回简单随机抽样抽取 24 个村，调查得每个村的水稻田面积 $\bar{x} = 365.731$，$s_x^2 = 9285.749$，和产量 $\bar{y} = 131.042$，$s_y^2 = 1091.439$，$s_{xy} = 3146.144$，分别计算简单估计下的水稻田总产量和比率估计下的水稻田总产量，以及各自的方差。

答：在简单估计下，有：

$$\hat{Y} = N\bar{y}$$

$$= 67093.504$$

方差的估计为：

$$v(\hat{Y}) = \frac{N^2(1-f)}{n}s_y^2$$

$$= 11361117.44$$

在比率估计下，有：

$$\hat{Y}_R = \frac{\bar{y}}{\bar{x}}X$$

$$= 68020$$

方差的估计为：

$$v(\hat{Y}_R) \approx \frac{1-f}{n}N^2(s_y^2 + r^2 s_x^2 - 2rs_{xy})$$

$$= 300814.557$$

比率估计下的总体总量估计量的方差比简单估计下的总体总量估计量的方差小得多。

例 1.33 欲对海产品打捞量进行简单随机抽样下的比率估计，已知总体有 2860 艘渔船，首先进行预调查，随机抽取 10 艘渔船，载重吨位 $\sum_{i=1}^{10} x_i = 78$，$\sum_{i=1}^{10} x_i^2 = 920$，和打捞量的信息为 $\sum_{i=1}^{10} y_i = 1502$，$\sum_{i=1}^{10} y_i^2 = 342640$，$\sum_{i=1}^{10} x_i y_i = 17738$。试计算在 95% 置信水平下，绝对误差为 d = 2000 吨的情况下需要多大的样本量进行调查？

答：在比率估计下，海产品打捞量的估计量的方差为：

$$v(\hat{Y}_R) \approx \frac{1-f}{n}N^2(s_y^2 + r^2 s_x^2 - 2rs_{xy})$$

$$= \frac{1-f}{n}\frac{N^2}{n-1}\sum_{i=1}^{n}(y_i - rx_i)^2$$

$$= \frac{1-n/2860}{n} \times 2860^2 \times \frac{\left[342640 + 920 \times \left(\frac{1502}{78}\right)^2 - 2 \times \frac{1502}{78} \times 17738\right]}{9}$$

$$= \left(\frac{1}{n} - \frac{1}{2860}\right) \times 585458351$$

绝对误差为 2000 吨，则：

$$2000 = 1.96 \times \sqrt{\left(\frac{1}{n} - \frac{1}{2860}\right) \times 585458351}$$

解得 $n \approx 470$

1.5.3　分层随机抽样下的比率估计

如果各层的样本量较大时，则可以采用各层分别进行比率估计，将各层加权汇总得到总体指标的估计，这种方式称为分别比率估计量。

此时每层有样本比率 $r_1 = \dfrac{\bar{y}_1}{\bar{x}_1}$, $r_2 = \dfrac{\bar{y}_2}{\bar{x}_2}$, $\cdots$, $r_L = \dfrac{\bar{y}_L}{\bar{x}_L}$，对总体均值的分别比率估计量为 $\bar{y} = \sum_{h=1}^{L} W_h \bar{y}_h = \sum_{h=1}^{L} W_h r_h \bar{X}_h$

性质 1.19　总体均值的分别比率估计量为有偏估计，其方差为：

$$V(\bar{y}) \approx \sum_{h=1}^{L} \frac{W_h^2(1 - f_h)}{n_h}(S_{yh}^2 + R_h^2 S_{xh}^2 - 2R_h S_{xyh})$$

当每层的样本量比较大时，分别比率估计量的偏倚接近 0，但是，每层样本量小时，分别比率估计量的偏倚较大。此时，应用联合比率估计量较好。联合比率估计量是先对目标变量和辅助变量作分层估计后，再利用比率估计得到总体参数的估计。即总体均值的联合比率估计为：

$$\bar{y} = r_c \bar{X}$$

这里的 $r_c = \dfrac{\sum_{h=1}^{L} W_h \bar{y}_h}{\sum_{h=1}^{L} W_h \bar{x}_h}$，即分别为分层抽样下的目标变量均值估计和辅助变量均值估计之比。

性质 1.20　总体均值的联合比率估计量为有偏估计，其方差为：

$$V(\bar{y}) \approx \sum_{h=1}^{L} \frac{W_h^2(1 - f_h)}{n_h}(S_{yh}^2 + r_c^2 S_{xh}^2 - 2r_c S_{xyh})$$

联合比率估计和分别比率估计的方差项中有什么不一样？

例 1.34　某市对 900 家纺织品生产单位完成的生产总额按所有制性质

（非国有和国有）分为两层进行抽样，已知各层有单元数780家和120家，且去年生产总额为497250千克和25000千克。现分别抽取15家和10家获得去年每家的生产总额 x 和今年的生产总额 y，得到的数据如表1.13所示，试用分层随机抽样下的比率估计来估计今年900家总的生产总额及估计的方差。

表1.13　　　　　　　　　　　**例1.34 的分层信息**

指标	h = 1 非国有	h = 2 国有
n_h	15	10
N_h	780	120
W_h	0.867	0.133
f_h	0.019	0.083
X_h	497250	25000
$\overline{X}_h$	637.50	208.33
$\overline{x}_h$	622.87	249.40
$\overline{y}_h$	653.93	239.50
S_{xh}^2	85352.98	10221.6
S_{yh}^2	74525.78	12931.83
S_{xyh}	73160.78	10954.67
r_h	1.05	0.96

答：在分别比率估计下，生产总额的估计为546112.5，方差为598176460.1。在联合比率估计下，生产总额的估计为543140，方差为585262645.3。试列出以上两种估计的具体计算式。

1.5.4　简单随机抽样下的回归估计

比率估计是建立在 $\dfrac{\overline{y}}{\overline{Y}} = \dfrac{\overline{x}}{\overline{X}}$，即 $\dfrac{\overline{y}}{\overline{x}} = \dfrac{\overline{Y}}{\overline{X}} = \beta$，这里的 β 为常数，目标变量的样本统计量与总体参数和辅助变量的样本统计量与总体参数成比例这一假设下。但是，实际情况下，$\dfrac{\overline{y}}{\overline{x}} \neq \dfrac{\overline{Y}}{\overline{X}}$，两个变量的样本统计量和总体参

数并不成比例关系。这时，放松这个比例系数，令 $\dfrac{\overline{Y} - \overline{y}}{\overline{X} - \overline{x}} = \beta$，这里的 β

不一定等于 $\dfrac{\overline{Y}}{\overline{X}}$，这时得到的估计量称为回归估计量。

在简单随机抽样下，令总体均值 $\overline{Y}$ 的回归估计量为 $\overline{y}_1$，该估计量的表达式为：

$$\overline{y}_1 = \overline{y} + \beta(\overline{X} - \overline{x})$$

其中，β 是事先已知或者设定的一个常数，也可以是由样本数据计算的统计量。特别的，当 $\beta = 0$ 时，回归估计量就是简单估计量；当 $\beta = \dfrac{\overline{Y}}{\overline{x}}$ 时，估计量为比率估计量；当 $\beta = 1$ 时，称为差值估计量。

性质 1.21 当 $\beta = \beta_0$ 给定时，在简单随机抽样下，总体均值的回归估计量为无偏估计量，其方差为：

$$V(\overline{y}_1) = \frac{1-f}{n}(S_y^2 + \beta_0^2 S_x^2 - 2\beta_0 S_{xy})$$

方差的估计为：

$$v(\overline{y}_1) = \frac{1-f}{n}(s_y^2 + \beta_0^2 s_x^2 - 2\beta_0 s_{xy})$$

特别的，对于差值估计量，即 $\beta_0 = 1$，差值估计量为无偏估计量，方差为：

$$V(\overline{y}_1) = \frac{1-f}{n}(S_y^2 + S_x^2 - 2S_{xy})$$

方差的估计为：

$$v(\overline{y}_1) = \frac{1-f}{n}(s_y^2 + s_x^2 - 2s_{xy})$$

当 $\beta = \dfrac{S_{xy}}{S_x^2} = \dfrac{\sum_{i=1}^{N}(Y_i - \overline{Y})(X_i - \overline{X})}{\sum_{i=1}^{N}(X_i - \overline{X})^2}$，即系数为总体回归系数时，

方差最小。

性质 1.22　当 β 未给定时，通常用总体回归系数的最小二乘估计来代替，即 $\hat{\beta} = \dfrac{s_{xy}}{s_x^2} = \dfrac{\sum_{i=1}^{n}(y_i - \bar{y})(x_i - \bar{x})}{\sum_{i=1}^{n}(x_i - \bar{x})^2}$。这时，在简单随机抽样下，总体均值的回归估计量：

$$\bar{y}_1 = \bar{y} + \hat{\beta}(\bar{X} - \bar{x})$$

为有偏估计量。当样本量充分大时，估计量的偏倚趋于 0，这时均方误差约等于方差，即，

$$MSE(\bar{y}_1) \approx V(\bar{y}_1) \approx \frac{1-f}{n}S_y^2(1 - \rho^2)$$

方差的近似估计为：

$$\begin{aligned}
v(\bar{y}_1) &\approx \frac{1-f}{n(n-2)}\sum_{i=1}^{n}\left[(y_i - \bar{y}) - \hat{\beta}(x_i - \bar{x})\right]^2 \\
&= \frac{1-f}{n(n-2)}\left[\sum_{i=1}^{n}(y_i - \bar{y})^2 - \hat{\beta}^2\sum_{i=1}^{n}(x_i - \bar{x})^2\right] \\
&= \frac{(1-f)(n-1)}{n(n-2)}(s_y^2 - \hat{\beta}^2 s_x^2)
\end{aligned}$$

试自行推导确定系数和未确定系数下的总体总值的估计量，及其性质。

当回归系数确定时，回归估计量是无偏估计量。当回归系数由样本估计时，回归估计量是有偏估计量，需要有足够的样本量才能保证估计的有效。但是，简单估计量的方差远远大于回归估计量的方差，回归估计的偏差不大，其均方误差也比简单估计的小得多，回归估计比简单估计的效率高。

性质 1.23　当回归系数 β_0 给定，$\rho > \dfrac{\beta_0 S_x}{2S_y}$ 时，有 $V(\bar{y}) > V(\bar{y}_1)$，即回归估计效率优于简单估计；当回归系数 β_0 由样本统计量估计时，有 $V(\bar{y}) > V(\bar{y}_1)$，即回归估计效率优于简单估计。

证明 简单随机抽样下，对总体均值 $\bar{Y}$ 的估计量有方差：

$$V(\bar{y}) = \frac{1-f}{n}S_y^2$$

简单随机抽样下，利用回归估计对总体均值 $\bar{Y}$ 进行估计，有方差：

$$V(\bar{y}_1) = \frac{1-f}{n}(S_y^2 + \beta_0^2 S_x^2 - 2\beta_0 S_{xy})$$

故 $\beta_0^2 S_x^2 - 2\beta_0 S_{xy} < 0$ 时，得相关系数 $\rho > \dfrac{\beta_0 S_x}{2S_y}$ 时，有 $V(\bar{y}) > V(\bar{y}_R)$，即回归估计优于简单估计。当系数是由样本量估计时，其方差为：

$$V(\bar{y}_1) \approx \frac{1-f}{n}S_y^2(1-\rho^2)$$

小于简单估计量的方差，故回归估计比简单估计效率高。

在实际操作中，当系数给定时，目标变量和辅助变量往往来自同一调查总体，即 $\dfrac{S_x}{S_y} \approx 1$，此时，要得到 $\rho > \dfrac{\beta_0}{2}$ 的合适辅助变量并不难。系数由样本统计量估计时，回归估计总是优于简单估计，除非 $\rho = 0$。

例 1.35 在例 1.31 中，总体有 4 个单元，编号为 1，2，3，4。值为 3，5，5，1，用不放回简单随机抽样抽取 2 个单元组成一个样本，辅助变量值为 6，11，10，3，比较简单随机抽样下的总体均值简单估计量和回归估计量的性质，并计算方差。

答： 由例 1.15 知总体均值 $\bar{Y} = \dfrac{7}{2}$，目标变量总体方差 $S_y^2 = \dfrac{11}{3}$。辅助变量总体均值为 $\bar{X} = 7.5$，总体方差 $S_x^2 = 41/3$，总体协方差为 $S_{xy} = 7$，两者的相关系数为 $\rho = \dfrac{7}{\sqrt{\dfrac{11}{3} \times \dfrac{41}{3}}} = 0.9888514$。在简单随机抽样下，对总体均值的简单估计量为总体均值的无偏估计，方差为 $\dfrac{11}{12}$。

简单随机抽样下采用回归估计，则各个样本的估计值如表 1.14 所示。

表1.14 例1.31 中的目标变量和辅助变量

序号	单元编号	目标变量取值	辅助变量取值	目标变量均值	辅助变量均值	回归系数的估计	回归估计下的目标变量
1	1, 2	3, 5	6, 11	4	8.5	0.4	3.6
2	1, 3	3, 5	6, 10	4	8	0.5	3.75
3	1, 4	3, 1	6, 3	2	4.5	$\frac{2}{3}$	4
4	2, 3	5, 5	10, 11	5	10.5	0	5
5	2, 4	5, 1	10, 3	3	6.5	$\frac{4}{7}$	$\frac{25}{7}$
6	3, 4	5, 1	11, 3	3	7	0.5	3.25

回归估计下的总体均值估计的平均值为：

$$\left(3.6 + 3.75 + 4 + 5 + \frac{25}{7} + 3.25\right)/6 \approx 3.861905$$

为有偏估计，方差为 0.37085034。虽然回归估计下的总体均值的估计不是无偏的，但是，比简单估计量的方差小很多。

例1.36 在例1.32 中，某县有 190000 亩水稻田，分布在 512 个村，不放回简单随机抽样抽取 24 个村，调查得每个村的水稻田面积 $\bar{x} = 365.731$，$s_x^2 = 9285.749$，和产量 $\bar{y} = 131.042$，$s_y^2 = 1091.439$，$s_{xy} = 3146.144$，计算回归估计下的水稻田总产量和方差，并与简单估计下的水稻田总产量和方差作比较。

答： 在简单估计下，有：

$$\hat{Y} = N\bar{y}$$
$$= 67093.504$$

方差的估计为：

$$v(\hat{Y}) = \frac{N^2(1-f)}{n}s_y^2$$
$$= 11361117.44$$

在回归估计下，有：

$$\hat{\beta} = \frac{s_{xy}}{s_x^2} = 0.3388142$$

总体均值的回归估计量为：

$$\overline{y}_1 = \overline{y} + \hat{\beta}(\overline{X} - \overline{x})$$
$$= 131.042 + \frac{3146.144}{9285.749} \times \left(\frac{190000}{512} - 365.731\right)$$
$$= 132.859$$

总体总值的回归估计量为：

$$\hat{Y} = N\overline{y}_1$$
$$= 68023.81$$

方差的估计为：

$$v(\hat{Y}) \approx \frac{1-f}{n}N^2\frac{n-1}{n-2}(s_y^2 - \hat{\beta}^2 s_x^2)$$
$$= 277330.7$$

回归估计下的总体总量估计量的方差比简单估计下的总体总量估计量的方差小得多。

例1.37　在例1.33中，欲对海产品打捞量进行简单随机抽样下的回归估计，已知总体有2860艘渔船，首先进行预调查，随机抽取10艘渔船，载重吨位 $\sum_{i=1}^{10} x_i = 78$，$\sum_{i=1}^{10} x_i^2 = 920$，和打捞量的信息为 $\sum_{i=1}^{10} y_i = 1502$，$\sum_{i=1}^{10} y_i^2 = 342640$，$\sum_{i=1}^{10} x_i y_i = 17738$。试计算在95%置信水平下，绝对误差为 $d = 2000$ 吨的情况下需要多大的样本量进行调查？

答：首先计算 $s_y^2 = \dfrac{\sum_{i=1}^{10}(y_i - \overline{y})^2}{9} = \dfrac{\sum_{i=1}^{10} y_i^2 - 10\overline{y}^2}{9} = 13004.4$，$s_x^2 = \dfrac{\sum_{i=1}^{10}(x_i - \overline{x})^2}{9} = \dfrac{\sum_{i=1}^{10} x_i^2 - 10\overline{x}^2}{9} = 34.62222$，$s_{xy} = \dfrac{\sum_{i=1}^{10}(y_i - \overline{y})(x_i - \overline{x})}{9} = \dfrac{\sum_{i=1}^{10} y_i x_i - 10\overline{y}\,\overline{x}}{9} = 669.1556$。回归系数的估计为：

$$\hat{\beta} = \frac{s_{xy}}{s_x^2} = 19.32734$$

在回归估计下，海产品打捞量的估计量的方差为：

$$v(\hat{Y}_R) \approx \frac{2860^2 - 2860 \times n}{n} \times \frac{9}{8} \times (13004.4 - 19.32734^2 \times 34.62222)$$

$$= \left(\frac{1}{n} - \frac{1}{2860}\right) \times 657079128$$

绝对误差为 2000 吨，则：

$$2000 = 1.96 \times \sqrt{\left(\frac{1}{n} - \frac{1}{2860}\right) \times 657079128}$$

解得 $n \approx 517$

1.5.5 分层随机抽样下的回归估计

如果各层的样本量较大时，则可以采用各层分别进行回归估计，将各层加权汇总得到总体指标的估计，这种方式称为分别回归估计量。

此时每层有回归系数估计$\hat{\beta}_1$，$\hat{\beta}_2$，$\cdots$，$\hat{\beta}_L$，对总体均值的分别回归估计量为 $\bar{y} = \sum_{h=1}^{L} W_h \bar{y}_h = \sum_{h=1}^{L} W_h [\bar{y}_h + \hat{\beta}_h(\bar{X}_h - \bar{x}_h)]$

性质1.24 当各层的回归系数为事先给定时，分别回归估计是无偏的，方差为：

$$V(\bar{y}) = \sum_{h=1}^{L} \frac{W_h^2(1 - f_h)}{n_h}(S_{yh}^2 + \hat{\beta}_h^2 S_{xh}^2 - 2\hat{\beta}_h S_{xyh})$$

当$\hat{\beta}_h = \frac{S_{xyh}}{S_{xh}^2}$，即各层系数为各层总体回归系数时，方差最小。

若各层的回归系数未给定，可以由各层的样本统计量进行估计，此时，

$$\hat{\beta}_h = \frac{s_{xyh}}{s_{xh}^2} = \frac{\sum_{i=1}^{n_h}(y_{hi} - \bar{y}_h)(x_{hi} - \bar{x}_h)}{\sum_{i=1}^{n_h}(x_{hi} - \bar{x}_h)^2}$$

总体均值的分别回归估计量为有偏估计，其方差为：

$$V(\bar{y}) \approx \sum_{h=1}^{L} \frac{W_h^2(1 - f_h)}{n_h}S_{yh}^2(1 - \rho_h^2)$$

方差的估计为：

$$v(\bar{y}) \approx \sum_{h=1}^{L} \frac{W_h^2(1-f_h)}{n_h} s_{eh}^2$$

其中，$s_{eh}^2 = \dfrac{\sum_{i=1}^{n_h} [(y_{hi} - \bar{y}_h) - \hat{\beta}_h(x_{hi} - \bar{x}_h)]^2}{n_h - 2}$

当每层的样本量比较大时，分别回归估计量的偏倚接近 0，但是，每层样本量小时，分别回归估计量的偏倚较大。此时，应用联合回归估计量较好。联合回归估计量是先对目标变量和辅助变量作分层估计后，再利用回归估计得到总体参数的估计。即总体均值的联合回归估计为：

$$\bar{y}_c = \bar{y} + \hat{\beta}(\bar{X} - \bar{x})$$

这里的 $\bar{y} = \sum_{h=1}^{L} W_h \bar{y}_h$，$\bar{x} = \sum_{h=1}^{L} W_h \bar{x}_h$，即分别为目标变量均值分层估计和辅助变量均值分层估计。

性质 1.25　当回归系数为事先给定时，联合回归估计是无偏的，方差为：

$$V(\bar{y}_c) = \sum_{h=1}^{L} \frac{W_h^2(1-f_h)}{n_h}(S_{yh}^2 + \hat{\beta}^2 S_{xh}^2 - 2\hat{\beta} S_{xyh})$$

当系数 $\hat{\beta} = \dfrac{\sum_{h=1}^{L} \dfrac{W_h^2(1-f_h)}{n_h} S_{xyh}}{\sum_{h=1}^{L} \dfrac{W_h^2(1-f_h)}{n_h} S_{xh}^2}$ 时，方差达到最小值。

若回归系数未给定，可以由各层的样本统计量进行估计，此时

$$\hat{\beta} = \frac{\sum_{h=1}^{L} \dfrac{W_h^2(1-f_h)}{n_h} s_{xyh}}{\sum_{h=1}^{L} \dfrac{W_h^2(1-f_h)}{n_h} s_{xh}^2}$$

总体均值的分别回归估计量为有偏估计，其方差为：

$$V(\bar{y}_c) \approx \sum_{h=1}^{L} \frac{W_h^2(1-f_h)}{n_h}(S_{yh}^2 + \hat{\beta}_c^2 S_{xh}^2 - 2\hat{\beta}_c S_{xyh})$$

其中，$\hat{\beta}_c = \dfrac{\sum_{h=1}^{L} \dfrac{W_h^2(1-f_h)}{n_h} S_{xyh}}{\sum_{h=1}^{L} \dfrac{W_h^2(1-f_h)}{n_h} S_{xh}^2}$。方差的估计为：

$$V(\bar{y}_c) \approx \sum_{h=1}^{L} \frac{W_h^2(1-f_h)}{n_h}(s_{yh}^2 + \hat{\beta}^2 s_{xh}^2 - 2\hat{\beta} s_{xyh})$$

例 1. 38　在例 1. 34 中，某市对 900 家纺织品生产单位完成的生产总额按所有制性质（非国有和国有）分为两层进行抽样，已知各层有单元数 780 家和 120 家，且去年生产总额为 497250 元和 25000 元。现分别抽取 15 家和 10 家获得去年每家的生产总额 x 和今年的生产总额 y，得到的数据如表 1. 15 所示，试用分层抽样下的回归估计来估计今年 900 家总的生产总额及估计的方差。

表 1. 15　　　　　　　　　　　例 1. 34 的分层信息

指标	h = 1 非国有	h = 2 国有
n_h	15	10
N_h	780	120
W_h	0. 867	0. 133
f_h	0. 019	0. 083
X_h	497250	25000
$\overline{X}_h$	637. 50	208. 33
$\overline{x}_h$	622. 87	249. 40
$\overline{y}_h$	653. 93	239. 50
S_{xh}^2	85352. 98	10221. 6
S_{yh}^2	74525. 78	12931. 83
S_{xyh}	73160. 78	10954. 67
$\hat{\beta}_h$	0. 8571555	1. 071718

答：在分别回归估计下，生产总额的估计为 658. 9483 × 900 = 593053. 5，方差为 582. 7937 × 900^2 = 472062897。在联合回归估计下，生产总额的估计为 900 × 598. 673 + 0. 858 × (522250 − 573. 074 × 900) = 544368. 5，方差为 472678740。试列出以上两种估计的具体计算式。

同比率估计结果一样，分别回归估计的方差比联合回归估计的方差稍小一点。通常情况下，当各层样本量大，各层回归系数相差较大时，采用分别回归估计；当各层样本量不大，各层回归系数相差较小时，采用联合回归估计。

通过例 1.34 和例 1.38 估计量的方差比较，可以看出，无论是分别回归估计还是联合回归估计，方差都比比率估计量的方差小得多。

1.5.6 比率估计和回归估计的效率比较

对总体均值，简单随机抽样下的比率估计和回归估计，以及分层随机抽样下的比率估计和回归估计的方差总结如表 1.16 所示。

表 1.16 简单随机抽样，以及分层随机抽样下的比率估计和回归估计的方差情况

	比率估计	方差	回归估计	方差
简单随机抽样	$r\,\overline{X}$	$\dfrac{1-f}{n}(S_y^2 + R^2 S_x^2 - 2R S_{xy})$	$\overline{y} + \beta(\overline{X} - \overline{x})$	$\dfrac{1-f}{n}(S_y^2 + \beta_0^2 S_x^2 - 2\beta_0 S_{xy})$
分层抽样下分别估计	$\displaystyle\sum_{h=1}^{L} W_h r_h\,\overline{X}_h$	$\displaystyle\sum_{h=1}^{L} \dfrac{W_h^2(1-f_h)}{n_h}(S_{yh}^2 + R_h^2 S_{xh}^2 - 2R_h S_{xyh})$	$\displaystyle\sum_{h=1}^{L} W_h[\,\overline{y}_h + \hat{\beta}_h(\overline{X}_h - \overline{x}_h)\,]$	$\displaystyle\sum_{h=1}^{L} \dfrac{W_h^2(1-f_h)}{n_h}(S_{yh}^2 + \hat{\beta}_h^2 S_{xh}^2 - 2\hat{\beta}_h S_{xyh})$
分层抽样下联合估计	$r_c\,\overline{X}$	$\displaystyle\sum_{h=1}^{L} \dfrac{W_h^2(1-f_h)}{n_h}(S_{yh}^2 + r_c^2 S_{xh}^2 - 2r_c S_{xyh})$	$\overline{y} + \hat{\beta}(\overline{X} - \overline{x})$	$\displaystyle\sum_{h=1}^{L} \dfrac{W_h^2(1-f_h)}{n_h}(S_{yh}^2 + \hat{\beta}^2 S_{xh}^2 - 2\hat{\beta} S_{xyh})$

由表 1.16 可以看出，当系数 $\beta = R$ 时，即回归系数设定和比率相等时，此时方差相等。其他情况下，有：

$$S_y^2 + R^2 S_x^2 - 2R S_{xy} - S_y^2 - \beta_0^2 S_x^2 + 2\beta_0 S_{xy}$$
$$= R^2 S_x^2 - 2R S_{xy} - \beta_0^2 S_x^2 + 2\beta_0 S_{xy}$$

取系数 $\beta_0 = \dfrac{S_{xy}}{S_x^2}$，为最优估计，此时，

$$S_y^2 + R^2 S_x^2 - 2RS_{xy} - S_y^2 - \beta_0^2 S_x^2 + 2\beta_0 S_{xy}$$

$$= R^2 S_x^2 - 2RS_{xy} - \beta_0^2 S_x^2 + 2\beta_0 S_{xy}$$

$$= R^2 S_x^2 - 2R\rho S_x S_y + \frac{S_{xy}^2}{S_x^2}$$

$$= R^2 S_x^2 - 2R\rho S_x S_y + \rho^2 S_y^2$$

$$= (RS_x - \rho S_y)^2$$

$$\geqslant 0$$

当等号成立时，$\beta_0 = R$。所以，除非系数与比率相等，此时比率估计和回归估计效率相等，其他情况下，总可以选取合适的系数，使得回归估计优于比率估计。

1.5.7 习题

（1）欲估计某学院大一学生每周高等数学学习时间占总学习时间的比重，从 102 名学生中随机抽取 10 名学生，令每周的学习时间为 x，高等数学学习时间为 y，得到以下数据：$\bar{x} = 40$，$\bar{y} = 14$，$s_x = 4.78$，$s_y = 3.09$，$s_{xy} = 13$。估计该学院学生每周高等数学学习时间占总学习时间的比重及方差。由样本标准差数据估计出相关系数 ρ，并比较简单随机抽样下的平均高等数学学习时间估计的方差与比率估计下的平均高等数学学习时间估计的方差。（答案：0.35，0.00018；0.8801506，0.8612012，0.2928693）

（2）欲利用账面资产价值和实际资产价值的相关性对某单位的实际资产总值进行比率估计。已知该单位登记的资产账目数有 1500 份，预调查时抽取了 15 份，得到账目价值 x（万元）和实际价值 y（万元）的相关数据：$\sum_{i=1}^{15} x_i = 230$，$\sum_{i=1}^{15} y_i = 226$，$\sum_{i=1}^{15} x_i^2 = 4279$，$\sum_{i=1}^{15} y_i^2 = 4112$，$\sum_{i=1}^{15} x_i y_i = 4146$，在 95% 的置信水平下，要求实际价值总值绝对误差为 400 万元下，求样本量。（答案：296）

（3）体育训练队共有 90 名男运动员与 86 名女运动员，整个运动队男运动员的平均体重为 $\bar{X}_m = 169.3$，女运动员的平均体重为 $\bar{X}_f = 140.2$。教练欲通过他们的体重推断运动员的四头肌的平均力量 $\bar{Y}$。现对随机抽取的

10 名男运动员和 10 名女运动员进行测试，得到数据 $\sum_{i=1}^{10} x_{mi} = 1643$，$\sum_{i=1}^{10} y_{mi} = 1158$，$\sum_{i=1}^{10} x_{fi} = 1423$，$\sum_{i=1}^{10} y_{fi} = 922$，试分别用比率估计推断男运动员的四头肌平均力量和女运动员的四头肌平均力量。对运动员整体的四头肌平均力量用分别比率估计和联合比率估计进行估计。（答案：119.32；90.84；105.4；105.308）

1.6 ｜ 整群抽样

为什么使用整群抽样？欲调查某社区习惯用支付宝支付的居民比例。调查可以这样进行：简单随机抽样抽取 100 户，也可以将社区划分为 20 组，每组 50 户，随机抽取 2 组，对 2 组共 100 户居民进行调查，第二种方案则为整群抽样。

由 100 户居民组成的整群样本精度很可能不如 100 户简单随机抽样样本。比如一些组青年人居多（比例偏多），而有些组老年人居多（比例偏少）。但是，从组中访问 100 户可能比从社区中随机抽取 100 户更省经费，也更容易，所以，整群抽样的单位花费可能产生更多的信息。

学习要点

1. 定义
2. 群规模相等时的估计量及性质
3. 群规模不相等时的估计量及性质

1.6.1 定义

将总体划分为若干群，以群为抽样单元，对群中的所有单位进行一一调查。这种调查方法称为整群抽样。当缺乏总体基本单元的抽样框或抽样框很难获得时，可采取整群抽样的方法。整群抽样下的样本，由于群内单元相对集中，各个单元间的调查时间和费用相对节省。但是，显然以某些"群"代替总体的调研，总会有以点带面的疑虑，特别是群间差异较大时，整群抽样的效率往往要低于简单随机抽样。

群的划分方法大致可分为两类：一类是根据行政或地域形成的群体，另一类是调查人员人为确定的。不管是怎样的划分方法，分群原则为群内差异尽可能大，群间差异尽可能小，注意与分层抽样的区别。

群的规模具有灵活性，这里我们分群规模相等和不相等两种情况考虑。对于整群抽样要用到统计量及其符号如表 1.17 所示。

表 1.17　　　　　　　　整群抽样中用到的参数和统计量

	总体	样本
群数	N	n
次级单元数	M_i（群规模相等时，$M_1 = M_2 = \cdots = M_N = M$）	M_i（群规模相等时，$M_1 = M_2 = \cdots = M_n = M$）
次级单元总数	$M_0 = \sum_{i=1}^{N} M_i$（群规模相等时，$M_0 = NM$）	$m_0 = \sum_{i=1}^{n} M_i$（群规模相等时，$m_0 = nM$）
第 i 群中第 j 个次级单元观测值	Y_{ij}（$i = 1, 2, \cdots, N$; $j = 1, 2, \cdots, M_i$）	y_{ij}（$i = 1, 2, \cdots, n$; $j = 1, 2, \cdots, M_i$）
第 i 群的次级单元观测值总和	$Y_i = \sum_{j=1}^{M_i} Y_{ij}$（$i = 1, 2, \cdots, N$）	$y_i = \sum_{j=1}^{M_i} y_{ij}$（$i = 1, 2, \cdots, n$）
第 i 群的均值	$\overline{Y}_i = \dfrac{Y_i}{M_i}$（$i = 1, 2, \cdots, N$）	$\overline{y}_i = \dfrac{y_i}{M_i}$（$i = 1, 2, \cdots, n$）
均值	$\overline{Y} = \dfrac{\sum_{i=1}^{N} Y_i}{M_0}$	$\overline{y} = \dfrac{\sum_{i=1}^{n} y_i}{m_0}$
方差（群规模相等时）	$S^2 = \dfrac{\sum_{i=1}^{N} \sum_{j=1}^{M} (Y_{ij} - \overline{Y})^2}{NM - 1}$	$s^2 = \dfrac{\sum_{i=1}^{n} \sum_{j=1}^{M} (y_{ij} - \overline{y})^2}{nM - 1}$
群间方差（群规模相等时）	$S_b^2 = \dfrac{M \sum_{i=1}^{N} (\overline{Y}_i - \overline{Y})^2}{N - 1}$	$s_b^2 = \dfrac{M \sum_{i=1}^{n} (\overline{y}_i - \overline{y})^2}{n - 1}$
群内方差（群规模相等时）	$S_w^2 = \dfrac{\sum_{i=1}^{N} \sum_{j=1}^{M} (Y_{ij} - \overline{Y}_i)^2}{N(M - 1)}$	$s_w^2 = \dfrac{\sum_{i=1}^{n} \sum_{j=1}^{M} (y_{ij} - \overline{y}_i)^2}{n(M - 1)}$

整群抽样初级单元抽取的是群，所以抽样比为 $f = \dfrac{n}{N}$。另外，对于三个方差：总体方差、群间方差、群内方差的计算需注意。

1.6.2　群规模大小相等时的估计

在总体分成的 N 个群中，若每个群所包含的次级单元数相等，则称为群规模相等，即 $M_1 = M_2 = \cdots = M_N = M$。在实际问题中，只要群规模相近，都可视为群规模相等。此时，一般采用简单随机抽样抽取群。

性质 1.26　对于总体均值，估计量为：

$$\overline{y} = \frac{\sum_{i=1}^{n} \sum_{j=1}^{M} y_{ij}}{nM}$$

即所有次级单元观测值除以次级单元总个数。该估计量为总体均值的无偏估计量，方差为：

$$V(\overline{y}) = \frac{1-f}{nM} S_b^2$$

方差的估计为：

$$v(\overline{y}) = \frac{1-f}{nM} s_b^2$$

性质 1.27　对于总体均值，估计量为 $\hat{Y} = NM\overline{y}$。该估计量为总体总值的无偏估计量，方差为：

$$V(\hat{Y}) = \frac{N^2 M(1-f)}{n} S_b^2$$

方差的估计为：

$$v(\hat{Y}) = \frac{N^2 M(1-f)}{n} s_b^2$$

性质 1.28　考虑总体比例 P，构造估计量：

$$p = \frac{\sum_{i=1}^{n} p_i}{n}$$

$$= \frac{\sum_{i=1}^{n} a_i}{nM}$$

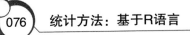

其中，a_i 为样本中第 i 群中具有某种特征的次级单元个数，p_i 为样本中第 i 群具有某种特征单元数的比例。该估计量为总体比例的无偏估计量，方差为：

$$V(p) = \frac{1-f}{n} \frac{\sum_{i=1}^{N} (P_i - P)^2}{N-1}$$

方差的估计为：

$$v(p) = \frac{1-f}{n} \frac{\sum_{i=1}^{n} (p_i - p)^2}{n-1}$$

利用群内相关系数：

$$\rho = \frac{E(Y_{ij} - \bar{Y})(Y_{ij} - \bar{Y})}{E(Y_{ij} - \bar{Y})^2}, (j \neq k)$$

$$\approx \frac{s_b^2 - s_w^2}{s_b^2 + (M-1)s_w^2}$$

得到总体均值估计量的方差近似表达式：

$$V(\bar{y}) \approx \frac{1-f}{nM} S^2 [1 + (M-1)\rho]$$

同样的样本量 nM，用简单随机抽样，其方差为：

$$V(\bar{y}_{SRS}) = \frac{1-f}{nM} S^2$$

故群规模相等的整群抽样设计效应为：

$$deff \approx 1 + (M-1)\rho$$

即整群抽样的设计效应与群内相关系数有密切关系。当群内方差大于总体方差时，这时 $\rho < 0$，整群抽样的方差小于简单随机抽样的方差；当群间方差取 0 时，$\rho = -\frac{1}{M-1}$，达到最小值，此时整群抽样的设计效应达最大；当分群完全是随机时，$\rho \approx 0$，此时整群抽样的方差与简单随机抽样相同。整群抽样的设计效应主要取决于总体中群内各次级单元间相关程度的大小，也就是说为了提高整群抽样的设计效应，分群时应尽可能增大群内

各次级单元的差异。但是，很多情况下，群是自然形成的，无法调整群内次级单元，这时，只能通过增大样本量来提高设计效应。在相同的样本量下，群规模相等的整群抽样总体均值估计量的方差是简单随机抽样的 $1 + (M-1)\rho$ 倍，则为了获得同样的估计精度，整群抽样的样本量应该是简单随机抽样的 $1 + (M-1)\rho$ 倍。

1.6.3　群规模不等时的估计

当群 M_i 规模不等时，有不同的抽取方法和估计方法。

性质 1.29　简单随机抽样下，对于总体均值，估计量为：

$$\bar{y} = \frac{\sum_{i=1}^{n} \sum_{j=1}^{M_i} y_{ij}}{n \dfrac{\sum_{i=1}^{N} M_i}{N}}$$

即每个群的次级单元个数以 $\bar{M} = \dfrac{\sum_{i=1}^{N} M_i}{N}$ 计算。该估计量为总体均值的无偏估计量，称为加权估计。方差为：

$$V(\bar{y}) = \frac{1-f}{n\,\bar{M}^2} \frac{\sum_{i=1}^{N} (M_i \bar{Y}_i - \bar{Y}\bar{M})^2}{N-1}$$

方差的估计为：

$$v(\bar{y}) = \frac{1-f}{n\,\bar{M}^2} \frac{\sum_{i=1}^{n} (M_i \bar{y}_i - \bar{y}\bar{M})^2}{n-1}$$

性质 1.30　当每个群的次级单元个数以 $\bar{m} = \dfrac{\sum_{i=1}^{n} M_i}{n}$ 估计时，简单随机抽样下，对于总体均值，估计量为：

$$\bar{y} = \frac{\sum_{i=1}^{n} \sum_{j=1}^{M_i} y_{ij}}{\sum_{i=1}^{n} M_i}$$

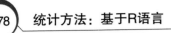

该估计量也称为比率估计，当总体群数 N 未知时通常使用该估计量。该估计量为总体均值的有偏估计量，方差为：

$$V(\bar{y}) \approx \frac{1-f}{n\bar{M}^2} \frac{\sum_{i=1}^{N} M_i^2(\bar{Y}_i - \bar{Y})^2}{N-1}$$

方差的估计为：

$$v(\bar{y}) = \frac{1-f}{n\bar{M}^2} \frac{\sum_{i=1}^{n} M_i^2(\bar{y}_i - \bar{y})^2}{n-1}$$

性质 1.31 采用与群规模成比例的不等概抽样方法——放回的 PPS 抽样，对于总体均值，估计量为：

$$\bar{y} = \frac{\sum_{i=1}^{n} \dfrac{\sum_{j=1}^{M_i} y_{ij}}{M_i}}{n}$$

该估计量为总体均值的无偏估计量，方差为：

$$V(\bar{y}) = \frac{1}{nM_0} \sum_{i=1}^{N} M_i(\bar{Y}_i - \bar{Y})^2$$

方差的估计为：

$$v(\bar{y}) = \frac{1}{n(n-1)} \sum_{i=1}^{n} (\bar{y}_i - \bar{y})^2$$

这里对放回不等概 PPS 抽样方法做一说明。不等概抽样方法下，每次单元 i 被抽中的概率为 Z_i，当总体规模为 M_0 时，$Z_i = \dfrac{M_i}{M_0}$。即每个单元在每次抽样中入样概率与规模大小成比例。常见有两种抽样方法：累积法和拉西里法。

对于 N 个群，首先给群和群里的单元编号。第一个群里的单元编号对应为 $1, 2, \cdots, M_1$，第二个群里的单元编号为 $M_1 + 1, M_1 + 2, \cdots, M_1 + M_2$，直到最后一个群里的单元编号为 $M_1 + \cdots + M_{N-1} + 1, M_1 + \cdots + M_{N-1} + 2, \cdots, M_0$。然后，在 $[1, M_0]$ 中产生随机数 m，对应单元所在的群即为抽中的群。此为累积法。

拉西里法不需要对全部单元进行编号，在总体规模较大时比较方便。

对于 N 个群，令 $M^* = \max\{M_i\}$，即 M^* 是群规模的最大值。同时在 $[1, N]$ 和 $[1, M^*]$ 中产生随机数 i 和 m，如果 $M_i \leq m$，则第 i 个群入选，否则重新抽。即抽取的群对应的规模不大于随机抽取的 m，则为选中的群。

1.7 系统抽样

学习要点

1. 定义
2. 等概率系统抽样的统计量及性质
3. 总体单元不同排列方式下的抽样方法及方差估计

1.7.1 定义

系统抽样也称机械抽样，首先将总体 N 个总体单元按一定顺序排列，然后随机抽取一个单元作为起始单元，接着按某种确定的规则抽取其他样本单元直到满 n 个样本量的一种抽样方法。其中常用的抽取规则有直线等距抽样和圆形等距抽样。

直线等距抽样是将总体中的 N 个单元按某种确定顺序编号，令 $N = nk$，从编号为 1 到 k 的单元中随机抽出一个单元编号，然后每隔 k 个单元编号抽出一个单元编号，直到抽出 n 个单元编号为止。

当 N 不是 n 的整数倍时，即 $k = \dfrac{N}{n}$ 不是整数，k 只能取最接近的整数，此时，抽取的样本数不一定为 n，也可能为 n−1 或 n+1。在实际工作中，若 n 充分大，此时 k 为非整数可以忽略，仍可采用直线等距抽样。当影响不可忽略时，可以采用循环等距抽样或称为圆形等距抽样。假设总体单元数为 N，总体中的 N 个单元已按某种确定顺序编号，将这些编号看成首尾相接的一个环，并从 1 到 N 中按简单随机抽样方式抽取一个单元编号作为随机起点，然后每隔 K 抽取一个单元编号，直到抽满 n 个单元为止。

系统抽样可以看成是一种特殊的整群抽样，也可以看成是一种特殊的

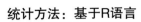
分层抽样。以下假设 N 为 n 的整数时，即 N = kn，总体单元可以排成 k 行 n 列。k 为抽取的间隔，n 为抽取的样本量，从 1 到 k 中随机抽取一个数 r，$1 \leqslant r \leqslant k$，则那一行就是抽取出来的样本。为了后续讨论方便，有如下符号约定。

第 r 行第 j 列总体单元指标值：Y_{rj}，$1 \leqslant r \leqslant k$，$1 \leqslant j \leqslant n$。当约定是第 r 行入样时，$Y_{rj}$ 就是样本观测值，此时，$Y_{rj} = y_{rj}$，$1 \leqslant j \leqslant n$。

在系统抽样中，同样需要注意几种方差的表达式。

总体方差：$S^2 = \dfrac{\sum_{r=1}^{k} \sum_{j=1}^{n} (Y_{rj} - \bar{Y})^2}{N - 1}$。

样本内方差：$S_{wsy}^2 = \dfrac{\sum_{r=1}^{k} \sum_{j=1}^{n} (y_{rj} - \bar{y})^2}{k(n - 1)}$

样本内相关系数：$\rho_{wsy} = \dfrac{E(y_{rj} - \bar{y}) E(y_{ru} - \bar{y})}{E(y_{rj} - \bar{y})^2}$

层均值：$\bar{Y}_{\cdot j} = \dfrac{\sum_{r=1}^{k} Y_{rj}}{k}$。

层内方差：$S_{wst}^2 = \dfrac{\sum_{r=1}^{k} \sum_{j=1}^{n} (y_{rj} - \bar{Y}_{\cdot j})^2}{k(n - 1)}$

样本层内相关系数：$\rho_{wst} = \dfrac{E(y_{rj} - \bar{Y}_{\cdot j}) E(y_{ru} - \bar{Y}_{\cdot j})}{E(y_{rj} - \bar{Y}_{\cdot j})^2}$

1.7.2　总体参数的估计量及性质

性质 1.32　估计量 $\bar{y}_r = \dfrac{\sum_{j=1}^{n} y_{rj}}{n}$ 是总体参数 $\bar{Y} = \dfrac{\sum_{r=1}^{k} \sum_{j=1}^{n} Y_{rj}}{N}$ 的无偏估计量。

方差为：

$$V(\bar{y}) = \frac{\sum_{r=1}^{k} (\bar{y}_r - \bar{Y})^2}{k}$$

$$= \frac{N - 1}{N} S^2 - \frac{k(n - 1)}{N} S_{wsy}^2$$

$$= \frac{S^2}{n} \frac{N-1}{N} [1 + (n-1)\rho_{wsy}]$$

$$= \frac{S_{wst}^2}{n} \frac{N-n}{N} [1 + (n-1)\rho_{wst}]$$

当总体单元的排列顺序与研究目标无关时，方差的估计为：

$$V(\bar{y}) = \frac{1-f}{n} s^2$$

注意，以上性质是在 $N = kn$ 下成立的。简单随机抽样和分层随机抽样并不绝对优于等距抽样，由以上性质可知：

（1）样本内方差越大，系统抽样精度越高。当样本内方差大于总体方差时，系统抽样精度比简单随机抽样精度高。

（2）样本内相关系数正相关越大，系统抽样精度越小。

（3）层内相关系数为负时，系统抽样精度高于按比例分配分层抽样。故系统抽样时，要求样本间的方差尽可能大，抽到的样本与没抽到的单元间相似度要高。

1.8 | 多阶段抽样

学习要点

1. 定义
2. 初级单元规模相等时的估计量及性质
3. 初级单元规模不相等时的估计量及性质

1.8.1 定义

假设总体由 N 个初级单元组成，每个初级单元又由若干个次级单元（二级单元）组成。二阶段抽样方法为先按某种典型抽样方法抽取 n 个初级单元，与整群抽样不同的是，再对每个抽中的初级单元再抽取若干个二级单元进行调查。对于二阶段以上的抽样称为多阶段抽样。二阶段抽样的参数与统计量如表1.18所示。

表1.18　　　　　　　二阶段抽样的参数与统计量

	总体	样本
初级单元	N	n
第i个初级单元中的二级单元个数（抽样个数）	M_i（群规模相等时，$M_1 = M_2 = \cdots = M_N = M$）	m_i
次级单元总数	$M_0 = \sum_{i=1}^{N} M_i$（群规模相等时，$M_0 = NM$）	$m_0 = \sum_{i=1}^{n} m_i$
第i个初级单元中第j个次级单元观测值	Y_{ij}（$i = 1, 2, \cdots, N$; $j = 1, 2, \cdots, M_i$）	y_{ij}（$i = 1, 2, \cdots, n$; $j = 1, 2, \cdots, M_i$）
抽样比	第一阶段抽样比 $f_1 = \dfrac{n}{N}$	第二阶段抽样比 $f_{2i} = \dfrac{m_i}{M_i}$
总量	$Y = \sum_{i=1}^{N} \sum_{j=1}^{M_i} Y_{ij}$	$y = \sum_{i=1}^{n} \sum_{j=1}^{m_i} y_{ij}$
第i个初级单元中所有次级单元观测值的和	$Y_i = \sum_{j=1}^{M_i} Y_{ij}$（$i = 1, 2, \cdots, N$）	$y_i = \sum_{j=1}^{M_i} y_{ij}$（$i = 1, 2, \cdots, n$）
第i群的均值	$\overline{Y}_i = \dfrac{Y_i}{M_i}$（$i = 1, 2, \cdots, N$）	$\overline{y}_i = \dfrac{y_i}{m_i}$（$i = 1, 2, \cdots, n$）
均值	$\overline{Y} = \dfrac{\sum_{i=1}^{N} Y_i}{M_0}$	$\overline{y} = \dfrac{\sum_{i=1}^{n} y_i}{m_0}$
第i个初级单元二级单元内方差	$S_{2i}^2 = \dfrac{\sum_{j=1}^{M_i} (Y_{ij} - \overline{Y}_i)^2}{M_i - 1}$	$s_{2i}^2 = \dfrac{\sum_{j=1}^{m_i} (y_{ij} - \overline{y}_i)^2}{m_i - 1}$
初级单元间方差	$S_1^2 = \dfrac{\sum_{i=1}^{N} (\overline{Y}_i - \overline{Y})^2}{N - 1}$	$s_1^2 = \dfrac{\sum_{i=1}^{n} (\overline{y}_i - \overline{y})^2}{n - 1}$
初级单元内方差	$S_2^2 = \dfrac{\sum_{i=1}^{N} \sum_{j=1}^{M_i} (Y_{ij} - \overline{Y}_i)^2}{N(M_i - 1)}$	$s_2^2 = \dfrac{\sum_{i=1}^{n} \sum_{j=1}^{m_i} (y_{ij} - \overline{y}_i)^2}{n(m_i - 1)}$

1.8.2　初级单元规模相等时的二阶抽样

在总体分成的 N 个群中，若每个初级单元所包含的次级单元数相等，则成为初级单元规模相等, 即 $M_1 = M_2 = \cdots = M_N = M$。假设第二阶段抽取的样本量都为 m, 即 $m_1 = m_2 = \cdots = m_n = m$, 第二阶段的抽样比为 $f_{21} = f_{22} = \cdots = f_{2n} = f_2$。

性质 1.33 若两个阶段都是简单随机抽样, 对于总体均值, 估计量为:

$$\bar{y} = \frac{\sum_{i=1}^{n} \sum_{j=1}^{m} y_{ij}}{nm}$$

即所有次级单元观测值除以次级单元总个数。该估计量为总体均值的无偏估计量, 方差为:

$$V(\bar{y}) = \frac{1 - f_1}{n} S_1^2 + \frac{1 - f_2}{nm} S_2^2$$

方差的估计为:

$$v(\bar{y}) = \frac{1 - f_1}{n} s_1^2 + \frac{1 - f_2}{nm} s_2^2$$

这里, $Es_1^2 = S_1^2 + \frac{1 - f_2}{m} S_2^2$, $Es_2^2 = S_2^2$。

性质 1.34 对于总体均值, 估计量为 $\hat{Y} = NM\bar{y}$。该估计量为总体总值的无偏估计量, 方差为:

$$V(\hat{Y}) = N^2 M^2 V(\bar{y})$$

方差的估计为:

$$v(\hat{Y}) = N^2 M^2 v(\bar{y})$$

性质 1.35 考虑总体比例 P, 构造估计量:

$$p = \frac{\sum_{i=1}^{n} p_i}{n}$$

$$= \frac{\sum_{i=1}^{n} a_i}{nm}$$

其中, a_i 为样本中第 i 初级单元中具有某种特征的次级单元个数, p_i 为样本中第 i 初级单元具有某种特征单元数的比例。该估计量为总体比例的无偏估计量, 方差为:

$$V(p) = \frac{1-f_1}{n}\frac{\sum_{i=1}^{N}(P_i - P)^2}{N-1} + \frac{1-f_2}{nm}\frac{M\sum_{i=1}^{N}P_i(1-P_i)}{N(M-1)}$$

方差的估计为：

$$v(p) = \frac{1-f_1}{n}\frac{\sum_{i=1}^{n}(p_i - p)^2}{n-1} + \frac{1-f_2}{n^2}\frac{f_1\sum_{i=1}^{n}p_i(1-p_i)}{(m-1)}$$

当总体很大，抽样比可忽略时，样本均值的方差为：

$$V(\bar{y}) = \frac{1}{n}S_1^2 + \frac{1}{nm}S_2^2$$

同样的样本量 nm，用简单随机抽样，其方差为：

$$V(\bar{y}_{SRS}) \approx \frac{1}{nm}S^2$$

$$\approx \frac{S_1^2 + S_2^2}{nm}$$

通常情况下，$m>1$，即二阶段抽样效率低于简单随机抽样。

1.8.3　初级单元规模不等时的二阶抽样

当初级单元 M_i 规模不等时，有不同的抽取方法和估计方法。

性质 1.36　简单不放回随机抽样下，定义初级单元的平均规模 $\bar{M} = \frac{\sum_{i=1}^{N}M_i}{N}$，对于总体均值，加权平均估计量为：

$$\bar{y} = \frac{\sum_{i=1}^{n}M_i\bar{y}_i}{n\bar{M}}$$

该估计量为总体均值的无偏估计量，方差为：

$$V(\bar{y}) = \frac{1-f_1}{n(N-1)}\sum_{i=1}^{N}\left(\frac{M_i}{\bar{M}}\bar{Y}_i - \bar{Y}\right)^2 + \frac{1}{nN\bar{M}^2}\sum_{i=1}^{N}\frac{M_i^2(1-f_{2i})}{m_i}S_{2i}^2$$

方差的估计为：

$$v(\bar{y}) = \frac{1-f_1}{n(n-1)}\sum_{i=1}^{n}\left(\frac{M_i}{\bar{M}}\bar{y}_i - \bar{y}\right)^2 + \frac{1}{nN\bar{M}^2}\sum_{i=1}^{n}\frac{M_i^2(1-f_{2i})}{m_i}S_{2i}^2$$

性质 1.37　简单不放回随机抽样下，定义次级单元的平均规模 $\bar{m} = \dfrac{\sum_{i=1}^{n} M_i}{n}$，对于总体均值，比率估计量为：

$$\bar{y} = \frac{\sum_{i=1}^{n} M_i \bar{y}_i}{n \bar{m}}$$

$$= \frac{\sum_{i=1}^{n} M_i \bar{y}_i}{\sum_{i=1}^{n} M_i}$$

该估计量为总体均值的有偏估计量，方差为：

$$V(\bar{y}) \approx \frac{N^2(1-f_1)}{M_0^2 n(N-1)} \sum_{i=1}^{N} M_i^2(\bar{Y}_i - \bar{Y})^2 + \frac{N}{M_0^2 n} \sum_{i=1}^{N} \frac{M_i^2(1-f_{2i})}{m_i} S_{2i}^2$$

方差的估计为：

$$v(\bar{y}) \approx \frac{N^2(1-f_1)}{M_0^2 n(n-1)} \sum_{i=1}^{n} M_i^2(\bar{y}_i - \bar{y})^2 + \frac{N}{M_0^2 n} \sum_{i=1}^{n} \frac{M_i^2(1-f_{2i})}{m_i} s_{2i}^2$$

性质 1.38　采用与初级单元规模成比例的不等概抽样方法——放回的 PPS 抽样，对于总体均值，估计量为：

$$\bar{y} = \frac{\sum_{i=1}^{n} \dfrac{\sum_{j=1}^{m_i} y_{ij}}{m_i}}{n}$$

该估计量为总体均值的无偏估计量，方差为：

$$V(\bar{y}) = \frac{1-f_1}{n} S_1^2 + \frac{1}{nN} \sum_{i=1}^{N} \frac{1-f_{2i}}{m_i} S_{2i}^2$$

方差的估计为：

$$v(\bar{y}) = \frac{1-f_1}{n} s_1^2 + \frac{1}{nN} \sum_{i=1}^{n} \frac{1-f_{2i}}{m_i} s_{2i}^2$$

性质 1.39　两个阶段都在简单随机抽样下，对于总体均值，估计量为：

$$\bar{y} = \frac{\sum_{i=1}^{n} \bar{y}_i}{n}$$

该估计量为总体均值的有偏估计量，方差为：

$$V(\bar{y}) = \frac{1}{nM_0} \sum_{i=1}^{N} M_i (\bar{Y}_i - \bar{Y})^2 + \frac{1}{nM_0} \sum_{i=1}^{N} \frac{M_i(1 - f_{2i})}{m_i} S_{2i}^2$$

方差的估计为：

$$v(\bar{y}) = \frac{1}{n(n-1)} \sum_{i=1}^{n} (\bar{y}_i - \bar{y})^2$$

第 2 章

描述性统计

第 1 章的抽样技术根本目标是解决数据的来源。本书接下来的讨论都是基于已有数据的基础上，利用统计方法获取相关信息。

2.1 | 统计学概论

学习要点

1. 总体 VS 样本
2. 统计量 VS 参数
3. 描述统计 VS 推断统计

2.1.1 什么是统计学?

统计学是由获取和分析数据的一系列方法组成的。具体来说统计学主要为以下目的提供科学方法。

（1）设计：为获取数据提供科学可实施方案。

（2）描述：为理解数据所提供的信息资料提供帮助。

（3）推断：基于现有的数据，对总体情况作出预测。

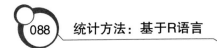

该定义中的关键词为：获取（设计）、分析、数据、方法。处理对象是数据，主要内容是获取方法和分析方法。

2.1.2　什么是数据？

什么是数据？我们每天都在和数据打交道——无论是通信、网购、移动支付，还是出行、娱乐、共享经济，背后"跑"的都是数据。在大数据背景下，数据不仅仅指的是"数字"！所有信息都可以是数据，包括图像、声音等。请同学们举几个日常生活中和"数据"打交道的例子。根据自己微信订阅号信息截图，说说有哪些数据并且说明从这些数据得到的信息？

数据是感兴趣的特征上所征集到的观察值全体。数据的来源主要有两方面：调查和实验。

这里特别要强调，在当今时代，除了时效性特别强的研究外，所用数据一般依赖官方网站发布获取。这里的官方网站指的是政府部门、各高校、各企业官网等。表2.1是一些中国大规模社会调查数据库举例。

表2.1　　　　　　　　12个大型中国微观数据库

1	国家统计局	http：//www. stats. gov. cn/
2	中国综合社会调查（CGSS）	http：//cgss. ruc. edu. cn/
3	中国社会状况综合调查（CSS）	http：//css. cssn. cn/css_sy
4	中国私营企业调查数据库（CPES）	http：//ssm. cssn. cn/sjzy/201609/t20160914_3202846. shtml
5	中国劳动力动态调查（CLDS）	http：//css. sysu. edu. cn/
6	中国家庭金融调查（CHFS）	https：//chfs. swufe. edu. cn/
7	中国家庭追踪调查（CFPS）	http：//www. isss. pku. edu. cn/cfps/index. htm
8	中国健康与养老追踪调查（CHARLS）	http：//charls. pku. edu. cn/zh-CN
9	中国老年健康影响因素跟踪调查（CLHLS）	http：//opendata. pku. edu. cn/
10	中国健康和营养调查（CHNS）	https：//www. cpc. unc. edu/projects/china/
11	中国家庭收入调查（CHIP）	http：//www. ciidbnu. org/
12	世界银行中国企业调查数据	http：//www. enterprisesurveys. org/data

统计学是处理数据的艺术。数据怎么来？数据为什么值得相信？怎么用数据解决问题？这三个问题是统计学要解决的。所以统计方法是统计学的主要内容。

2.1.3 什么是获取方法?

利用随机抽样方法进行调查是社会科学获取数据的常用方法，典型的随机抽样方法有简单随机抽样、系统随机抽样、分层随机抽样、整群抽样等。此部分内容已在第 1 章做详细叙述。从第 2 章开始，介绍的所有统计方法是在已有研究数据的前提下，在此建议在开始后续的学习前，可以搜索建立自己感兴趣的一个数据库。这样，在学习相应统计方法时，可以直接调取自己的数据库进行相应操作得到有趣的统计结果。

2.1.4 什么是分析方法?

统计分析方法分为两类，一类称为描述统计，另一类称为推断统计。一个研究观察的实体被称为研究对象，所有研究对象的全体称之为总体，样本是从总体中抽取的一个子集。参数或称为总体参数，是总体的数量特征。统计量或称为样本统计量，是样本的数量特征。描述统计指的是对数据进行整理、分类、汇总、展示等，通常以图、表形式呈现，对总体和样本数据都适用。推断统计是指基于样本数据，发现总体的某些特征，并以统计指标说明"发现"的合理性。推断统计只能基于样本数据，对于总体数据并不适用。比如从人口普查中得到的总体数据，不能用推断统计进行分析。

2.1.5 习题

熟悉一个社会调查数据库并作报告，报告内容包括以下几个方面：
（1）报告内容是什么？数据库名称、英语全名、关注的问题。
（2）报告内容是谁做？执行机构、官网网址。

（3）报告内容怎么做？抽样方式、抽样单元。

（4）报告得到的成果？数据是否开放、调查问卷是否开放、数据文件、调查问卷文件。

（5）报告成果的应用？学术文章汇总，并选择一篇学术论文进行报告。

2.2 变量类型

学习要点

1. 变量类型
2. 变量测量尺度

2.2.1 定性变量和定量变量

统计方法不断发展以适应越来越丰富的数据分析。不同类型的数据应选用不同类型的分析方法。统计方法就像筛子，孔太大或太小都挑不出有用的东西。对于各种各样的数据，只有选择恰当合适的统计方法，才能快速有效得到信息。故从认识数据开始。

什么是变量？为什么不直接称之为数据？

每个被试对象可测量的特征属性称为变量，变量是值可变的量。而得到的数据只是它的一次观测值而已。比如某人身高可以用符号 x 来表示，在 15 岁时身高 1.6 米，这里的 x 就是一个变量，其意义为这个人的身高，数据 1.5 米为该变量的观测值。

当研究的变量可以用数值表示时，称为定量变量（quantitative variable）。当变量只能用非数据表示时，称为定性变量（qualitative variable）或属性变量（attribute variable）或分类变量（categorical variable）。打开自己微信公众号订阅信息，说一说哪些是定量变量，哪些是定性变量？取值分别是什么？

2.2.2　名义、有序、间隔和比率测度

对于定性变量而言，有名义尺度和有序尺度两种数据类型。名义尺度是指变量只能进行分类，且这种分类没有"高低贵贱"之分。有序尺度的定性变量则不仅可进行分类，还可以进行排序。但是，这种排序不能用数量来具体衡量之间的差异程度。比如对垃圾分类的态度（非常支持，支持，一般，不支持），不能用具体的数据来衡量两种态度之间的差异程度，因为不能确定不同类型之间差异的程度，"非常支持"和"支持"之间的差距与"一般"和"不支持"之间的差距是否相同呢？对此一无所知。为了能用适用于定量变量的更强大的统计方法，通常会把有序变量赋值，比如，4代表"非常支持"，3代表"支持"，2代表"一般"，1代表"不支持"。当然不能说"非常支持"就是"一般"的两倍，这个说法毫无意义。这里的赋值需非常谨慎，且在应用定量分析方法时，需要通过其他赋值的选择来进行稳健性检验或敏感性检验。

对于定量变量而言，有间隔尺度和比率尺度。定量变量的间隔尺度对变量间的差异程度给出了度量。即变量可以进行排序，且相同的测量值之间的差值对应着相同的数量特征差。对于间隔尺度的定量变量，差值显得非常有意义。如正常体温为36度，如果某天测量为38度则为发烧，又比如体重，人们关心都是增加或减少了多少，而不是多少倍。当被试对象的比值更能引起人注意时，该变量为比率尺度变量，比如收入的涨幅程度等。

2.2.3　离散变量和连续变量

对于定量变量，又可以分成离散变量和连续变量。连续变量的观测值可以取某一区间内的任何值，而离散变量只能取某些值，且值之间往往有"间隙"。在现实生活中，离散变量取值范围通常为自然数集，而连续变量

取值范围为实数集合。当只有有限个可能取值时，该变量一定是离散变量，从这个意义上讲，所有的定性变量都是离散变量。

2.2.4 习题

（1）对于过去 7 天的手机屏幕使用时间，是定性变量还是定量变量？（以苹果手机为例，打开"设置 – 屏幕使用时间"）用自己手机使用情况的数据回答：

① 哪一天（星期几）使用手机最多？此时关注的是什么变量？

② 平均每天用手机多长时间？此时关注的是什么变量？

（2）糖果包里有 6 种颜色的糖果，某同学欲对其进行统计。

他是这么做的：

第一步假设棕色赋值为 1，黄色赋值为 2，蓝色赋值为 3，橙色赋值为 4，绿色赋值为 5，红色赋值为 6。

第二步取出所有糖果，并以颜色分类，棕色有 10 颗，黄色有 9 颗，蓝色有 9 颗，橙色有 5 颗，绿色有 3 颗，红色有 3 颗。

第三步计算均值，为 2.77。

试问：

① 均值有意义吗？能说明平均颜色为黄色或蓝色吗？

② 这位同学犯了什么错？

③ 你会怎么做，得到哪些信息？

（3）在一次运动会上，有 8 名运动员参加了 800 米跑步比赛，有位同学记录了这 8 名运动员的比赛名次，计算得到均值为 4.5，试问：

① 该均值能告诉我们什么？

② 该名同学犯了什么错？

③ 若关心的是哪名运动员跑最快，则关注的是什么变量？

④ 若关心的是该成绩是否打破纪录，则关注的是什么变量？

⑤ 你会怎么做，得到哪些信息？

2.3 | 图和表

1. 条形图
2. 饼形图
3. 频数表、频数分布、相对频数分布

2.3.1　定性数据的图形表示

描述统计是描述数据的方法，主要对数据进行整理，展现数据的形态和聚集点，揭示数据的极值和其他一些特殊数据值。频数分布表是用于整理和概括数据的一种方法，将定性数据分为互不相容的若干组，以显示各组观测值个数的一种分组方法。其中，每个组的观测值个数称为组频数，组频数除以总的观测值个数得到相对组频数。相对频数分布表列出了所有组的相对组频数。

条形图（bar chart）是常用的将定性数据表示成图形形式的工具。横轴表示不同组别，纵轴表示组频数或相对组频数。用相同宽度的竖条对频数进行表示，不同竖条之间存在一定距离或间隔，竖条的高度对应各组的频数。

饼形图（pie chart）是表示每个组占总频数的比例或百分比的一种图形，也是描述定性变量常用的图形，其中扇形面积代表该类观测值的个数占比如图 2.1 所示。

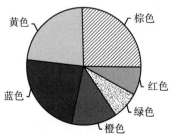

图 2.1　糖果数据的饼形图

R 语句为：

a < − c(10,9,9,5,3,3)

names < − c("棕色""黄色""蓝色""橙色""绿色""红色")

pie(a,labels = names,density = 4,angle = 15 + 50 × 1 : 20)

例 2.1　如图 2.2 所示，以糖果数据为例画条形图，糖果包里有 6 种颜色的糖果，棕色有 10 颗，黄色有 9 颗，蓝色有 9 颗，橙色有 5 颗，绿色有 3 颗，红色有 3 颗。

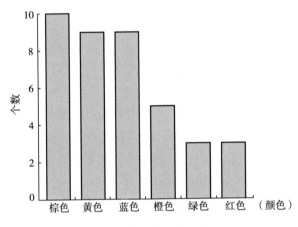

图 2.2　糖果数据的条形图

R 语句为：

a < − c(10,9,9,5,3,3)

names < − c("棕色""黄色""蓝色""橙色""绿色""红色")

barplot(a,names. arg = names,xlab = "颜色",ylab = "个数")

2.3.2　定量数据的图形表示

频数分布表同样适用于定量变量。频数分布的值区间通常是等宽的，区间包含变量的所有可能值，任何值必须属于且只属于一个区间。构造频数分布的目的是构造能快速判断数据集中趋势、离散程度和分布形状的图形和表格。其中，频数分布的区间选择尤为重要。如果使用的区间太少，则无法得到有用的信息；如果使用的区间太多，则会有"草色遥看近却无"的效果，太过密集，得不到整体信息。

构造频数分布表的步骤：

（1）确定组数。确定组数 k 的一个常用的方法是：2 到 k 法则。即 2^k 大于观测值个数 n 的最小整数 k 作为分组的组数。

（2）确定组距。一般来说，所有组的组距是相同的，但是，也会出现不相等组距的情况。不等组距的使用主要是为了避免大量全为 0 的分组出现。确定组距的基本原则是所有分组放在一起要能覆盖所有的数据，即 $i \geqslant \dfrac{H-L}{k}$，其中 i 为组距，H 为最大观测值，L 为最小观测值，k 为组数。

（3）确定组限。不能使用重叠的组限，确保每个观测值属于且只属于其中的一个组。对于观测值恰好等于组限值的情况，要统一约定好是属于上一组还是下一组，最好两组之间的组限不相等。

（4）将各观测值归入各组中。

（5）计算各组的组频数。组频数是指每组中观测值的个数。

使用频数分布表，可以知道变量可能取值的区间以及数据的集中区间、代表值等信息。

直方图是常用的描述定量变量频数分布的图形。定量数据频数分布的直方图与定性数据分布的条形图相似，横轴为各个组，纵轴为对应的组频数，竖条的高度代表该组的组频数。与定性数据不同的是，定量数据通常使用连续而不是离散的尺度，所以竖条之间彼此相邻以反映数据的连续性。频数折线图与直方图类似，它是由连接组中值和组频数交点的线段组成。组中值的计算方法是上下限的加和除以 2。每组的组中值在横轴中标出，组频数在纵轴标出。

图 2.3 为班级同学成绩的直方图和频数折线图。

例 2.2 一个班级某次考试成绩为：36 分，53 分，57 分，62 分，63 分，65 分，68 分，69 分，69 分，70 分，71 分，71 分，73 分，74 分，76 分，77 分，77 分，78 分，79 分，79 分，79 分，80 分，80 分，81 分，81 分，81 分，82 分，83 分，83 分，85 分，86 分，88 分，88 分，88 分，89 分，90 分，92 分，92 分，93 分，98 分。

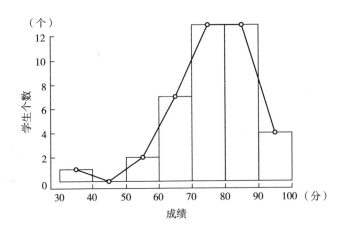

图 2.3 班级同学成绩的直方图和频数折线图

R 语句为：

Height < − c(36,53,57,62,63,65,68,69,69,70,71,71,73,74,76,77,

77,78,79,79,79,80,80,81,81,81,82,83,83,85,86,88,88,88,89,90,92,

92,93,98)

hist(Height,xlab = "成绩",ylab = "学生个数",main = "")

x < − c(35,45,55,65,75,85,95)

y < − c(1,0,2,7,13,13,4)

lines(x,y,type = "b")

茎叶图是用茎和叶表示出各个观测值。两个组的茎叶图"背靠背"可以比较两个组的情况。这时，每个图使用相同的茎，一个样本的叶在茎的左边，另一个样本的叶在茎的右边。从对比图中可以清楚地看到两者的不同。茎叶图把每个样本点的具体信息标识出来，所以只对小型数据有效。

例 2.3 例 2.2 中的数据由茎叶图可以表示为：

3 | 6

4 |

5 | 37

6 | 235899

7 | 011346778999

8 | 00111233568889

9 | 02238

R 语句为：

stem(x)

问：

（1）从茎叶图中看出样本中共有几个学生？

（2）最高分？最低分？有几个同学不及格？

2.3.3　分布的形状

当频数分布和直方图是描述总体数据时，该图也称为总体分布图。当频数分布和直方图描述的是样本数据时，该图称为样本数据分布图。当样本量增加时，样本数据分布图会越来越接近总体分布。对于连续性变量，当样本量增加，样本数据分布图的形状逐渐近似一条平滑曲线。对于连续性变量的总体分布图，通常用曲线来表示。

从直方图和频数折线图可以看出数据的大致分布。数据的分布通常分成四种类型。

"U" 型分布表示调查对象存在两极分化现象，数值较大和较小的变量频数较大，中心值出频数较小。二次函数是典型的 "U" 型分布（见图2.4）。

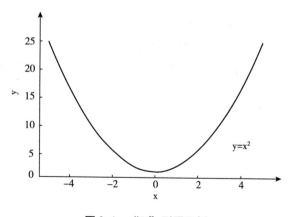

图2.4　"U" 型图示例

R 语句为：

curve(x^2, -5, 5, xlab = "x", ylab = "y")

text($4,5$,expression(paste("y = ",x^2)))

钟形分布是对称分布，大多数观测值出现在中心值附近，在极大值和极小值处观测值较少。对应于最大值和最小值曲线部分称为分布的尾。对于钟形分布，两个尾巴长度是一样的。正态分布密度函数图是典型的钟形分布，如图2.5所示。

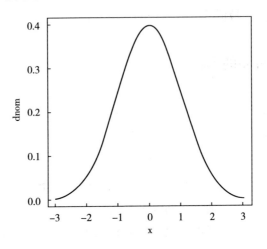

图 2.5　钟形图示例

R 语句为：

plot(dnorm, $-3,3$)

遇到的大多数实际数据是两尾不对称的。如国民收入、较容易的考试成绩等都是有偏分布。当左边尾巴比右边尾巴长时，称为左偏分布。当右边尾巴比左边尾巴长时，称为右偏分布。F分布、卡方分布是典型的有偏分布，如图2.6所示。

R 语句为：

x = seq($0,25,0.2$)

y = dchisq(x,6)

plot(x,y,type = "l")

x1 = 25 - x

plot(x1,y,type = "l")

钟形分布和有偏分布是只有一个波峰的分布，当数据出现两个波峰时，则为双峰分布。死亡年龄是典型的双峰分布。图形示例如图2.7所示。

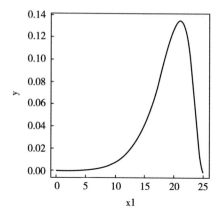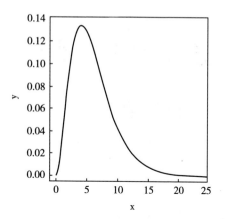

图2.6　有偏分布示例：自由度为6的卡方分布

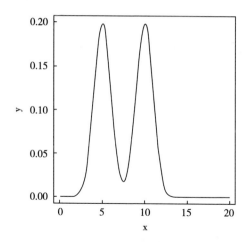

图2.7　双峰图示例

思考：钟形分布和"U"型分布有什么不同？

R 语句为：

$x = seq(0, 20, 0.2)$

$y = 0.5 \times dnorm(x, mean = 5, sd = 1) + 0.5 \times dnorm(x, mean = 10, sd = 1)$

$plot(x, y, type = "l")$

各分布的参数估计以及多峰概率分布一直是数理统计研究人员关注的研究问题。

2.4 | 数据分布的集中性

学习要点
1. 均值的定义和性质
2. 中位数的定义和性质

2.4.1 均值

对数据集中性的度量中，均值是最常见的。总体均值是总体总值除以总体个数，用 μ 来表示。样本均值是样本总值除以样本数据的个数，用 $\bar{x}$ 来表示。总体均值是总体特征的一个参数，样本均值是描述样本数据特征的一个统计量。

对于 n 个样本量的样本 $x_1, x_2, \cdots, x_n$，样本均值为：

$$\bar{x} = \frac{x_1 + x_2 + \cdots + x_n}{n}$$

$$= \frac{\sum x_i}{n}$$

其中，符号 $\sum$ 表示求和过程，$\sum x_i = x_1 + x_2 + \cdots + x_n$。关于求和符号一定要识别清楚下标 i 的取值范围。

性质 2.1 均值有如下重要性质：

（1）均值只适用定量变量。名义变量的均值无意义；有序变量的均值需把等级分配数字进行处理。

（2）均值受异常值的影响。异常值指的是远低于或远高于大部分数据的一个观测值。

（3）高度偏态分布里，均值靠向较长尾巴方向。

（4）均值在每个观测点上权重相等。

（5）两组数据的均值在每组均值上的权重不相等。

不同的数据类型应该选用不同的特征量来刻画。均值适用于定量变量，对于名义变量计算均值是不切实际的，比如2.2.4习题2中糖果颜色的例子。对于有序变量，可以分配数字进行排序，求出均值。

均值极容易受到异常值的影响。比如对教室里的人进行收入调查，此时，世界首富进来了，那么，教室里所有人的平均收入能代表真实的平均收入吗？

思考： 钟形分布的均值是位于对称中心的，那么，有偏分布的均值点还位于对称中心吗？

均值有时不能作为样本的代表值，尤其是对于高度偏态的总体分布而言。均值在每个观测点上权重相等，是观测值的重心。即所有高于均值的观测值离开均值的距离之和等于低于均值的观测值离开均值的距离之和。

对于均值，还有一个有趣的现象，在实际调研中普遍存在。调查A市和B市的人均收入水平，各收集10个样本。为避免城乡差异，两个市的样本均分为农村和城市两个群体，数据如表2.2所示，分别计算各群体的均值。

表2.2 A市和B市的人均收入调查数据

	农村	城市
A市	26000（n=3）	39000（n=7）
B市	27000（n=8）	40000（n=2）

无论农村还是城市，其收入的均值都是A市小于B市。但是，计算总体均值，其结果却是A市大于B市。这一点可以与我国城乡区域发展和收入分配差距较大、我国仍处于社会主义初级阶段相联系。

消除贫困、改善民生、实现共同富裕，是社会主义的本质要求。现在，我国大部分群众生活水平有了很大提高，出现了中等收入群体，也出现了高收入群体，但还存在大量低收入群众。真正要帮助的，还是低收入群众[①]。

---

① 《在河北省阜平县考察扶贫开发工作时的讲话》（2012年12月29日、30日），《做焦裕禄式的县委书记》，中央文献出版社2015年版，第15页。

　　农村贫困人口脱贫是最突出的短板。虽然全面小康不是人人同样的小康，但如果现有的7000多万农村贫困人口生活水平没有明显提高，全面小康也不能让人信服。所以，《中共中央关于制定国民经济和社会发展第十三个五年规划的建议》把农村贫困人口脱贫作为全面建成小康社会的基本标志，强调实施精准扶贫、精准脱贫，以更大决心、更精准思路、更有力措施，采取超常举措，实施脱贫攻坚工程，确保我国现行标准下农村贫困人口实现脱贫、贫困县全部摘帽、解决区域性整体贫困[①]。

　　全面建成小康社会，关键是要把经济社会发展的短板尽快补上，否则就会贻误全局。全面建成小康社会，最艰巨的任务是脱贫攻坚，最突出的短板在于农村还有七千多万贫困人口[②]。

　　作为有着十三亿多人口的国家，中国用几十年的实践走完了发达国家几百年走过的发展历程，无疑是值得骄傲和自豪的。同时，我们也清醒认识到，中国经济总量虽大，但除以十三亿多人口，人均国内生产总值还排在世界第八十位左右。中国城乡低保人口有七千四百多万人，每年城镇新增劳动力有一千多万人，几亿农村劳动力需要转移就业和落户城镇，还有八千五百多万残疾人。根据世界银行的标准，中国还有二亿多人口生活在贫困线以下，这差不多相当于法国、德国、英国人口的总和。今年春节前后的四十天里，中国航空、铁路、公路承载了大约三十六亿人次的流动，相当于每天都有九千万人在流动之中。所以，让十三亿多人都过上好日子，还需要付出长期的艰苦努力。中国目前的中心任务依然是经济建设，并在经济发展的基础上推动社会全面进步[③]。

2.4.2　中位数

　　把观测值由最小到最大排列，中位数把样本分成观测值数量相等的两

部分。当样本量为奇数时，中位数是出现在中间的那个观测值；当样本量为偶数时，中位数是中间两个观测值的平均。

性质2.2 中位数有如下重要性质：

（1）中位数适用于定量变量和有序变量，名义变量不适用。

（2）对于对称分布，中位数和均值相同。

（3）高度偏态的分布，与中位数相比，均值位于较长尾巴方向。

（4）中位数不受异常值的影响。

中位数适用于定量变量和有序变量，对于名义变量，中位数的识别对总体的认识没有帮助。例如，调查结婚情况，样本由5个人组成，已婚记为1，未婚记为0。调查结果为1，1，1，0，0。其中位数是1，可以说明什么呢？能说明大多数人为已婚吗？再比如，10个人的样本，丧偶记为2，调查结果2，2，2，2，1，1，1，0，0，0，0，其中位数为1。可以说明什么？能说明大多数人为已婚吗？显然毫无意义。

对于对称的钟形分布，中位数和均值相同，位于对称点。对于高度偏态的分布，与中位数相比，均值位于较长尾巴方向。试在图2.6中标出均值和中位数的大致位置。

均值会受到异常值的巨大影响，但是，中位数不受异常值的影响。这一特点使得中位数常常也作为样本特征值的代表。如果一个分布是高度偏斜的，则中位数是一个好的描述。如果分布接近对称或偏斜不大，则均值是一个较好的描述。

例2.4 欲调查结婚次数，得到两个由5人组成的样本。调查结果分别为(1,1,1,1,1)和(0,0,1,1,1)。中位数都为1，而均值为1和3/5，均值给出了样本中已结婚的比例。

2.4.3 众数

众数就是出现次数最多的那个数，即频数最大。

性质2.3 众数有如下重要性质：

（1）适用于所有变量类型。

（2）对于双峰分布，两个极端类别中的相对频数要高于中间类别中的相对频数。

（3）对于单峰、对称分布（如钟形分布），均值、中位数和众数完全相同。

能适用于所有变量类型，这是众数区别于均值和中位数的最大特征。对于对称的钟形分布，均值、中位数、众数完全重合。对于高度有偏的分布，试画出图2.6中众数的位置。

2.5 数据分布的变异性

学习要点

1. 极差、偏差、样本方差、样本标准差
2. 分位数
3. 箱型图
4. 异常值

2.5.1 数据分布变异性的度量指标

数据分布的中心程度给出了代表性观测值，那么为什么还要研究数据的离散程度？

A和B两家公司员工月收入的分布图如图2.8所示。从图上看出两家公司员工的月收入均值相同，为5千元。那么，与B公司比较，请问月入6千元在A公司员工中算多吗？月入6千元对A公司而言非常多，而对B公司而言不算多。A公司大多数员工的收入集中在5千元上下，而B公司员工的收入变异性较大。

R语句为：

```
x = seq(0,10,0.02)
y = dnorm(x,mean = 5,sd = 0.3)
```

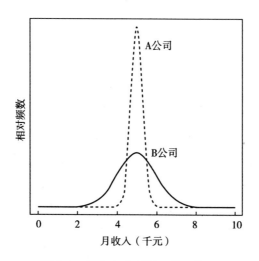

图2.8　A和B公司员工的月收入

$y1 = dnorm(x, mean = 5, sd = 1)$

$plot(x, y, type = "l", lty = 2, yaxt = "n", xlab = "月收入(千元)", ylab = "$
相对频数")

$lines(x, y1)$

$text(6, 1.2, expression(paste("A 公司")))$

$text(6, 0.4, expression(paste("B 公司")))$

描述数据分布变异性有四个指标：

（1）极差：最大观测值和最小观测值之差；

（2）偏差：观测值与均值之差，即 $y - \bar{y}$；

（3）样本方差：$s^2 = \dfrac{\sum_{i=1}^{n}(y_i - \bar{y})^2}{n-1}$；

（4）样本标准差：$s = \sqrt{\dfrac{\sum_{i=1}^{n}(y_i - \bar{y})^2}{n-1}}$。

极差对数据的变异性并不敏感，会存在均值和极差相同，但变异性完全不同的分布。每个观测值都有一个偏差。当观测值比均值大时，偏差为正；当观测值比均值小时，偏差为负。所有偏差的总和等于 0。故变异性的度量使用偏差加和是不合适的。若使用偏差的绝对值还需判断正负，所以，标准差或方差是最常见的对数据变异性的度量指标。

性质 2.4　标准差有如下性质：

（1）$s \geq 0$。

（2）数据的变异性越大，标准差越大。

（3）标准差的大小随数据单位的变化而变化。

从标准差的计算表达式可以看出标准差大于等于零，代表各数值与均值的距离。数据的变异程度越大，标准差就越大。特别注意，进行单位换算时，标准差的变化。例如，以千克度量的苹果的重量，标准差为 0.001 千克，换算成以克度量，则标准差为 1 克。正因为标准差的这种性质，在做统计分析之前一般要先把数据标准化，避免因单位带来的标准差过大或过小的问题。

对于钟形分布，标准差的大小给出了数据的大致范围，这就是经验法则。

性质 2.5　经验法则：如果数据的直方图近似钟形，则大约 68% 的观测值在均值的一个标准差距离；大约 95% 的观测值在均值的 2 个标准差距离；几乎所有的观测值在均值的 3 个标准差距离。

例 2.5　百分制的考试中，各学生的分数均值为 77，则对于 -1，0，20，50，哪个是最有可能的标准差？为什么？

注意经验法则的适用条件：数据的直方图近似钟形分布。所以，如果几乎所有的观测值不在均值的 3 个标准差距离时，可以判断数据分布是偏态的。

例 2.6　百分制的考试中，各学生的分数均值为 85，标准差为 15，则数据的直方图是左偏还是右偏？为什么？

上限 100 分距离均值只有 1 个标准差，故分布是高度左偏的。

经验法则对对称钟形分布数据可以判断其取值范围。对于任意形状的分布呢？俄国数学家切比雪夫（P. L. Chebyshev，1821-1894）解决了这一问题。

切比雪夫定理：对于任意一组观测值，落在均值加上 k 个标准差和均值减去 k 个标准差这一区间的数值比例至少为 $1 - \dfrac{1}{k^2}$，其中 k 为任意大于 1 的常数，即 $P(\mu - k\sigma \leq x \leq \mu + k\sigma) \geq 1 - \dfrac{1}{k^2}$ 或 $P(\bar{x} - ks \leq x \leq \bar{x} + ks) \geq 1 -$

$\dfrac{1}{k^2}$，对任意的 $k > 1$ 成立。

2.5.2　分位数与箱型图

位置度量给出了数据分布的另一种描述。位置度量给出了一些位置点，从这些位置点可以知道数据落在其下方的百分比。

p 分位点是指 p% 的观测值低于它，$(100 - p)\%$ 的观测点高于它。

下面是几个特殊的分位数。

➤ $p = 0$：最小值；

➤ $p = 50$：中位数；

➤ $p = 25$：下四分位数（lowerquartile，LQ）；

➤ $p = 75$：上四分位数（upperquartile，UQ）；

➤ 四分位数间距（IQR）：$IQR = UQ - LQ$；

➤ $p = 100$：最大值。

箱图或称为箱型图描述了位置的五个数字特征：最小值、下四分位数、中位数、上四分位数、最大值。箱图的箱体包括下四分位数、中位数和上四分位数。中位数通常用一条线来表示。从箱体延伸出来的线连接最大值和最小值。异常值会被单独标记。

如何判定异常值？异常值的判定法则：若观测值比下四分位数小 1.5 倍四分位数间距或比上四分位数大 1.5 倍四分位数间距，则该观测值可以认为是异常值。即异常值 = 观测值点小于 $LQ - 1.5(IQR)$ 或大于 $UQ + 1.5(IQR)$。

例 2.7　若 $LQ = 2$，$UQ = 10$，则 $IQR = 8$。则异常值点 $10 + 1.5(8) = 22$。

另一种判断异常值的法则是假设总体服从正态分布前提下，当观测值离开均值为 z 个标准差，这里的 z 值称为 z 分数。由经验法则，对于钟形分布，观测值离开均值大于 3 个标准差位置的情况非常罕见，如果观测值的 z 分数大于绝对值 3，则该观测值可以看作一个异常值。

2.6 R 软件中的案例分析

学习要点

1. 描述方法的运用
2. 统计结果的分析
3. R 语句编程

2.6.1 二元描述

0→1→2→3→无穷是数学理论上的跨越。同样在统计分析中也要经历：一元（单变量）→二元→多元→无穷这样的发展。前面章节中分析均值和变异都是针对一元，即单个变量而言的。这一节着重学习二元之间的关系，如何描述二元之间的关系，以及 R 软件如何实现数据的描述。

二元描述是指两个变量或多个变量之间的关联。比如，亲密好友的数量取决于性别、收入、教育、年龄、工作状态等。研究对象称之为被解释变量或响应变量或因变量，如例子中的亲密好友数量。对研究对象有影响的量或可以加以区分的量称之为解释变量或自变量。如例子中的性别、收入、教育、年龄、工作状态。

如何描述二元关系？对于定性变量，可做列联表表示对于两个变量各观测值的数值。对于定量变量，通常利用散点图来描述二者关系。散点图通常以一个变量为横轴，另一个变量为纵轴，为每个观测值描点。如果散点图近似为一条水平的线，或随机点，则可以看出二者之间没有关系。二者之间关系的强弱可以用相关性来描述。

相关性描述了直线关联的强度。-1 和 $+1$ 表示解释变量和被解释变量变动的方向。解释变量与被解释变量之间的关系有：反方向，即抑制作用；正方向，即促进作用。

以下案例均来自约翰尼斯·莱道尔特著《数据挖掘与商务分析：R 语言》。

2.6.2 案例一：2006 年婴儿数据（见表2.3）

此案例考虑婴儿出生体重的相关因素。婴儿出生体重直接影响产妇的生产方式，婴儿的存活率，以及与出生后的智力发展也有一定的关系。所以婴儿出生体重相关因素的研究非常重要。

表2.3   2006 年婴儿数据

变量名	符号	取值
1、婴儿体重	DBWT	
2、出生月份	DOB_MM	1，2，…，12
3、出生星期几	DOB_WK	1 = 周日，2 = 周一，3 = 周二，…，7 = 周六
4、分娩方式	DMETH_REC	（C-SECION 剖宫产，UNKNOWN 未知，VAGINAL 顺产）
5、婴儿性别	SEX	男、女
6、出生时评分	APGAR5	（0 ~ 10）
7、一胎还是多胎	DPLURAL	一胎、多胎
8、母亲孕期体重增加率（体重增加正相关?)	WTGAIN	0 ~ 100%
9、怀孕周数（正相关?)	ESTGEST	0 ~ 52

婴儿体重为被解释变量，解释变量为出生月份、出生星期几、分娩方式、婴儿性别、出生时评分、一胎还是多胎、母亲孕期体重增加率、怀孕周数。在这几个解释变量中，你认为有哪些因素和婴儿体重相关性强？有哪些是正相关？

在以上解释变量中，有比较明确正相关的是一胎还是多胎、母亲孕期体重增加率、怀孕周数。对于出生月份、出生星期几、分娩方式、婴儿性别、出生时评分的相关性可能要进行检验。

```
## Install packages from CRAN；use any USA mirror
library(lattice)
##画图的工具包
library(nutshell)
```

##载入安装包

##安装速度如果较慢,建议搜索"nutshell:Data for " R in a Nutshell""
(https://cran. r-project. org/web/packages/nutshell/index. html)和程序包 nut-shell. bbdb:Baseball Database for " R in a Nutshell" (https://cran. r-pro-ject. org/web/packages/nutshell. bbdb/index. html) nutshell. audioscrobbler:Au-dioscrobbler data for " R in a Nutshell" (https://cran. r-project. org/web/packa-ges/nutshell. audioscrobbler/index. html)

##下载安装完成后,选择"程序包-install packages from local files-library
(nutshell. bbdb)-library(nutshell. audioscrobbler)"

data(births2006. smpl)

births2006. smpl[1:5,]

##怀孕周数 ESTGEST 有异常值

	DOB_MM	DOB_WK	MAGER	TBO_REC	WTGAIN	SEX	APGAR5		DMEDUC	UPREVIS	ESTGEST	DMETH_REC	DPLURAL	DBWT
591430	9	1	25	2	NA	F	NA		NULL	10	99	Vaginal	1 Single	3800
1827276	2	6	28	2	26	M	9	2 years of college		10	37	Vaginal	1 Single	3625
1705673	2	2	18	2	25	F	9		NULL	14	38	Vaginal	1 Single	3650
3368269	10	5	21	2	6	M	9		NULL	22	38	Vaginal	1 Single	3045
2990253	7	7	25	1	36	M	10	2 years of high school		15	40	Vaginal	1 Single	3827

dim(births2006. smpl)

数据集 births2006. smpl 包含了 427323 个记录和 13 个变量

##data( ):列出已安装包中的所有数据集;dim( ):返回矩阵的维度属性

427323   13

问题1:出生人数与出生日期（星期几）有无关系?

births. dow = table(births2006. smpl$DOB_WK)

births. dow

##星期几出生人数统计

1	2	3	4	5	6	7
40274	62757	69775	70290	70164	68380	45683

barchart(births. dow,ylab = " Day of Week" ,col = " black")

for color,use col = " red" or omit the color argument

##画出条形图

##table( ):求因子出现的频数

##Barchart( ):绘制条形图;col = " ":设置填充颜色

Q:从星期的统计图（见图2.9）里看出什么结论? 出生人数和星期

有关？违反常理！那么怎么解释周六和周日出生人数偏少呢？

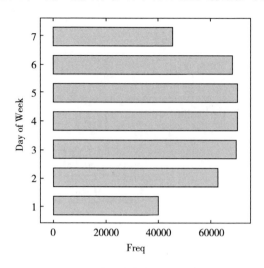

图2.9 出生人数与星期的关系

图2.9统计了周一至周日的出生人数，显示周末出生的婴儿相对来说比较少。出生人数和星期有关，违反常理。猜测出生人数与出生方式有关，而出生方式与星期有关（这里特别注意，相关关系没有传递性！）。许多婴儿是通过剖宫产生的，而剖宫产一般会安排在工作日而非周末。为了验证这个假设，我们依据星期几出生和分娩方式进行分类统计。根据分娩方式，排除分娩方式无记录的（见图2.10），对条形图按分娩方式和一周的日子分别统计（见图2.11）。

dob. dm. tbl = table(WK = births2006. smpl $DOB_WK, MM = births2006. smpl $DMETH_REC）

dob. dm. tbl

二维列联表

WK	MM		
	C-section	Unknown	Vaginal
1	8836	90	31348
2	20454	272	42031
3	22921	247	46607
4	23103	252	46935

5	22825	258	47081
6	23233	289	44858
7	10696	109	34878

dob. dm. tbl = dob. dm. tbl[, −2]##去掉矩阵的第二列

dob. dm. tbl

##排除分娩方式无记录的

```
                      MM
          WK  C-section  Vaginal
          1       8836    31348
          2      20454    42031
          3      22921    46607
          4      23103    46935
          5      22852    47081
          6      23233    44858
          7      10696    34878
```

图 2.10　去掉分娩方式未知的数据

trellis. device( )

barchart(dob. dm. tbl , ylab = " Day of Week")

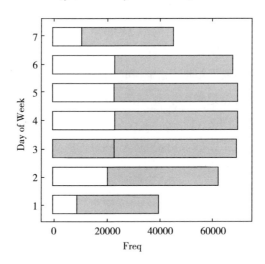

图 2.11　剖腹产和顺产的条形图

barchart(dob. dm. tbl , horizontal = FALSE , groups = FALSE , xlab = " Day of Week" , col = " black")

horizontal = TRUE :图形为水平放置(默认的是) ;

##horizontal = FALSE:图形为垂直放置

从图2.12条形图我们可以看出周末比平时自然分娩的要少（医生更喜欢在工作日上班），剖宫产的人数周末比工作日大约减少了50%，而自然分娩的人数周末比工作日只减少了25%~30%。

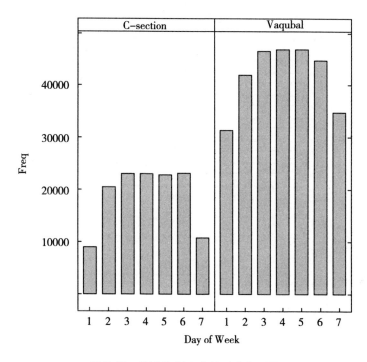

图2.12 顺产和剖宫产的对比条形图

问题2：体重的几个影响因素。

histogram(~DBWT|DOB_MM,data = births2006. smpl,layout = c(1,12),col = "black")

##体重与出生月份的关系(见图2.13)

histogram():频数分布图;layout = c():将直方图分成与向量长度相同的图形块数

histogram(~DBWT|DOB_WK,data = births2006. smpl,layout = c(1,7),col = "black")

##体重与出生星期，如图2.14所示。

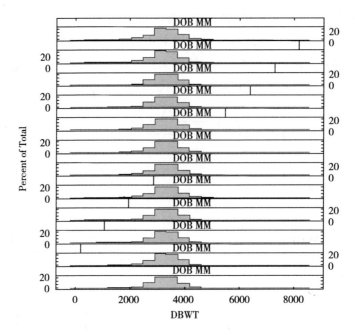

图 2.13　出生体重与月份的关系

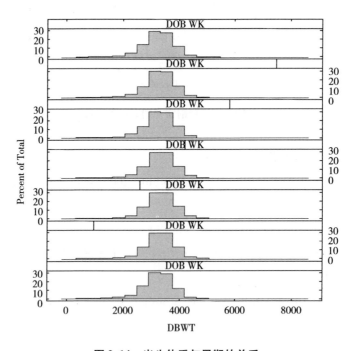

图 2.14　出生体重与星期的关系

histogram(~DBWT∣DPLURAL,data = births2006. smpl,layout = c(1,5),col = "black")

##体重与多胎，如图 2.15 所示。

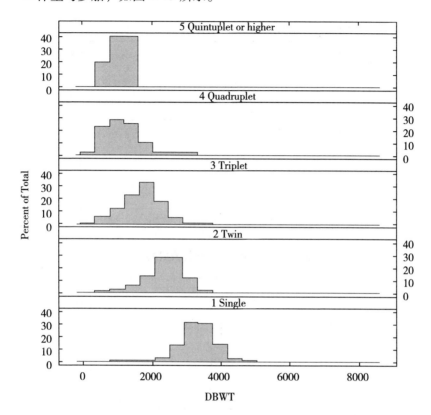

图 2.15 出生体重与多胎的关系

histogram(~DBWT ∣ DMETH_REC,data = births2006. smpl,layout = c(1,3),col = "black")

##体重与分娩方式，如图 2.16 所示。

histogram(~DBWT ∣ SEX,data = births2006. smpl,layout = c(1,2),col = "black")

##体重与性别，如图 2.17 所示。

histogram(~DBWT ∣ APGAR5,data = births2006. smpl,layout = c(1,11),col = "black")

##体重与评分，如图 2.18 所示。

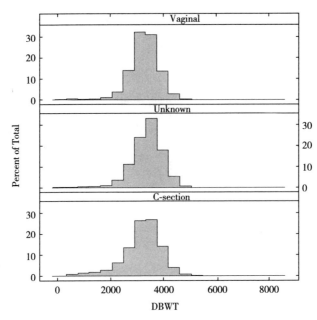

图 2.16   出生体重与分娩方式的关系

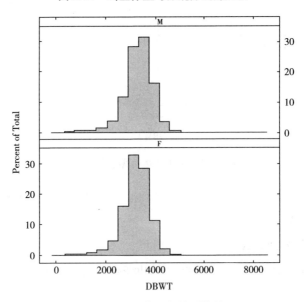

图 2.17   出生体重与性别的关系

densityplot(˜ DBWT │ DPLURAL, data = births2006. smpl, layout = c (1 , 5) ,
plot. points = FALSE, col = " black ")

出生体重与多胎的频数密度如图 2.19 所示。

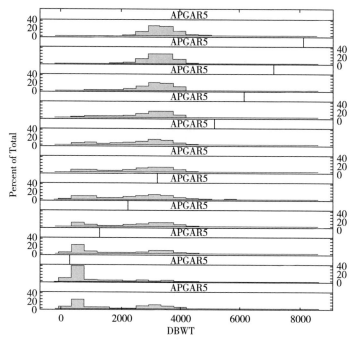

图 2.18 出生体重与评分的关系

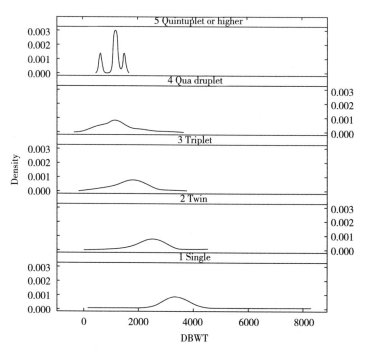

图 2.19 出生体重与多胎的频数密度

densityplot (~ DBWT, groups = DPLURAL, data = births2006. smpl, plot. points = FALSE)

出生体重与多胎的频数密度数比较如图 2.20 所示。

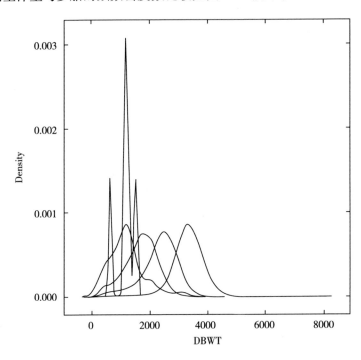

图 2.20　出生体重与多胎的频数密度图比较

问题 3：如何衡量出生体重与产妇增重率之间关系？

xyplot(DBWT ~ DOB_WK, data = births2006. smpl, col = "black")

##无关的例子：体重和星期，如图 2.21 所示。

xyplot(DBWT ~ DOB_WK | DPLURAL, data = births2006. smpl, layout = c(1,5), col = "black")

##有关的例子：体重和多胎，如图 2.22 所示。

xyplot(DBWT ~ WTGAIN, data = births2006. smpl, col = "black")

##体重和产妇增重的散点图，如图 2.23 所示。

xyplot(DBWT ~ WTGAIN | DPLURAL, data = births2006. smpl, layout = c(1,5), col = "black")

##体重和产妇增重的散点图，以胎数分组，如图 2.24 所示。

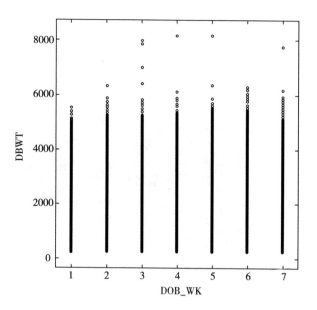

图 2. 21　出生体重与星期的关系

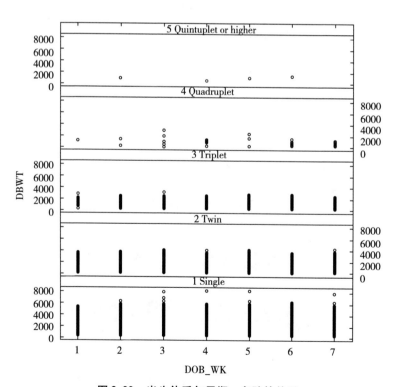

图 2. 22　出生体重与星期、多胎的关系

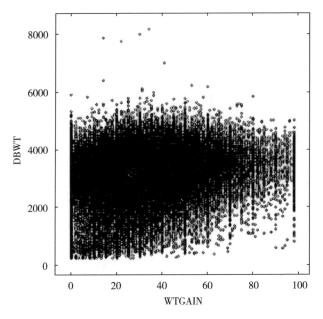

图 2.23   出生体重与产妇增重的关系

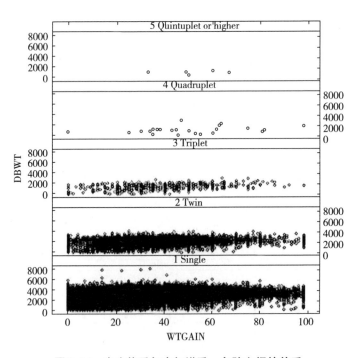

图 2.24   出生体重与产妇增重、多胎之间的关系

进一步研究：

boxplot is the command for a box plot in the standard graphics
package
boxplot(DBWT ~ APGAR5, data = births2006. smpl, ylab = " DBWT" , xlab =
" AGPAR5")

##体重与评分箱形图，如图 2. 25 所示。

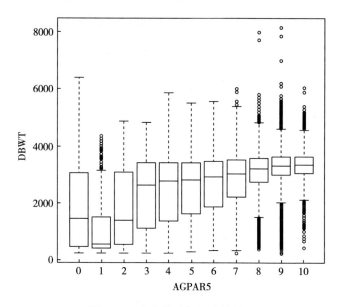

图 2. 25　出生体重与评分的关系

boxplot(DBWT ~ DOB_WK, data = births2006. smpl, ylab = " DBWT" , xlab =
" Day of Week")

##体重与出生星期箱形图，如图 2. 26 所示。

bwplot is the command for a box plot in the lattice graphics
package. There you need to declare the conditioning variables as
factors
bwplot(DBWT ~ factor(APGAR5) | factor(SEX) , data = births2006. smpl,
xlab = " AGPAR5")

##按性别分类后的体重与评分，如图 2. 27 所示。

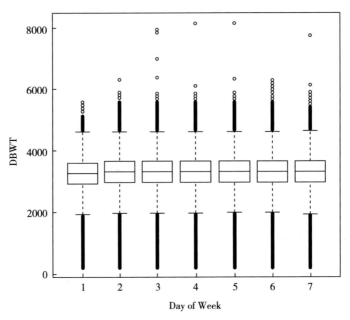

图 2.26   出生体重与星期的关系

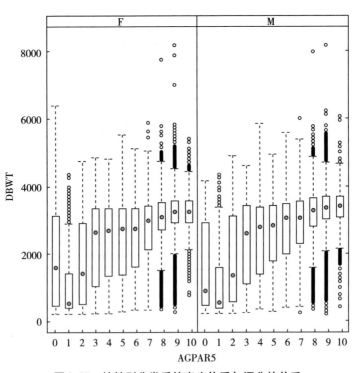

图 2.27   按性别分类后的出生体重与评分的关系

```
fac = factor(births2006.smpl$DPLURAL)
res = births2006.smpl$DBWT
t4 = tapply(res, fac, mean, na.rm = TRUE)
t4
```

##计算多胎的平均体重

1 Single	2 Twin	3 Triplet
3298.263	2327.478	1677.017

4 Quadruplet	5 Quintuplet or higher	
1196.105	1142.800	

```
t5 = tapply(births2006.smpl$DBWT, INDEX = list(births2006.smpl$DPLURAL,
births2006.smpl$SEX), FUN = mean, na.rm = TRUE)
t5
```

	F	M
1 Single	3242.302	3351.637
2 Twin	2279.508	2373.819
3 Triplet	1697.822	1655.348
4 Quadruplet	1319.556	1085.000
5 Quintuplet or higher	1007.667	1345.500

##计算男女的平均体重

下面以孕周数和母亲体重增加对胎儿体重影响的水平图和等高图

```
t5 = table(births2006.smpl$ESTGEST)
t5
```

12	15	17	18	19	20	21	22	23	24
1	2	18	43	69	116	162	209	288	401
25	26	27	28	29	30	31	32	33	34
445	461	566	670	703	1000	1243	1975	2652	4840
35	36	37	38	39	40	41	42	43	44
7954	15874	33310	76794	109046	84890	23794	1931	133	32
45	46	47	48	51	99				
6	5	5	2	1	57682				

##孕周数统计(最小值？最大值？)

```
new = births2006.smpl[births2006.smpl$ESTGEST! = 99, ]
t51 = table(new$ESTGEST)
```

##删除异常值99

t6 = tapply(new $ DBWT, INDEX = list(cut(new $ WTGAIN, breaks = 10),

cut(new $ ESTGEST, breaks = 10)), FUN = mean, na. rm = TRUE)

t6

	(12,15.9]	(15.9,19.8]	(19.8,23.7]	(23.7,27.6]	(27.6,31.5]
(-0.098,9.8]	227	321.3125	486.7534	799.5614	1398.234
(9.8,19.6]	2649	592.8235	546.7738	813.4179	1421.181
(19.6,29.4]	NA	585.8889	590.1368	882.4800	1452.186
(29.4,39.2]	2977	1891.0000	731.5957	866.0294	1521.757
(39.2,49]	NA	2485.2500	803.8667	955.7639	1513.215
(49,58.8]	NA	NA	434.7500	950.8039	1506.355
(58.8,68.6]	NA	NA	352.0000	1285.6250	1469.508
(68.6,78.4]	NA	NA	NA	805.5714	1463.391
(78.4,88.2]	NA	NA	NA	1110.0000	1487.846
(88.2,98.1]	NA	NA	NA	768.0000	1434.333

	(31.5,35.4]	(35.4,39.3]	(39.3,43.2]	(43.2,47.1]	(47.1,51]
(-0.098,9.8]	2275.316	3166.748	3443.652	3911.667	3310
(9.8,19.6]	2289.950	3171.085	3434.708	3206.400	NA
(19.6,29.4]	2307.429	3213.362	3475.328	3007.800	3969
(29.4,39.2]	2323.002	3276.400	3535.965	3326.143	4042
(39.2,49]	2368.520	3329.068	3605.645	3447.200	NA
(49,58.8]	2358.658	3370.630	3650.549	3501.000	NA
(58.8,68.6]	2367.365	3389.672	3681.233	3435.500	NA
(68.6,78.4]	2368.205	3418.076	3694.160	3118.000	NA
(78.4,88.2]	2447.250	3496.495	3708.868	NA	NA
(88.2,98.1]	2481.105	3406.835	3688.067	NA	NA

##对产妇增重率和怀孕周数分别分成10个不重叠的组，计算每个怀孕周期区间相对应产妇增重率区间的频数，如图2.28所示。

levelplot(t6, scales = list(x = list(rot = 90)))

##水平图（横坐标？纵坐标？如何分析？）

2.6.3　案例二：校友捐赠

分析五届毕业生（1957年、1967年、1977年、1987年、1997年），在2000~2004年的捐赠，只包括在世的毕业生情况。

变量名及符号

性别 Gender

毕业年份 Class. Year

婚姻状况 Marital. Status

本科专业 Major

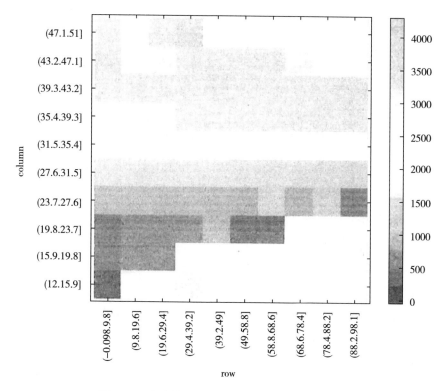

图 2.28　出生体重与怀孕周数、产妇增重的关系

再深造情况 Next. Degree

2000 年捐赠额 FY00Giving

2001 年捐赠额 FY01Giving

2002 年捐赠额 FY02Giving

2003 年捐赠额 FY03Giving

2004 年捐赠额 FY04Giving

```
## Install packages from CRAN; use any USA mirror
library(lattice)
don <- read. csv("C:/DataMining/Data/contribution. csv")
```

##输入数据　H:\课堂教学\统计方法\商务与经济统计方法\描述性统计 R 语言例子

```
## don <- read. csv("H:\课堂教学\统计方法\商务与经济统计方法\描述性统计 R 语言例子\contribution. csv")
```

don[1:5,]

##读取前5行

```
  Gender Class.Year Marital.Status   Major Next.Degree FY04Giving FY03Giving
1      M       1957              M History         LLB       2500       2500
2      M       1957              M Physics          MS       5000       5000
3      F       1957              M   Music        NONE       5000       5000
4      M       1957              M History        NONE          0       5100
5      M       1957              M Biology          MD       1000       1000

  FY02Giving FY01Giving FY00Giving AttendenceEvent
1       1400      12060      12000               1
2       5000       5000      10000               1
3       5000       5000      10000               1
4        200        200          0               1
5       1000       1005       1000               1
```

table（don$Class. Year）

1957	1967	1977	1987	1997
127	222	243	277	361

##统计每一届毕业生数量，如图2.29所示。

barchart(table(don$Class. Year), horizontal = FALSE, xlab = " Class Year",

col = "black")

##画图

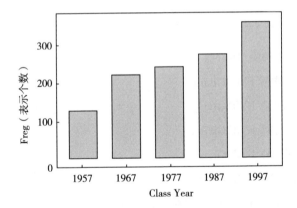

图2.29　每一届毕业生的数量

##下面开始考虑毕业生的捐款总额

don$TGiving = don$FY00Giving + don$FY01Giving + don$FY02Giving + don$FY03Giving + don$FY04Giving

mean(don$TGiving)

#均值

980. 0436

sd(don$TGiving)

#标准差

6670. 773

quantile(don$TGiving,probs = seq(0 ,1 ,0. 05))

```
     0%       5%      10%      15%      20%      25%      30%      35%
    0.0      0.0      0.0      0.0      0.0      0.0      0.0     10.0
    40%      45%      50%      55%      60%      65%      70%      75%
   25.0     50.0     75.0    100.0    150.8    200.0    275.0    400.0
    80%      85%      90%      95%     100%
  554.2    781.0   1050.0   2277.5 171870.1
```

quantile(don$TGiving,probs = seq(0. 95 ,1 ,0. 01))

```
     95%        96%        97%        98%        99%       100%
 2277.50    3133.56    5000.00    7000.00   16442.14  171870.06
```

##不同间隔的分位数可以看出 30% 的校友没有捐赠，90% 小于$1050，3% 超过$5000，如图 2. 30 所示。

hist(don$TGiving)

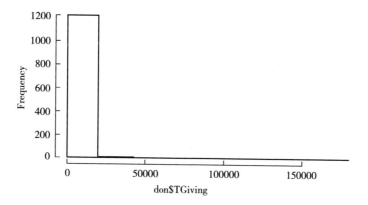

图 2. 30　捐款额的直方图

##Q:有没有意义？为什么？

hist(don$TGiving[don$TGiving! =0] [don$TGiving[don$TGiving! =0] < = 1000])

##绘制 1 – 1000 之间的直方图,如图 2. 31 所示。

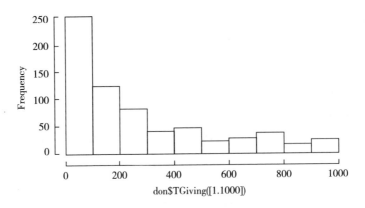

图 2.31 1 到 1000 美元捐款额的直方图

##若分为两步操作, 则程序如下:

##ff1 = don\$TGiving[don\$TGiving! = 0]

##ff1

##ff2 = ff1[ff1 < = 1000]

##ff2

##hist (ff2, main = paste (" Histogram ofTGivingTrunc") , xlab = " TGiving

Trunc")

boxplot(don\$TGiving, horizontal = TRUE , xlab = " Total Contribution")

##有异常值的箱形图, 如图 2.32 所示。

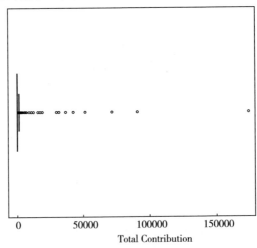

图 2.32 显示异常值的箱型图

boxplot(don$TGiving, outline = FALSE, horizontal = TRUE, xlab = " Total Contribution")

##无异常值显示的箱形图，如图 2.33 所示。

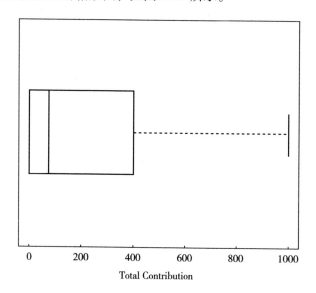

图 2.33　无异常值显示的箱型图

问题1：捐款超过$30000 的校友情况？

ddd = don[don$TGiving > = 30000 ,]

ddd

	Gender	Class.Year	Marital.Status	Major	Next.Degree
1	M	1957	M	History	LLB
2	M	1957	M	Physics	MS
3	F	1957	M	Music	NONE
99	M	1957	M	Mathematics-Physics	NONE
105	M	1957	M	History	PHD
123	M	1957	W	Economics-Business	MBA
132	M	1967	M	Speech (Drama, etc.)	JD
135	M	1967	M	History	JD
471	F	1977	D	Economics	JD
486	M	1977	M	Economics	MBA

	FY04Giving	FY03Giving	FY02Giving	FY01Giving	FY00Giving	AttendenceEvent
1	2500.00	2500.0	1400.00	12060.00	12000.00	1
2	5000.00	5000.0	5000.00	5000.00	10000.00	1
3	5000.00	5000.0	5000.00	5000.00	10000.00	1
99	0.00	2500.0	2000.00	161370.06	6000.00	1
105	11505.84	10000.0	10000.00	0.00	20000.00	1
123	5000.00	58785.5	8031.00	12878.14	6131.24	1
132	14655.25	14776.0	11187.26	14466.81	16959.99	1
135	11500.00	26500.0	1000.00	2500.00	1000.00	1

```
471    1000.00    1500.0    6000.00    2000.00    21000.00                    1
486    6500.00    7000.0    6000.00    8000.00     8860.90                    1
          TGiving
1      30460.00
2      30000.00
3      30000.00
99    171870.06
105    51505.84
123    90825.88
132    72045.31
135    42500.00
471    31500.00
486    36360.90
```

$$ddd1 = ddd[\,,c(1:5,12)\,]$$

ddd1

```
    Gender Class.Year Marital.Status                Major Next.Degree   TGiving
1       M      1957         M                      History         LLB  30460.00
2       M      1957         M                      Physics          MS  30000.00
3       F      1957         M                        Music        NONE  30000.00
99      M      1957         M        Mathematics-Physics        NONE 171870.06
105     M      1957         M                      History         PHD  51505.84
123     M      1957         W        Economics-Business         MBA  90825.88
132     M      1967         M   Speech (Drama, etc.)          JD  72045.31
135     M      1967         M                      History          JD  42500.00
471     F      1977         D                    Economics          JD  31500.00
486     M      1977         M                    Economics         MBA  36360.90
```

$$ddd1[\,order(ddd1\$TGiving,decreasing = TRUE)\,,\,]$$

```
    Gender Class.Year Marital.Status                Major Next.Degree   TGiving
99      M      1957         M        Mathematics-Physics        NONE 171870.06
123     M      1957         W        Economics-Business         MBA  90825.88
132     M      1967         M   Speech (Drama, etc.)          JD  72045.31
105     M      1957         M                      History         PHD  51505.84
135     M      1967         M                      History          JD  42500.00
486     M      1977         M                    Economics         MBA  36360.90
471     F      1977         D                    Economics          JD  31500.00
1       M      1957         M                      History         LLB  30460.00
2       M      1957         M                      Physics          MS  30000.00
3       F      1957         M                        Music        NONE  30000.00
```

问题 2：除了非常慷慨的校友，一般捐款校友的特征是什么？如何描述？中位数还是均值？

boxplot(TGiving ~ Class. Year, data = don, outline = FALSE)

##5 年捐款总额与毕业年份，如图 2.34 所示。

boxplot(TGiving ~ Gender, data = don, outline = FALSE)

##性别（见图 2.35，为捐款额与性别的关系）

boxplot(TGiving ~ Marital. Status, data = don, outline = FALSE)

##婚姻状况（D：离婚，M：结婚，S：单身，W：丧偶）

##Q：由此得出什么明显的结论？

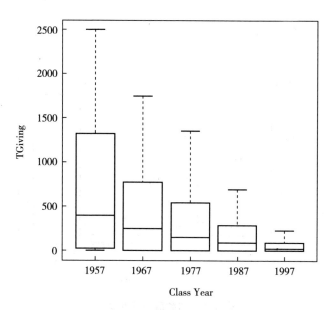

图 2.34 捐款额与毕业年份的关系

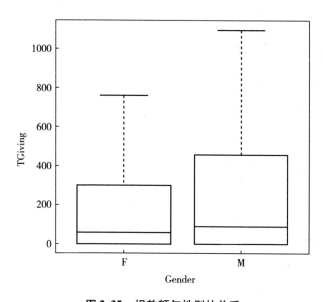

图 2.35 捐款额与性别的关系

如图 2.36 所示,为捐款额与婚姻状况。

问题 3:哪个本科专业的毕业生捐款人数最多(普遍有钱)?如图 2.37 所示。

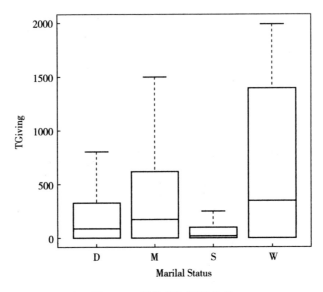

图 2.36　捐款额与婚姻状况

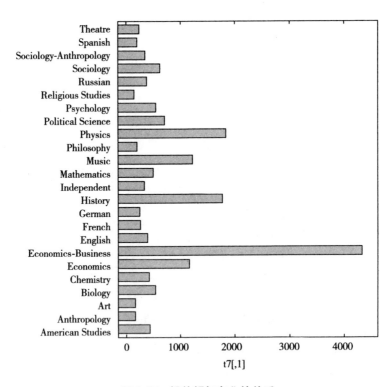

图 2.37　捐款额与专业的关系

t4 = tapply (don$TGiving , don$Major , mean , na. rm = TRUE)

t4

American Studies	Anthropology
451.2845	164.2500
Art	Biology
164.0769	551.0024
Chemistry	Chemistry-Zoology
421.8368	11083.3333
Chinese	Classics
132.5000	767.0000
Comparative Literature	Computer Science
0.0000	737.0000
Economics	Economics-Business
1166.9149	4334.6617
Economics-Regional Stds.	Education
350.0000	473.6667
Engineering	English
100.0000	397.1862
English-Journalism	French
1897.4400	267.0870
General Science	General Science-Biology
608.7500	210.5000
General Science-Chemistry	General Science-Math
199.2000	0.0000
General Science-Physics	General Science-Psycho
0.0000	477.0000
German	History
259.4615	1782.3447
Independent	Mathematics
347.6190	501.2500
Mathematics-Physics	Music
57570.0200	1221.9000
Philosophy	Philosophy-Religion
203.3636	244.5556
Physical Education	Physics
1886.0000	1842.1429
Pol. Sci.-Regional Stds.	Political Science
0.0000	719.0517
Psychology	Religious Studies
554.5177	139.5652
Russian	Sociology
380.0000	626.9218
Sociology-Anthropology	Spanish
344.5000	211.4815
Speech (Drama, etc.)	Speech Correction
10699.3300	56.2500
Theatre	Zoology
229.4762	27.5000

t5 = table (don$Major)

t5

American Studies	29	Anthropology	44	Art	39	Biology	115	Chemistry	63	Chemistry-Zoology	3
Chinese	2	Classics	9	Comparative Literature	2	Computer Science		Economics	87	Economics-Business	24
Economics-Regional Stds.	2	Education	6	Engineering	1	English	123	English-Journalism	1	French	23
General Science	4	General Science-Biology	8	General Science-Chemistry	5	General Science-Math		General Science-Physics	3	General Science-Psycho	2
German	13	History	135	Independent	21	Mathematics	44	Mathematics-Physics	3	Music	30
Philosophy	22	Philosophy-Religion	9	Physical Education	5	Physics	21	Pol. Sci.-Regional Stds.	1	Political Science	81
Psychology	79	Religious Studies	23	Russian	13	Sociology	57	Sociology-Anthropology	12	Spanish	27
Speech (Drama, etc.)	7	Speech Correction	4	Theatre	21	Zoology	2				

$$t6 = \text{cbind}(t4, t5)$$

```
American Studies          451.2845   29
Anthropology              164.2500   44
Art                       164.0769   39
Biology                   551.0024  115
Chemistry                 421.8368   63
Chemistry-Zoology       11083.3333    3
Chinese                   132.5000    2
Classics                  767.0000    9
Comparative Literature      0.0000    2
Computer Science          737.0000    4
Economics                1166.9149   87
Economics-Business       4334.6617   24
Economics-Regional Stds.  350.0000    2
Education                 473.6667    6
Engineering               100.0000    1
English                   397.1862  123
English-Journalism       1897.4400    1
French                    267.0870   23
General Science           608.7500    4
General Science-Biology   210.5000    8
General Science-Chemistry 199.2000    5
General Science-Math        0.0000    1
General Science-Physics     0.0000    3
General Science-Psycho    477.0000    2
German                    259.4615   13
History                  1782.3447  135
Independent               347.6190   21
Mathematics               501.2500   44
Mathematics-Physics     57570.0200    3
Music                    1221.9000   30
Philosophy                203.3636   22
Philosophy-Religion       244.5556    9
Physical Education       1886.0000    5
Physics                  1842.1429   21
Pol. Sci.-Regional Stds.    0.0000    1
Political Science         719.0517   81
Psychology                554.5177   79
Religious Studies         139.5652   23
Russian                   380.0000   13
Sociology                 626.9218   57
Sociology-Anthropology    344.5000   12
Spanish                   211.4815   27
Speech (Drama, etc.)    10699.3300    7
Speech Correction          56.2500    4
Theatre                   229.4762   21
Zoology                    27.5000    2
```

$$t7 = t6[\,t6[\,,2\,] > 10,\,]$$

$$t7[\,order(\,t7[\,,1\,]\,,decreasing = TRUE)\,,\,]$$

$$barchart(\,t7[\,,1\,]\,,col = "black"\,)$$

问题4：继续深造能提高捐款率吗？哪个专业捐款人多？如图2.38所示。

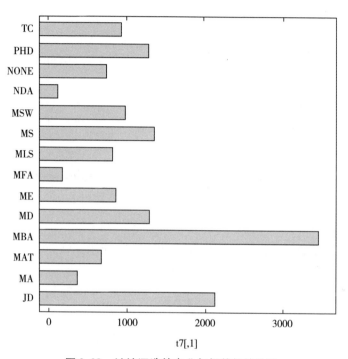

图2.38　继续深造的专业与捐款额的关系

$$t4 = tapply(\,don\$TGiving\,,don\$Next.\,Degree\,,mean\,,na.\,rm = TRUE\,)$$

t4

	AA	BA	BAE	BD	BFA	BN	BS
	250.0000	287.5000	0.0000	125.0000	25.0000	57.5000	363.7500
	BSE2	BSN	DC	DDS	DMD	DO	DO2
	357.0000	470.6425	50.0000	150.0000	450.0000	215.3333	55.0000
	DP	JD	LLB	LLD	MA	MA2	MAE
	30.0000	2127.6042	15671.0000	25.0000	371.7704	0.0000	20.0000
	MALS	MAT	MBA	MCP	MD	MD2	ME
	660.0000	678.0833	3460.5763	256.5000	1290.8621	205.6000	869.0000
	ME2	MFA	MHA	ML	MLS	MM	MPA
	150.0000	188.5556	762.0000	11000.0000	829.0909	50.0000	311.8889
	MPH	MS	MSE	MSM	MSW	NDA	NONE
	151.6667	1349.7385	780.0000	125.0000	985.2667	120.6947	743.2071
	PHD	STM	TC	UBDS	UDDS	UMD	UMDS
	1279.8934	500.0000	927.9333	262.3333	282.7500	1954.6667	385.6667
	UNKD						
	489.5714						

t5 = table（don\$Next. Degree）

t5

AA	BA	BAE	BD	BFA	BN	BS	BSE2	BSW	DC	DDS	DHD	DO	DO2	DF	JD	LLB	LLD	MA	MA2	MAE	MALS	MAT	MBA	MCP	MD	MD2	ME	ME2	MFA	MHA	ML	ML5
1	4	1	2	1	2	4	1	4	1	1	3	1	1	1	103	2	1	135	1	1	1	12	43	2	48	10	20	1	18	1	1	11

MM	MPA	MPH	MS	MSE	MSH	MSW	NDA	NONE	PHD	STM	TC	UBDS	UDDS	UMD	UMDS	UNKD
2	9	6	65	1	1	15	72	460	100	1	30	9	4	6	3	7

t6 = cbind（t4 , t5）

t7 = t6[t6[, 2] > 10 ,]

t7[order（t7[, 1] , decreasing = TRUE） ,]

barchart（t7[, 1] , col = " black" ）

##问题的答案？

进一步研究：

densityplot（ ~ TGiving | factor（Class. Year） ,

data = don[don\$TGiving < = 1000 ,][don[don\$TGiving < = 1000 ,]\$TGiving

> 0 ,] ,

plot. points = FALSE , col = " black" ）

##每一届的校友捐款总额分布，如图 2.39 所示。

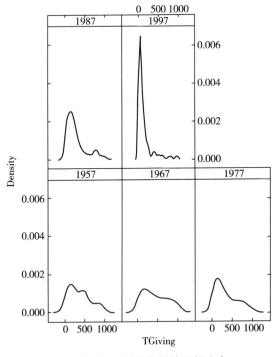

图 2.39　每一届校友捐款总额分布

t11 = tapply(don$TGiving, don$Class. Year, FUN = sum, na. rm = TRUE)

t11

	1957	1967	1977	1987	1997
	560506. 76	293750. 74	210768. 81	105288. 37	35138. 92

barplot(t11, ylab = " Donation" , ylim = c(0 , 600000))

##每一届捐款总额比较，如图2.40所示。

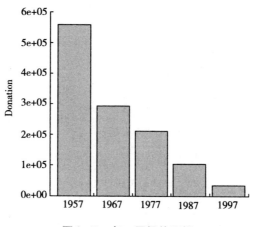

图 2.40　每一届捐款总额

barplot(tapply (don $FY04Giving, don $Class. Year, FUN = sum, na. rm = TRUE) , ylab = " Donation" , ylim = c(0 , 225000) , col = " black")

##2004 年各届校友的捐款总额，如图2.41所示。

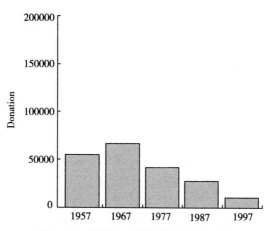

图 2.41　2004 年各届校友的捐款总额

barplot(tapply(don $FY03Giving, don $Class. Year, FUN = sum, na. rm = TRUE), ylab = "Donation", ylim = c(0,225000), col = "black")

##2003 年各届校友的捐款总额，如图 2.42 所示。

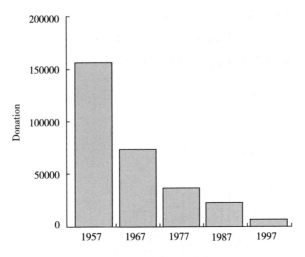

图 2.42   2003 年各届校友的捐款总额

barplot(tapply(don $FY02Giving, don $Class. Year, FUN = sum, na. rm = TRUE), ylab = "Donation", ylim = c(0,225000), col = "black")

##2002 年各届校友的捐款总额，如图 2.43 所示。

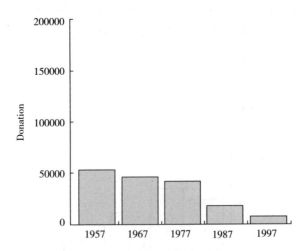

图 2.43   2002 年各届校友的捐款总额

barplot（tapply（don＄FY01Giving，don＄Class. Year，FUN ＝ sum，na. rm ＝
TRUE），ylab ＝ "Donation"，ylim ＝ c(0,225000)，col ＝ "black"）

##2001 年各届校友的捐款总额，如图 2. 44 所示。

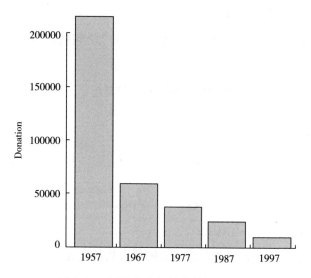

图 2. 44　2001 年各届校友的捐款总额

barplot（tapply（don＄FY00Giving，don＄Class. Year，FUN ＝ sum，na. rm ＝
TRUE），ylab ＝ "Donation"，ylim ＝ c(0,225000)，col ＝ "black"）

##2000 年各届校友的捐款总额，如图 2. 45 所示。

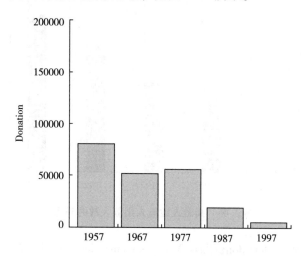

图 2. 45　2000 年各届校友的捐款总额

考虑每一届的捐款人数比例：

don$TGivingIND = cut (don $TGiving, c (- 1, 0. 5, 10000000), labels = FALSE) - 1

mean(don$TGivingIND)

##5 届校友捐款人数比例，请说一下 cut( )语句的作用？

0. 6569106

t5 = table(don$TGivingIND, don$Class. Year)

t5

#捐款人数分年情况

	1957	1967	1977	1987	1997
0	31	71	75	105	140
1	96	151	168	172	221

barplot(t5, beside = TRUE)

#画图，图 2. 46 为捐款人数与未捐款人数的对比。

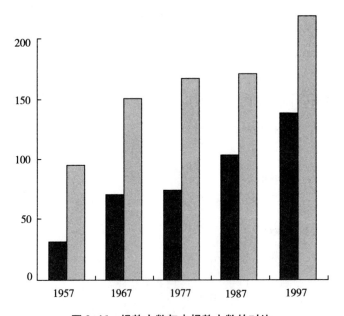

图 2. 46　捐款人数与未捐款人数的对比

mosaicplot(factor(don$Class. Year) ~ factor(don$TGivingIND))

#马赛克图

图 2.47 为每届捐款和未捐款人数的比例比较。

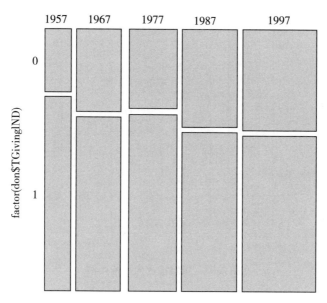

图 2.47 每届捐款和未捐款人数的比例比较

t50 = tapply（don＄TGivingIND，don＄Class.Year，FUN = mean，na.rm = TRUE）

t50

##统计比例

1957	1967	1977	1987	1997
0.7559055	0.6801802	0.6913580	0.6209386	0.6121884

barchart（t50，horizontal = FALSE，col = "black"）

##比例的条形图

图 2.48 为每届捐款人数的比例。

don＄FY04GivingIND = cut（don＄FY04Giving，c（-1，0.5，10000000），labels = FALSE）-1

t51 = tapply（don＄FY04GivingIND，don＄Class.Year，FUN = mean，na.rm = TRUE）

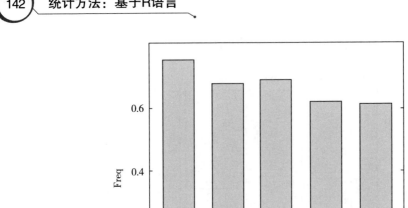

图 2.48　每届捐款人数的比例

t51

	1957	1967	1977	1987	1997
	0.5196850	0.5000000	0.4238683	0.3610108	0.3518006

barchart(t51, horizontal = FALSE, col = "black")

##具体看2004年的捐款情况，如图2.49所示。

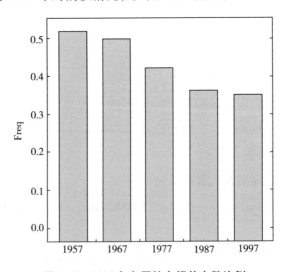

图 2.49　2004年各届校友捐款人数比例

校友不同年间的捐款额是否有相关关系？如图 2.50 所示。

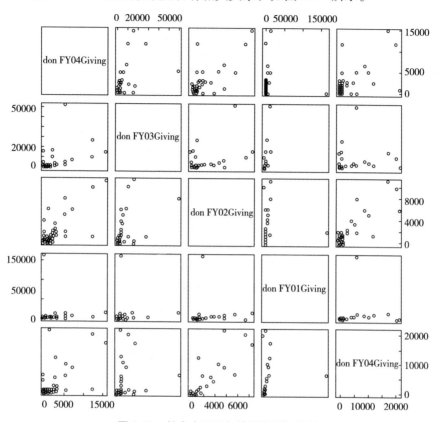

图 2.50 校友在不同年的捐款额相关性

Data = data. frame (don $ FY04Giving, don $ FY03Giving, don $ FY02Giving,
don $ FY01Giving, don $ FY00Giving)

correlation = cor (Data)

correlation

```
                don.FY04Giving don.FY03Giving don.FY02Giving don.FY01Giving don.FY00Giving
don.FY04Giving       1.0000000      0.5742938      0.8163331      0.1034995      0.6831861
don.FY03Giving       0.5742938      1.0000000      0.5867497      0.1385288      0.3783280
don.FY02Giving       0.8163331      0.5867497      1.0000000      0.2105597      0.8753492
don.FY01Giving       0.1034995      0.1385288      0.2105597      1.0000000      0.2528295
don.FY00Giving       0.6831861      0.3783280      0.8753492      0.2528295      1.0000000
```

plot (Data)

男性校友是否比女性校友更大方（愿意捐赠）？如图 2.51 所示。

mosaicplot (factor (don $ Gender) ~ factor (don $ TGivingIND))

#答案？

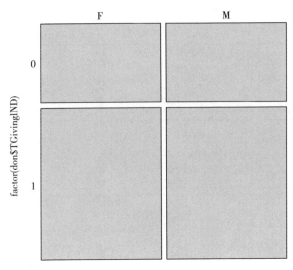

图 2.51　捐款人数比例与性别的关系

婚姻状态是否影响人们捐款态度？如图 2.52 所示。

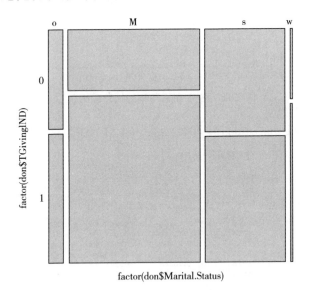

图 2.52　捐款人数比例与婚姻状态的关系

mosaicplot(factor(don$Marital. Status) ~ factor(don$TGivingIND))

不同婚姻状态的男性和不同婚姻状态的女性对捐款态度是否一致？

t2 = table (factor (don $ Marital. Status) , factor (don $TGivingIND) , factor (don$Gender))

t2

```
, ,  = F
     0    1
 D  20   27
 M  92  249
 S  97  120
 W   3    7
, ,  = M
     0    1
 D  14   17
 M  98  272
 S  97  114
 W   1    2
```

##按性别分类，统计每种婚姻状态下的捐款人数，如图 2.53、图 2.54 所示。

mosaicplot(t2[, ,1])

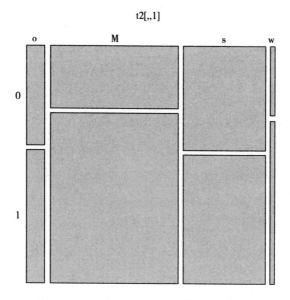

t2[,,1]

图 2.53　女性捐款比例与婚姻状态的关系

mosaicplot(t2[, ,2])

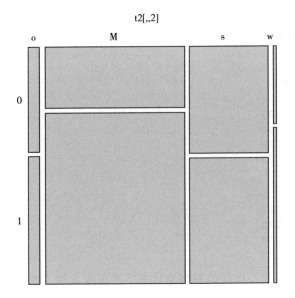

图 2.54　男性捐款比例与婚姻状态的关系

2.6.4　案例三：83 个商店 3 种品牌不同价格的饮料周销量

##Install packages from CRAN; use any USA mirror

library(lattice)

oj < - read. csv("C:/DataMining/Data/oj. csv")

##oj < - read. csv("H:\课堂教学\统计方法\商务与经济统计方法\描述性统计 R 语言例子/oj. csv")

#载入数据

oj$store < - factor(oj$store)

oj[1:2,]

#按商店分

```
   store    brand week  logmove feat price    AGE60      EDUC     ETHNIC
1      2 tropicana   40 9.018695    0  3.87 0.2328647 0.2489349 0.1142799
2      2 tropicana   46 8.723231    0  3.87 0.2328647 0.2489349 0.1142799
    INCOME   HHLARGE   WORKWOM   HVAL150  SSTRDIST  SSTRVOL  CPDIST5   CPWVOL5
1 10.55321 0.1039534 0.3035853 0.4638871 2.110122 1.142857 1.92728 0.3769266
2 10.55321 0.1039534 0.3035853 0.4638871 2.110122 1.142857 1.92728 0.3769266
```

t1 = tapply(oj$logmove,oj$brand,FUN = mean,na. rm = TRUE)

t1

##3 种品牌饮料的平均周销量

dominicks	minute. maid	tropicana
9. 174831	9. 217278	9. 111483

t2 = tapply(oj $ logmove, INDEX = list (oj $ brand, oj $ week) , FUN = mean,
na. rm = TRUE)

t2

##3 种品牌在每一周的总销售量，如图 2. 55、图 2. 56、图 2. 57 所示。

plot(t2[1 ,] ,type = "l" ,xlab = "week" ,ylab = "dominicks" ,ylim = c(7,12))

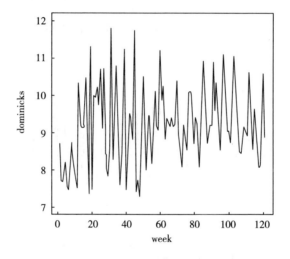

图 2. 55 品牌 dominicks 的周销售量

plot(t2 [2 ,] , type = " l" , xlab = " week" , ylab = " minute. maid" , ylim =
c(7,12))

plot(t2 [3 ,] , type = " l" , xlab = " week " , ylab = " tropicana" , ylim =
c(7,12))

##3 种品牌饮料销量的时间序列图

logmove = c(t2[1 ,] ,t2[2 ,] ,t2[3 ,])

week1 = c(40：160)

week = c(week1 ,week1 ,week1)

brand1 = rep(1,121)

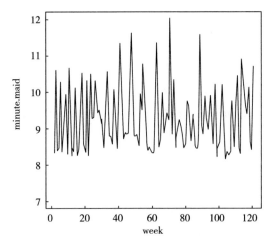

图 2.56 品牌 minute. maid 的周销售量

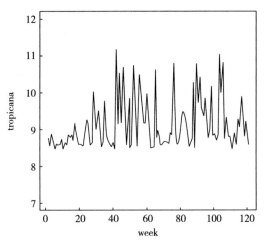

图 2.57 品牌 tropicana 的周销售量

brand2 = rep(2,121)

brand3 = rep(3,121)

brand = c(brand1,brand2,brand3)

xyplot(logmove ~ week | factor(brand),type = "l",layout = c(1,3),col = "black")

##统一尺寸，画在同一张图中，如图2.58所示。

问题1：各品牌销量每周有区别吗？哪种品牌销量稳定？

boxplot(logmove ~ brand,data = oj)

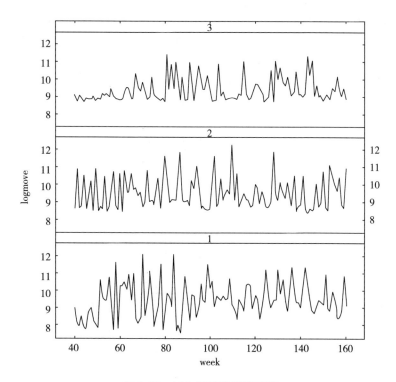

图 2.58 三个品牌的周销售量

##箱形图，如图 2.59 所示，为三个品牌的周销售量。

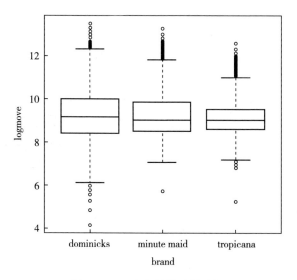

图 2.59 三个品牌的周销售量

histogram(~ logmove ┃ brand, data = oj, layout = c(1,3))

##直方图，如图2.60所示为三个品牌的周销售量。

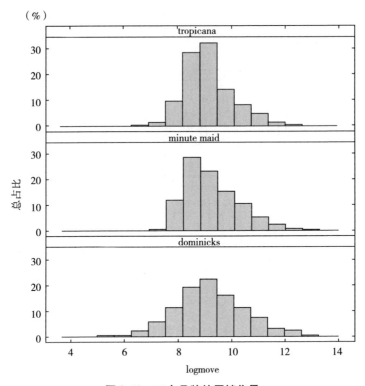

图2.60   三个品牌的周销售量

densityplot(~ logmove ┃ brand, data = oj, layout = c(1,3), plot. points = FALSE)

densityplot(~ logmove, groups = brand, data = oj, plot. points = FALSE)

##平滑密度图，如图2.61、图2.62所示为三种品牌的周销售量。

问题2：价格、广告宣传对销量有无影响？如图2.63、图2.64、图2.65、图2.66所示。

xyplot(logmove ~ week, data = oj, col = " black")

xyplot(logmove ~ week ┃ brand, data = oj, layout = c(1,3), col = " black")

##每周的销量几乎不变，

xyplot(logmove ~ price, data = oj, col = " black")

xyplot(logmove ~ price ┃ brand, data = oj, layout = c(1,3), col = " black")

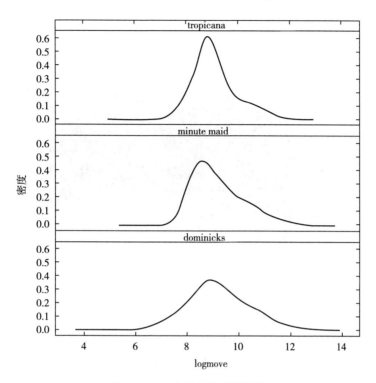

图 2.61 三个品牌的周销售量

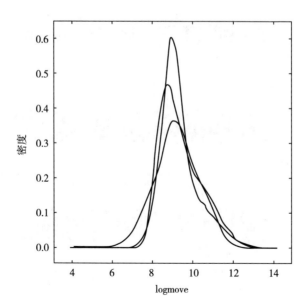

图 2.62 三种品牌的周销售量

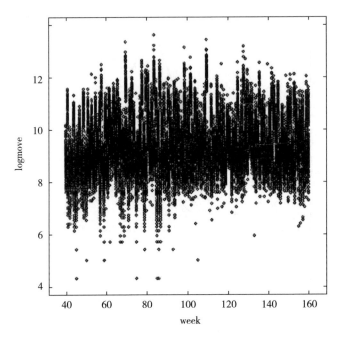

图 2.63 销售量和周的关系

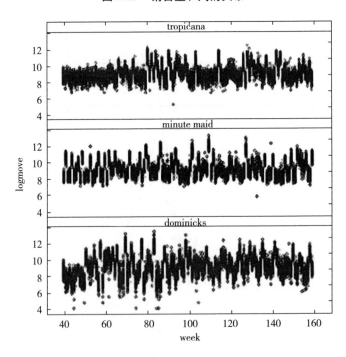

图 2.64 三个品牌的销售量和周的关系

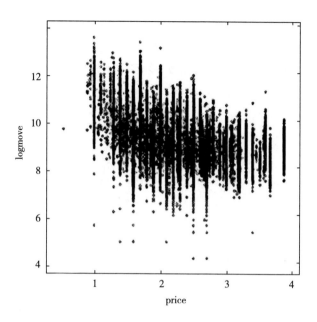

图 2.65 销量和价格的关系

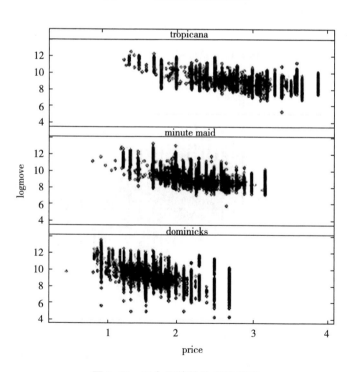

图 2.66 三个品牌的价格敏感度

densityplot(~ logmove, groups = feat, data = oj, plot. points = FALSE)

xyplot(logmove ~ price, groups = feat, data = oj)

##广告宣传对销量的影响，怎么影响？如图 2.67、图 2.68 所示。

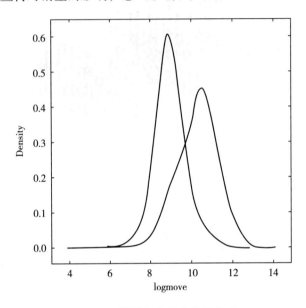

图 2. 67　销量和广告宣传的关系

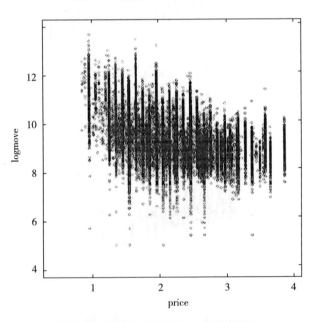

图 2. 68　销量和广告宣传、价格的关系

问题3：对于单个店铺来讲，结论是否成立？

$oj1 = oj[oj\$store = = 5,]$

$xyplot(logmove \sim week \mid brand, data = oj1, type = "l", layout = c(1,3), col = "black")$

#每周，图2.69为商店5的周销售量时间序列图。

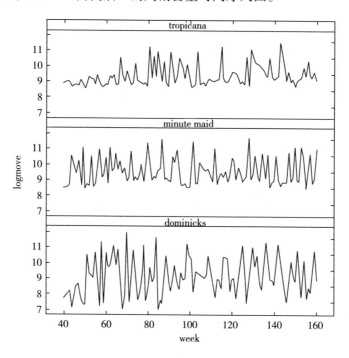

图2.69　商店5的周销售量时间序列图

$xyplot(logmove \sim price, data = oj1, col = "black")$

##价格，图2.70为商店5的周销售量和价格的关系。

$xyplot(logmove \sim price \mid brand, data = oj1, layout = c(1,3), col = "black")$

##3 种品牌的价格

$densityplot(\sim logmove \mid brand, groups = feat, data = oj1, plot. points = FALSE)$

$xyplot(logmove \sim price \mid brand, groups = feat, data = oj1)$

##广告的影响

图2.71、图2.72为商店5的三种品牌销售量与广告的关系，图2.73为商店5的三种品牌销售量与价格、广告的关系。

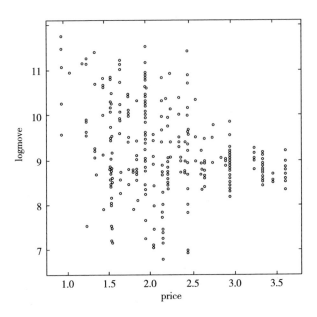

图 2.70　商店 5 的周销售量和价格的关系

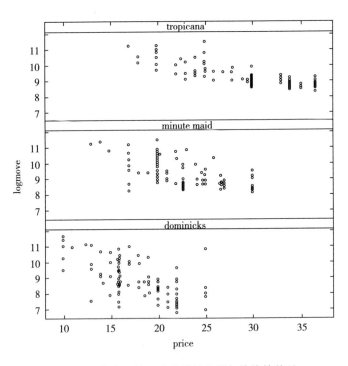

图 2.71　商店 5 的三种品牌销售量与价格的关系

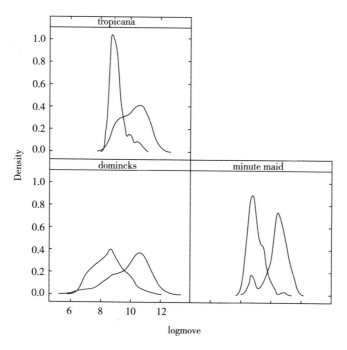

图 2.72 商店 5 的三种品牌销售量与广告的关系

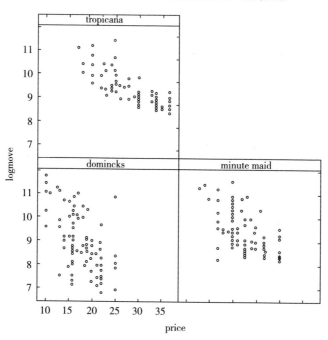

图 2.73 商店 5 的三种品牌销售量与价格、广告的关系

问题4：商店的销量是否和周边居民的收入有关？

$t21 = tapply(oj\$INCOME, oj\$store, FUN = mean, na.\,rm = TRUE)$

$t21$

$t21[t21 == max(t21)]$

$t21[t21 == min(t21)]$

##选取最富地区的商店和最穷地区的商店

$> t21[t21 == max(t21)]$

　　　62

11.2362

$> t21[t21 == max(t21)]$

　　　75

9.867083

$oj1 = oj[oj\$store == 62,]$

$oj2 = oj[oj\$store == 75,]$

$oj3 = rbind(oj1, oj2)$

$xyplot(logmove \sim price \mid store, data = oj3)$

##销量和价格的散点图，如图2.74所示。

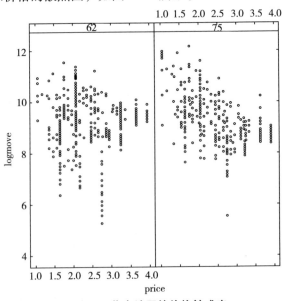

图2.74　贫富地区的价格敏感度

价格的敏感度比较?

xyplot(logmove ~ price | store, groups = feat, data = oj3)

广告宣传对销量的影响，会因为穷富不同吗? 如图 2.75 所示。

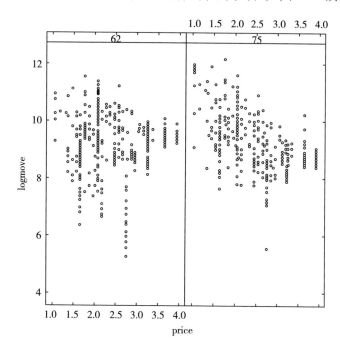

图 2.75　贫富地区销售量与广告宣传、价格关系的对比

store in the wealthiest neighborhood

mhigh = lm(logmove ~ price, data = oj1)

summary(mhigh)

```
Call:
lm(formula = logmove ~ price, data = oj1)

Residuals:
    Min      1Q  Median      3Q     Max
-4.9557 -0.4934  0.1815  0.6557  2.4454

Coefficients:
            Estimate Std. Error t value Pr(>|t|)
(Intercept)  9.15394    0.21112  43.359   <2e-16 ***
price       -0.01461    0.08381  -0.174    0.862
---
Signif. codes:  0 '***' 0.001 '**' 0.01 '*' 0.05 '.' 0.1 ' ' 1

Residual standard error: 1.142 on 349 degrees of freedom
Multiple R-squared: 8.712e-05, Adjusted R-squared: -0.002778
F-statistic: 0.03041 on 1 and 349 DF, p-value: 0.8617
```

plot(logmove ~ price, data = oj1, xlim = c(0,4), ylim = c(0,13))

abline(mhigh)

##收入水平较高地区的价格对销售量的回归显著吗？如图2.76所示。

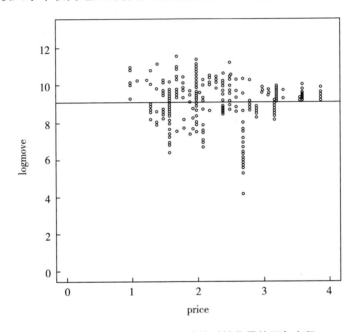

图2.76 收入水平较高地区价格对销售量的回归方程

mlow = lm(logmove ~ price, data = oj2)

summary(mlow)

```
Call:
lm(formula = logmove ~ price, data = oj2)

Residuals:
    Min      1Q  Median      3Q     Max
-3.5235 -0.5606  0.0392  0.5090  2.4523

Coefficients:
            Estimate Std. Error t value Pr(>|t|)
(Intercept) 10.87695    0.15184   71.63   <2e-16 ***
price       -0.67222    0.06071  -11.07   <2e-16 ***
---
Signif. codes:  0 '***' 0.001 '**' 0.01 '*' 0.05 '.' 0.1 ' ' 1

Residual standard error: 0.8383 on 352 degrees of freedom
Multiple R-squared:  0.2584,    Adjusted R-squared:  0.2563
F-statistic: 122.6 on 1 and 352 DF,  p-value: < 2.2e-16
```

plot(logmove ~ price, data = oj2, xlim = c(0,4), ylim = c(0,13)) abline(mlow)

##添加拟合直线

图 2.77 为收入水平较低地区价格对销售量的回归方程。

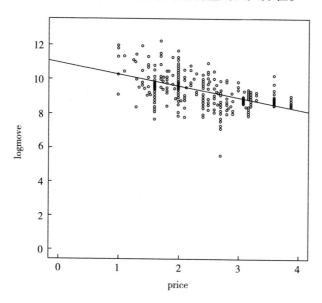

图 2.77 收入水平较低地区价格对销售量的回归方程

2.6.5 习题

选择某一组反映新中国成立 70 周年改革的数据，进行描述性分析，并以 A4 大小海报形式进行展示。

第**3**章

推断性统计：估计

描述性统计主要对样本数据进行，那么总体特征如何得出？估计的结果可信度如何？本章主要介绍显著性检验和置信区间。

3.1 | 概率论概述

学习要点

1. 概率论基本性质
2. 离散变量的分布和连续变量的分布
3. 区分三种分布：总体分布、样本数据分布、抽样分布

3.1.1 基本性质

随机化是收集好数据资料方法中关键的一步，概率抽样是科学的抽样方法。本章学习统计推断中概率论的基础知识。

在随机抽样或随机实验中，概率是指在很长时间段某个观测值取到某个特定值的次数比例，即概率可视为长期的相对频数。

性质 3.1 概率的性质。令 A，B 表示两个事件

（1）P（A 不发生）= 1 − P（A）；

（2）若 A 和 B 是独立的两个事件，则 P（A or B）= P（A∪B）= P（A）+ P（B）；

（3）若 A 和 B 是两个事件，则 P（A 且 B）= P（A∩B）= P（A）P（B│A）；

（4）若 A 和 B 是独立的两个事件，则 P（B│A）= P（B），P（A∩B）= P（A）P（B）；

（5）贝叶斯定理：$P(A_1│B) = \dfrac{P(A_1)P(B│A_1)}{P(A_1)P(B│A_1) + P(A_2)P(B│A_2)}$，其中，$A_1$ 和 A_2 为互不相容且互补的集合。

例3.1 在某次幸福和收入水平的调查中，得到如表3.1所示的数据。

表3.1 幸福和收入的调查数据

项目	非常	一般	不幸	总计
高于平均	164	233	26	423
平均	293	473	117	883
低于平均	132	383	172	687
总计	589	1089	315	1993

令 A = 收入高于平均，B = 非常幸福，则 P（A）= 423/1993 = 0.212 = 收入高于平均的概率。P（not A）= 1 − P（A）= 0.788 = 收入没有高于平均的概率。P（B）= 589/1993 = 0.296 = 非常幸福的概率。

P（B│A）= 164/423 = 0.388 = 在高于平均收入的人群中感到非常幸福的比例。

P（A∩B）= P（A）P（B│A）= 0.212（0.388）= 0.082（164/1993）= 高收入且非常幸福的比例。

如果 A 和 B 独立，则 P（A∩B）= P（A）P（B）= 0.212（0.296）= 0.063。

由于 P（A∩B）= 0.082，所以 A 和 B 不独立。

其中，P（A）和 P（B）称为边际概率。P（B│A）称为条件概率。P（A∩B）称为联合概率。在这个例子中，A 事件和 B 事件不独立，即财富和幸福感不独立。但是，社会上也有很多案例说明人不是越有钱越幸福。

从案例计算中可以看出，财富和幸福感有相关关系，但也不一定是完全促进关系。

3.1.2 离散变量的概率分布

列出随机变量所有可能的取值，如果取值是不相连的数，则变量是离散变量；如果取值是无限连续的，则该变量是连续变量。

离散型变量的每个可能取值有一个概率，每个概率为$[0,1]$之间的一个数，所有可能值的概率和为1。令$P(y)$为变量y的可能结果的概率，则$0 \leqslant P(y) \leqslant 1$且$\sum_{\text{所有可能取值}} P(y)$变量的所有可能取值加总为1。

例3.2 某项关于家庭中理想子女数的调查数据如表3.2所示，问大于4个孩子的概率是多少？概率总和是多少？

表3.2 家庭理想孩子数

y	P(y)
0	0.01
1	0.03
2	0.60
3	0.23
4	0.12
≥5	?
总和	?

概率分布也有描述集中性和离散程度的参数。一般用均值描述集中性，用方差（或标准差）描述离散程度。

均值也称为期望。对于离散变量Y，概率分布的均值为$\mu = E(Y) = \sum yP(y)$。

例3.3 对幸福感的调查中，得到$P(\text{不幸福}) = 0.895$；$P(\text{一般}) = 0.084$；$P(\text{比较幸福}) = 0.015$；$P(\text{非常幸福}) = 0.006$。若不幸福赋值为0，一般赋值为1，比较幸福赋值为2，非常幸福赋值为3，则均值为0.132。

标准差衡量了概率分布的变异性，符号为σ。如果分布近似为钟形，则几乎所有的点落入$\mu - 3\sigma$和$\mu + 3\sigma$之间。有0.68的点落在$\mu - \sigma$和$\mu + \sigma$区间里。有0.95的点落在$\mu - 2\sigma$和$\mu + 2\sigma$区间里。

R 软件提供了四类有关概率分布的函数：密度函数（d）、累计分布函数（p）、分位数函数（q）、随机数函数（r）。

表 3.3 为离散型分布的分布函数、期望、方差以及 R 语言。

表 3.3　　　离散型分布的分布函数、期望、方差以及 R 语言

分布名称	概率分布 P（X = k）	期望	方差	R 语言
二项分布	$C_n^k p^k (1-p)^{n-k}$, $k = 0,1,\cdots,n,0 < p < 1$	np	$np(1-p)$	binom
泊松分布	$\dfrac{\lambda^k}{k!} e^{-\lambda}$, $k = 0,1,\cdots,0 < \lambda$	λ	λ	pois
几何分布	$(1-p)^{k-1} p$, $k = 1,2,\cdots,0 < p < 1$	$\dfrac{1}{p}$	$\dfrac{1-p}{p^2}$	geom
超几何分布	$\dfrac{C_M^k C_{N-M}^{n-k}}{C_N^n}$ k,M,N 为正整数 $0 < k \leqslant M \leqslant N, 0 < n-k \leqslant N-M$, $k = 0,1,2,\cdots,\min(M,n)$	$\dfrac{nM}{N}$	$\dfrac{nM}{N}\left(1 - \dfrac{M}{N}\right)\dfrac{N-n}{N-1}$	hyper
负二项分布	$C_k^{-r} p^r (p-1)^k$ $r > 0, 0 < p < 1, k = 0,1,2,\cdots$	$\dfrac{r(1-p)}{p}$	$\dfrac{r(1-p)}{p^2}$	nbinom

例 3.4 某病患病率为 0.001，单位共 5000 人，求超过 2 人患病的概率？设单位 5000 人中患病人数为 X，该随机变量服从二项分布，即求 $P(X \geqslant 2)$。

R 语句为：

x = 1 − pbinom(2,5000,0.001)

或 x = 1 − dbinom(0,5000,0.001) − dbinom(1,5000,0.001) − dbinom(2,5000,0.001)

例 3.5 某商店某商品的每月销售数服从参数为 10 的泊松分布，假设每月无存货，为了 95% 以上的把握不脱销，求至少应进多少货？

即 $P(X \leqslant a) \geqslant 0.95$，求 a？

R 语句为：

ppois(15,10)

ppois(14,10)

3.1.3 连续变量的概率分布

连续型变量的概率分布图是一条平滑、连续的曲线。在对应值区间的曲线下方面积等于概率值。对于连续型变量而言，$\int dP(y) = 1$，概率分布的均值为 $\mu = E(Y) = \int y dP(y)$。表 3.4 为连续型分布的分布函数、期望、方差以及 R 语言。

表 3.4　　连续型分布的分布函数、期望、方差以及 **R** 语言

分布名称	密度函数 p(x)	期望	方差	R 语言
均匀分布 $U[a,b]$	$\dfrac{1}{b-a}, a \leqslant x \leqslant b$	$\dfrac{a+b}{2}$	$\dfrac{(b-a)^2}{12}$	unif
指数分布	$\lambda e^{-\lambda x}, x \geqslant 0$，参数 $\lambda > 0$	$\dfrac{1}{\lambda}$	$\dfrac{1}{\lambda^2}$	exp
卡方分布	$\dfrac{1}{2^{\frac{n}{2}}\Gamma\left(\dfrac{n}{2}\right)}x^{\frac{n}{2}-1}e^{-\frac{x}{2}}$, $x \geqslant 0$，参数 n 为正整数	n	2n	chisq
Gamma 分布 $G(\lambda,r)$	$\dfrac{\lambda^r}{\Gamma(r)}x^{r-1}e^{-\lambda x}$, $x \geqslant 0$，参数 $\lambda > 0, r > 0$	$\dfrac{r}{\lambda}$	$\dfrac{r}{\lambda^2}$	gamma
柯西分布	$\dfrac{\lambda}{\pi(\lambda^2 + (x-\mu)^2)}$, $-\infty < x < \infty$，参数 $\lambda > 0$	不存在	不存在	cauchy
t 分布	$\dfrac{\Gamma\left(\dfrac{n+1}{2}\right)}{\sqrt{n\pi}\,\Gamma\left(\dfrac{n}{2}\right)\left(1+\dfrac{x^2}{n}\right)^{\frac{n+1}{2}}}$, $-\infty < x < \infty$，n 为正整数	$0(n>1)$	$\dfrac{n}{n-2}(n>2)$	t
F 分布	$\dfrac{\Gamma\left(\dfrac{n+m}{2}\right)}{\Gamma\left(\dfrac{m}{2}\right)\Gamma\left(\dfrac{n}{2}\right)}n^{\frac{n}{2}}m^{\frac{m}{2}} \cdot \dfrac{x^{\frac{n}{2}-1}}{(m+nx)^{\frac{n+m}{2}}}$, $x \geqslant 0$，n 和 m 为正整数	$\dfrac{m}{m-2}$ $(m>2)$	$\dfrac{2m^2(n+m-2)}{n(m-2)^2(m-4)}$, $(m>4)$	f
Beta 分布	$\dfrac{\Gamma(p+q)}{\Gamma(p)\Gamma(q)}x^{p-1}(1-x)^{q-1}$ $1>x>0$，参数 $p>0, q>0$	$\dfrac{p}{p+q}$	$\dfrac{pq}{(p+q)^2(p+q+1)}$	beta

续表

分布名称	密度函数 p(x)	期望	方差	R语言
对数正态分布	$\dfrac{1}{\sigma x \sqrt{2\pi}} e^{-\frac{(\ln x - a)^2}{2\sigma^2}}$， $X > 0$，参数 $a > 0, \sigma > 0$	$e^{a + \frac{\sigma^2}{2}}$	$e^{2a + \sigma^2}(e^{\sigma^2} - 1)$	lnorm
Weibull分布	$a\lambda\, x^{a-1} e^{-\lambda x^a}, x > 0$， 参数 $\lambda > 0, a > 0$	$\Gamma\left(\dfrac{1}{a} + 1\right) \cdot$ $\lambda^{-\frac{1}{a}}$	$\left[\Gamma\left(\dfrac{2}{a} + 1\right) - \left(\Gamma\left(\dfrac{1}{a} + 1\right)\right)^2\right] \cdot \lambda^{-\frac{2}{a}}$	weibull
正态分布 $N(a, \sigma^2)$	$\dfrac{e^{-(y-\mu)^2/(2\sigma^2)}}{\sqrt{2\pi\sigma^2}}$	a	σ^2	norm

例 3.6 随机变量服从 $N(108, 9)$ 分布，求：

（1） $P(101.1 < X < 117.6)$？

（2） $P(X < a) = 0.9$，求 a？

R语句为：

pnorm(117.6, mean = 108, sd = 3) - pnorm(101.1, mean = 108, sd = 3)

qnorm(0.9, mean = 108, sd = 3)

3.1.4 正态概率分布

均值为 μ，标准差为 σ 的正态分布概率密度为：

$$f(y) = \frac{e^{-(y-\mu)^2/(2\sigma^2)}}{\sqrt{2\pi\sigma^2}}$$

该密度函数是对称、钟形的。其中均值表示中心值，标准差表示离散程度。对于不同的均值和标准差，对于某个给定的数 z，概率在 z 个标准差内都是相等的。即概率值与期望和标准差的具体取值无关。z 个标准差又称为 z 分数，即 z 分数是离开均值的标准差个数。

例 3.7 数据落在区间 $[\mu - 1.50\sigma, \mu + 1.50\sigma]$ 的概率是多少？

由于 $z = 1.50$，则右尾 $= 0.0668$。由对称性，左尾 $= 0.0668$。两个尾巴概率 $= 2(0.0668) = 0.1336$。则在 $[\mu - 1.50\sigma, \mu + 1.50\sigma]$ 概率为 $1 - 0.1336 =$

0.87。

R 语句为：

$1 - 2 * \mathrm{pnorm}(-1.5)$

例 3.8 已知 z = 2.0 的右尾概率为 0.0228。求数据落在区间 $[\mu - 2\sigma, \mu + 2\sigma]$ 的概率。

当 z = 2.0，两个尾巴概率 = 2(0.0228) = 0.046，在区间 $[\mu - 2\sigma, \mu + 2\sigma]$ 概率为 1 - 0.046 = 0.954。

R 语句为：

$1 - 2 * \mathrm{pnorm}(-2)$

例 3.9 如果 $P(X < \mu + z\sigma) = 0.99$，试求 z 值？

右尾概率 = 0.01，查表得 z = 2.33。即有 99% 的数据点比 $\mu + 2.33\sigma$ 小。

R 语句为：

$\mathrm{qnorm}(0.99)$

例 3.10 若智商得分 IQ 服从正态分布，有 $\mu = 100$，标准差 $\sigma = 16$，求 99% 百分位数？

$\mu + 2.33\sigma = 100 + 2.33(16) = 137$

注：$\mu - 2.33\sigma = 100 - 2.33(16) = 63$ 是 1% 的百分位数。[63, 137] 区间的概率为 98%。

R 语句为：

$\mathrm{qnorm}(0.99, \mathrm{mean} = 100, \mathrm{sd} = 16)$

例 3.11 求出 z 值使得区间 $[\mu - z\sigma, \mu + z\sigma]$ 的概率为 95%？

由于两个尾巴概率 = 0.05，即右尾 = 0.05/2 = 0.025，查表得到 z = 1.96。

R 语句为：

$\mathrm{qnorm}(0.975)$

例 3.12 给定 y = 65，$\mu = 50$，$\sigma = 10$，求 z 分数，即 65 距离 50 有几个标准差？

$z = (y - \mu)/\sigma = (65 - 50)/10 = 1.5$。

若 z 分数为负数，则 y 值比均值小。

例 3.13 给定 y = 35，$\mu = 50$，$\sigma = 10$，求 z 分数，即 35 距离 50 有几个标准差？

$z = (y - \mu)/\sigma = (35 - 50)/10 = -1.5$

当 $\mu = 0$，$\sigma = 1$，此正态分布称为标准正态分布。对于标准正态分布，z 分数和 y 值相等，$z = (y - \mu)/\sigma = (y - 0)/1 = y$，即 z 分数服从标准正态分布。

正态分布为什么这么重要？

在实际生活中，任何随机实验或随机抽样，样本均值的分布都近似正态分布。这一发现是下一章节抽样分布的理论基础。

另外，正态分布是二项分布很好的逼近。当 np 和 $n(1-p)$ 都大于 5 时，二项分布计算将变得烦琐，此时可以用正态分布来进行近似计算。要注意前提是总体服从二项分布，即：

（1）一次实验只有两个互不相容的结果 A 和 B。

（2）在总的实验次数固定时，考虑 A 结果出现的次数。

（3）每次实验出现 A 的概率 p 是一样的。

（4）每次实验是独立的。

这时，对于二项分布的公式可以按以下规则进行计算：

（1）对于 $P(X \geq x)$，则计算正态分布下的 $P(X \geq x - 0.5)$；

（2）对于 $P(X > x)$，则计算正态分布下的 $P(X \geq x + 0.5)$；

（3）对于 $P(X \leq x)$，则计算正态分布下的 $P(X \leq x + 0.5)$；

（4）对于 $P(X < x)$，则计算正态分布下的 $P(X \leq x - 0.5)$。

例 3.14 已知某保险产品有 0.7 的概率发生索赔，则 80 个保单中至少有 60 个发生索赔的概率是多少？

令 X 为 80 个保单中发生索赔的保单数目，则 X 服从二项分布，即 $P(X \geq 60) = \sum_{n=60}^{80} 0.7^n (1 - 0.7)^{80-n}$。由 R 软件计算得 $P(X \geq 60) = 0.1978466$。

由计算法则，在正态分布下计算 $P(X \geq 60 - 0.5)$。此时 X 近似服从正态分布，均值为 $80 \times 0.7 = 56$，方差为 $80 \times 0.7 \times (1 - 0.7) = 16.8$。则由 R 软件计算得 $P(X \geq 60 - 0.5) = 0.1965767$。

R 语句为：

二项分布 1 - pbinom(59,80,0.7)

正态分布 1 - pnorm(59.5,56,sqrt(16.8))

3.1.5 抽样分布

统计量的抽样分布列出了统计量所有的可能取值和概率。

样本均值的抽样分布是抽样样本的均值，随着样本的改变而改变，所以样本均值是一个变量。样本均值可以代表总体均值吗？或者说，样本均值离总体均有多远？

样本均值围绕着总体均值波动，有时大有时小。样本均值的抽样分布的均值等于总体均值，即在一个很长的时间内，重复抽样情况下，样本均值将等于总体均值。

样本均值抽样分布的离散程度用样本均值的标准差来表示。这个标准差称为样本均值的标准误。用符号 $\sigma_{\bar{y}}$ 表示。

标准误描述了抽样均值是如何随样本的改变而改变的。如果从总体中重复地抽取容量 n 的样本，对每组观测值求均值，则均值的标准差等于标准误。

由第 1 章性质 1.6 知，计算公式为 $\sigma_{\bar{y}} = \dfrac{\sigma}{\sqrt{n}}$（严格计算公式是什么？在什么情况下近似成立？对总体比例进行估计时，样本比例的标准差是什么？）。当进行不重复抽样时，在大样本下，样本均值的标准差也可近似等于 $\sigma_{\bar{y}} = \dfrac{\sigma}{\sqrt{n}}$。

抽样均值的标准误取决于样本个数 n 和总体标准差 σ。

例 3.15　二元取值的变量（Y = 1 or 0）有概率 $P(Y=1) = \pi(0 < \pi < 1)$，总体标准差为 $\sqrt{p(1-p)}$。当概率 $\pi = 0.50$，则总体标准差 = 0.50，样本均值的标准误为 $\dfrac{0.5}{\sqrt{n}}$。

样本量变大，则抽样均值的标准误减小。

当 n 增大时，标准误较小，抽样分布变窄。样本均值更接近于未知的总体均值。

例 3.16　取 n = 1000，例 3.14 中的二元取值的样本均值标准误 =

0.016，如果抽样分布为钟形，则有样本估计的概率基本落在 $[0.5 - 3 \times$ 0.016，$0.5 + 3 \times 0.016]$，即 $[0.452，0.548]$ 中。

中心极限定理：对于大样本量 n 的随机抽样，样本均值的抽样分布近似于正态分布。

中心极限定理伟大之处在于：适用于任何形态的总体分布。无论总体服从何种分布，即使总体分布右偏、左偏、"U"型等，其样本均值的抽样分布，在样本量较大的情况下，都近似正态分布；这里的大样本 n 并不需要多大，一般 $n \geqslant 30$ 足够。

3.1.6　三种分布

在实际中，总体均值 μ 往往未知，但我们可以利用样本数据，构造合适的估计量来估计总体均值。那么什么是合适的估计量？则需要用到抽样分布去分析估计量的性质。抽样分布是统计推断的基础。

请注意上一段话中提到的三个分布：

（1）总体分布：总体感兴趣的数据往往未知，用描述性参数 μ，σ 来描述总体分布的集中性和离散性。但是，参数 μ，σ 往往未知，需要估计。

（2）样本数据的分布：即观察到的样本数据，用样本描述性统计量：样本均值 $\bar{y}$，样本标准差 s，来描述样本数据的集中性和离散性。这两个量是用一次样本数据的观察值计算出来的。

（3）抽样分布：样本统计量如样本均值所有可能值的概率分布。抽样分布描述了在一定样本容量的样本中统计量值发生的变异性。这个分布决定了样本统计量和真实值之间的距离。即由抽样分布的标准差可以知道某次抽样数据的样本均值 $\bar{y}$ 是否可以作为总体均值 μ 的比较好的估计。

样本均值抽样分布在商务决策中有重要应用。

例3.17　某品牌饮料标签上标注的含量是 100 毫升，公司的记录表明总体标准差是 0.4 毫升。质检人员随机从灌装线上抽取了 16 瓶饮料，测得每瓶平均含量是 100.4 毫升，请问抽样误差是否合理？是否注入了太多饮料？

对于样本均值这一统计量，观测值为 100.4，均值为 100，标准差为

$\frac{0.4}{\sqrt{16}} = 0.1$。则观测值离开均值的距离为 $\frac{100.4 - 100}{0.1} = 4$ 个标准差。$P(X \geq 4) \approx 0$。故在灌装过程中注入了太多饮料。

例 3.18 对于某地区公寓的月租金分布是右偏的，均值为 2200 元，标准差为 250 元，则抽取 25 间公寓，其平均租金至少为 2000 元的概率有多大？

对于平均月租金，均值为 2200，标准误为 $\frac{250}{\sqrt{25}} = 50$，$P(X \geq 2000) =$

$P\left(\frac{X - 2200}{50} \geq -4\right) = 1$。

3.2 点估计和区间估计

本节探讨如何用样本数据估计总体参数？并说明该总体参数的估计值可信度如何？

学习要点

1. 估计定量变量的总体均值
2. 估计定性变量的总体比例
3. 当总体标准差已知时，构造总体均值的置信区间
4. 当总体标准差未知时，构造总体均值的置信区间
5. 构造总体比例的置信区间

3.2.1 估计

点估计是对总体参数值提供最优估计值。区间估计提供了一个以点估计为中心的数值区间，且该数值区间有一定的可信度被认为包含总体参数。也叫作"置信区间"。

注意参数（parameter）、估计量（或称统计量，estimator）、估计值（estimate）三者的区别。

一个好的估计量往往具有这样的特点：

（1）无偏性。即抽样分布以参数为中心。随机抽取的样本均值的抽样分布均值等于总体均值，则样本均值是总体均值的无偏估计量。对一个特定的样本，样本均值可能低估或高估总体均值，但如果用不同样本重复得到样本均值，则高估会趋于抵消低估。有偏的估计量要么趋向于低估参数，要么趋向于高估参数。

例 3. 19　样本极差估计总体极差，则样本极差是有偏估计。由于样本取值范围小于总体取值范围。

例 3. 20　对于总体服从右偏分布，用样本中位数估计总计均值，则样本中位数是有偏估计量，总是低估总体均值。

（2）有效性。即与其他估计量相比，该统计量具有最小的标准误。有效估计量比其他估计量落点有较大概率接近参数。

例 3. 21　如果总体分布是对称且近似钟形，估计总体均值，样本均值是有效统计量，而样本中位数是无效统计量。

一个好的参数估计量是无偏（期望）且有效（方差）的，统计方法使用具有这些性质的估计量来估计总体参数。对参数的推断不仅要提供点估计，即值的大小，还要指出估计可能的落点如何接近参数值，即值的可信度。

3. 2. 2　置信区间

置信区间是指在一定的可信度下包含总体参数的数值区间。这里的可信度，即由抽样分布产生一个包含总体参数的区间的概率，称为置信水平。一般取接近于1的数，如 0. 95 或 0. 99。

置信区间的构造形式：点估计 ± z 分数 × 标准误。其中 z 分数 × 标准误称为误差边际。用 0. 95 的置信水平（95% 的置信度），产生一个不包含参数值的置信区间概率 0. 05。若不能接受 5% 的不正确推断，则需要增大正确推断的概率，比如使用 99%。这里，区间估计方法产生不包含参数置信区间的概率被称为错误概率，符号为 a，也称为显著性。即 a = 1 - 置信度。

为什么要取小于100%的置信度？要得到100%置信区间，则该区间应包含所有可能值。这样的预测没有意义。比如，对总体比例做预测，则100%的置信区间为 [0，1]。对班里同学成绩平均分做预测，则100%的置信区间为 [0，100]。这样的预测没有提供有用的信息。

例3.22 求95%的置信区间？求99%的置信区间？

对于0.95中心概率，在两边尾巴的概率和为0.05，对每个尾巴，概率为0.025，由R语言qnorm(0.975)=1.96，则95%置信区间为点估计 ± 1.96×标准误。对于0.99中心概率，在两边尾巴的概率和为0.01，对每个尾巴，概率为0.005，由R语言qnorm(0.995)=2.58，则99%置信区间为点估计 ± 2.58×标准误。

当点估计和标准误给定，对比95%的置信区间，99%区间估计精度更小，区间更宽，为了更加肯定包含总体参数，必须牺牲估计精度即使用更宽的区间。

大样本量给出狭窄区间。估计量的标准误随样本量的增大而变小，即当置信度给定时，样本量增大，置信区间越窄。

这里要特别注意，置信水平是长期正确的比例。若用样本数据估计总体比例，总体比例是未知的，且是一个固定数。基于任一特定的样本中构建的置信区间要么包含这个数，要么不包含。若重新选取该容量的随机样本，构造置信区间，从长远来看，有95%的区间包含总体参数。计算出的某个特定区间有"95%的置信度"包含总体参数，是指长远来看95%这样构造的区间将包含总体参数，即95%的时候推断是正确的。下面通过计算机模拟来说明95%置信度置信区间的含义。

例3.23 从均值为50、标准差为5的总体中抽取30个观测值，计算其95%的置信区间，并说明该置信区间的含义。

第一步从均值为50、标准差为5的总体中抽取30个观测值。

第二步计算该观测值的均值、标准差，95%置信度对应的 z 分数为qnorm(0.975)=1.96。

第三步再从均值为50、标准差为5的总体中抽取30个观测值，抽取50次，计算每次相应的置信区间。

第四步统计包含50的置信区间的个数。

R 语句为：

```
n = 100

##set. seed(1)

##取种子，使每次运行结果一致

c = matrix(nrow = n, ncol = 30)

a = matrix(nrow = n, ncol = 2)

b = matrix(nrow = n, ncol = 3)

for(k in 1：n)

{c[k,] = rnorm(30, mean = 50, sd = 5)

a[k,1] = mean(c[k,])

a[k,2] = sd(c[k,])/sqrt(30)

b[k,1] = a[k,1] - qnorm(0.975) × a[k,2]

b[k,2] = a[k,1] + qnorm(0.975) × a[k,2]

if(b[k,1] < = 50&&50 < = b[k,2])b[k,3] = 1 else b[k,3] = 0}

R = sum(b[,3])/n

b

R
```

当取样本次数 n 为 10 时，输出结果为：

```
        [,1]      [,2] [,3]
 [1,] 48.75886 52.06572    1
 [2,] 49.24089 52.08686    1
 [3,] 48.83314 52.26964    1
 [4,] 48.98807 52.14526    1
 [5,] 46.69849 50.00122    1
 [6,] 49.29654 53.07349    1
 [7,] 48.39320 52.27509    1
 [8,] 46.99624 50.62378    1
 [9,] 48.45691 51.78716    1
[10,] 48.84350 52.52437    1
```

此时，全部区间都包含真实值 50。

当 n = 30 时，97% 的区间包含真实值 50。

```
        [,1]      [,2] [,3]
 [1,] 48.75886 52.06572    1
 [2,] 49.24089 52.08686    1
 [3,] 48.83314 52.26964    1
 [4,] 48.98807 52.14526    1
```

```
[5,]  46.69849 50.00122    1
[6,]  49.29654 53.07349    1
[7,]  48.39320 52.27509    1
[8,]  46.99624 50.62378    1
[9,]  48.45691 51.78716    1
[10,] 48.84350 52.52437    1
[11,] 49.39514 52.78172    1
[12,] 48.14274 51.86123    1
[13,] 47.27305 50.90236    1
[14,] 49.55064 52.79471    1
[15,] 46.40882 50.58720    1
[16,] 48.21862 51.98576    1
[17,] 47.76758 52.61833    1
[18,] 47.94335 51.25045    1
[19,] 47.70841 50.96367    1
[20,] 48.46906 52.30877    1
[21,] 48.38180 52.43361    1
[22,] 45.97614 49.75493    0
[23,] 47.02694 50.69830    1
[24,] 47.54561 51.89601    1
[25,] 48.16094 52.04888    1
[26,] 48.09295 51.99251    1
[27,] 47.34202 50.96005    1
[28,] 48.50229 52.74212    1
[29,] 47.37795 51.57982    1
[30,] 48.93520 52.24368    1
```

当 n = 100 时，有 94% 的区间包含真实值 50；当 n = 1000 时，有 95% 的区间包含真实值 50。

说一说每条 R 语句代表的含义，并试着用最简洁的语言完成 Step1 和 Step2，即取样一次计算置信区间的 R 语言程序。

3.2.3　均值的置信区间（定量变量）

对于总体均值 μ，点估计为样本均值 $\bar{X}$。且统计量

$$\frac{\bar{X} - \mu}{\frac{\sigma}{\sqrt{n}}} \sim N(0,1)$$

故均值的置信区间为 $\left[\bar{X} - z\,\text{分数} \times \frac{\sigma}{\sqrt{n}}, \ \bar{X} + z\,\text{分数} \times \frac{\sigma}{\sqrt{n}} \right]$。其中，z 分数取决于置信水平。当置信区间有 95% 的置信度时，样本均值离开总体均值 1.96 个标准误。当置信区间有 90% 的置信度时，样本均值离开总体均

值 1.64 个标准误。

在实际操作中，往往存在这样的问题：总体标准差往往未知。由第一章相关定理，我们知道可以用样本标准差估计总体标准差，这样标准差也损失了精度。此时，置信区间为 $\left[\bar{X} - t\text{分数} \times \dfrac{s}{\sqrt{n}},\ \bar{X} + t\text{分数} \times \dfrac{s}{\sqrt{n}}\right]$。即统计量 $\dfrac{\bar{X} - \mu}{\frac{s}{\sqrt{n}}}$ 服从 t 分布。

性质 3.2 t 分布具有下列重要性质：

（1）分布呈钟形，关于 0 点对称；

（2）标准差略大于 1；

（3）精度由自由度决定（df），对于总体均值的推断，自由度为 $df = n - 1$，其中 n 为样本个数。

t 分布有较厚的尾部且比标准正态分布更分散。自由度越大，越接近标准正态分布。正态分布是自由度为无穷的 t 分布。当自由度大于 30，t 分布和正态分布几乎完全相同。t 分数乘以估计的标准误给出了均值的置信区间误差边际。

3.2.4 比例的置信区间（定性变量）

定性变量分为名义变量（如男、女）和有序变量（如好、一般、不好）。对于定性变量，感兴趣的是在各类中观测值的比例。可以用样本比例估计总体比例。样本比例 p 是一个均值。

令 $y = 1$ 代表感兴趣类别，$y = 0$ 代表不感兴趣类别。则对于总体分布，有 $P(y = 1) = P, P(y = 0) = Q, P + Q = 1$。这个分布的标准差为 $\sigma = \sqrt{PQ}$，对于样本比例，有标准误 $\sigma = \sqrt{\dfrac{PQ}{n}}$。

当总体比例参数 P 未知时，如何估计标准误？此时用样本比例 p 代替总体比例 P。当 $p = 0.5$ 时，此时标准误达最大值。

3.2.5 样本量

例3.24 对于总体比例的估计，如何确定样本量，使得误差边际为 0.03，置信度为 0.95？若误差边际为 0.06，则需要多少样本量？

误差边际（或称绝对误差）= z 分数 × 标准误 $= 1.96 \times \dfrac{s}{\sqrt{n}}$，则样本量为

$$n = \left(\frac{1.96}{0.03}\right)^2 \times p \times (1-p) \approx 4268 \times p \times (1-p)。$$

当 $\pi = 0.50$ 时，n 取得最大值，此时 $n = 4268(0.50)(0.50) = 1067$。

如果要求误差边际为 0.06，则 $n = \left(\dfrac{1.96}{0.06}\right)^2 \times p \times (1-p) \approx 267$

若由以往的经验知样本比例为 $\pi = 0.20$，对于 0.03 的误差边际，95% 的置信水平需要样本量 $n = \left(\dfrac{1.96}{0.03}\right)^2 \times p \times (1-p) \approx 683$。远远少于 $p = 0.5$ 时的 1067。即当概率 π 接近 0 或 1 时，需要的抽样量比 0.5 时要少很多。即当公众对某事物有较大争议时，需要的调查量要大。

小结一下，确定样本量的步骤为：

第一步：确定感兴趣的参数（总体均值 or 总体比例）。

第二步：选择误差边际和置信度。在大样本下，总体比例的估计使用 z 分数。标准差已知时，总体均值的估计使用 z 分数。标准差未知时，总体均值的估计使用 t 分数。

样本量的决定因素是置信度和误差边际。越复杂的分析，如很多变量同时分析，需要越大的样本。样本越大，时间、经费越多。

3.3 | 显著性检验

学习要点

1. 假设检验的五个步骤
2. 计算单侧假设检验和双侧假设检验

3. 对总体均值进行假设检验

4. 对总体比例进行假设检验

3.3.1 显著性检验的五个步骤

显著性检验也称为假设检验。假设是指基于统计推断，建立总体参数的论述，如总体均值、总体比例、相关关系等。用数据来考察该论述合理性的过程称之为显著性检验。显著性检验的目的就是用统计方法检验假设。

例 3.25 对于"服务业的工作人员中男、女平均收入相同"的论述，假设检验就是对男女平均收入差是否等于 0，做出合理性判断。

例 3.26 对于"成年人一半以上满意我国的医疗保险"的论述，假设检验就是对总体比例 $p \geqslant 0.5$ 做出合理性判断。

例 3.27 对于"为别人花钱比为自己花钱能带来更多的快乐"的论述，假设检验就是对快乐程度的差值 $\geqslant 0$ 做出合理性判断。

假设检验通常分为五个步骤进行：提出假设、选择显著性水平、确定检验统计量、建立决策、得出结论。

第一步是提出零假设和备择假设。关于总体参数值的陈述称之为原假设或零假设（Null hypothesis），记作 H_0。总体参数落在备择值域中的假设称之为备择假设（Alternative hypothesis），记作 H_1 或 H_a。

显著性检验是检验研究数据是否与原假设发生矛盾，由此暗示是否应该接受备择假设。即如果拒绝了原假设，备择假设描述了将会做出的推断。无论问题怎么描述，原假设中通常包含"＝"。因为零假设中的论述才是被检验的对象，需要一个具体的数值包含在检验的计算中。另外需要注意的是，不能拒绝原假设，并不意味着接受原假设。如法官判案，如无法举证，宣判无罪并不意味着被告是清白的。

第二步是选择显著性水平。显著性水平必须在建立决策、收集样本数据之前做出，通常为 0.05、0.01、0.1 等。显著性水平是零假设为真时拒绝零假设的概率，反映了零假设为真时拒绝零假设所冒的风险。通常用 α 表示。显著性水平也是犯第一类错误的概率。第一类错误指的就是当原假设为真时，拒绝原假设。第二类错误是指当原假设为假时，不能拒绝原假设。第二类错误概率用 β 来表示。这两类错误是显著性检验做决策时容易犯的，简称为"拒真纳伪"。

某学校订购了1000盏电灯，合同规定若有超过5%的次品，则有权退货。学校拿到1000盏电灯后，抽取了20盏，发现5盏不能点亮。不合格率为25%，则学校决定退货。假设到货的1000盏电灯中只有这抽中的5盏是次品，则该决定是错误的，犯了第一类错误，即拒真。如果这50盏中，发现有1盏不亮，不合格率为2%，少于5%。接受了这批货。实际上，该1000盏灯中有100盏不亮。此时就是第二类错误，即纳伪。

第三步是选择检验统计量。检验统计量可以用来对比数据与原假设的预测，通常由估计的标准误和原假设中的参数决定。总体均值和总体比例假设的检验统计量将在后面章节中详细叙述。

第四步是建立决策。决策是指零假设被拒绝或不能被拒绝的具体条件。对于假设 H_0：$\mu \leqslant 0$，H_1：$\mu > 0$，显著性水平选择为 0.05，检验统计量服从正态分布。则有临界值 1.65。该临界值点给出了零假设拒绝和不被拒绝区域的分界点。当由样本计算得到的检验统计量的值小于该临界点时，则不能拒绝原假设，当计算得到的检验统计量的值大于该临界点时，则拒绝原假设。也可以按照如下准则进行判断。

对于临界值，如果检验统计量的绝对值大于该临界值，且符号与备择假设隐含的符号一致，则拒绝原假设。

该决策规则与P值判断的方法是一致的。P值指的是原假设成立的概率，是检验统计量等于在由备择假设预示方向上的观测值甚至更极端值的概率。即检验统计量落在备择假设预示方向的抽样分布的尾部，则远离原假设的预言值。对于假设 H_0：$\mu \leqslant 0$，H_1：$\mu > 0$，显著性水平选择为 0.05，检验统计量服从正态分布。当P值小于0.05，则拒绝原假设，此时由样本数据计算出的检验统计量也是落在拒绝域，即比1.65大。P值越小，则反对 H_0 的证据越强。使用P值做判断时，需要注意，有的软件默认为双边检验，此时P值要除以2。双边检验是指研究中并没有表明正负关系的检验，即假设中只有等号的检验。此时拒绝域在分布的两侧。

第五步是得出结论。由计算得到的检验统计量的值与临界值比较，或

P 值与选择的显著性比较，可以得到是否拒绝零假设的结论。

3.3.2 均值的显著性检验

假定样本随机，定量变量服从正态分布。

对于总体标准差已知的双边检验，原假设为 H_0：$\mu = \mu_0$，备择假设为 H_a：$\mu \neq \mu_0$。检验统计量 $\dfrac{\overline{X} - \mu}{\dfrac{\sigma}{\sqrt{n}}}$ 服从正态分布。显著性水平为 0.01 时，拒绝域为 $(-\infty, -2.58)$ 和 $(2.58, +\infty)$。

对于总体标准差未知的双边检验，对于总体标准差已知的双边检验，原假设为 H_0：$\mu = \mu_0$，备择假设为 H_a：$\mu \neq \mu_0$。检验统计量 $\dfrac{\overline{X} - \mu_0}{\dfrac{s}{\sqrt{n}}}$ 服从 t 分布。根据自由度 $df = n - 1$ 来确定临界值。例如 $n = 10$，显著性水平为 0.01 时，拒绝域为 $(-\infty, -3.25)$ 和 $(3.25, +\infty)$。同时，这里也可以根据报告的 P 值来确定是否有理由拒绝原假设。P 值越小，反对原假设的证据越强。注意 P 值与置信区间的关系：当 P 值 > 0.05 时，置信度为 95% 的置信区间必然包含原假设中的值；当 P 值 $\leqslant 0.05$ 时，95% 的置信区间不包含原假设中的值。

单边显著性检验对于在特定方向上偏离原假设时，要使用不同的备择假设。对于备择假设 Ha：$\mu > \mu_0$，则 P 值是假定原假设为真的情况下，t 值大于观测到的 t 分位数的概率，即观测到的 t 分位数右边的概率。对于备择假设 Ha：$\mu < \mu_0$，则 P 值是假定原假设为真的情况下，t 值小于观测的 t 分位数的概率，即观测到的 t 分位数左边的概率。

对于总体标准差已知的单边检验，原假设为 H_0：$\mu \geqslant \mu_0$，备择假设为 H_a：$\mu < \mu_0$。检验统计量 $\dfrac{\overline{X} - \mu_0}{\dfrac{\sigma}{\sqrt{n}}}$ 服从正态分布。显著性水平为 0.01 时，拒绝域为 $(-\infty, 2.33)$。

例 3.28 对于原假设 H_0：$\mu = 0.5$，计算得到 z 检验统计量为 1.04。

求：(1) Ha：$\mu > 0.5$ 的 P 值；(2) Ha：$\mu \neq 0.5$ 的 P 值；(3) Ha：$\mu < 0.5$ 的 P 值。

(1) $1 - \text{pnorm}(1.04) = 0.1492$

(2) $2 \times 0.1492 = 0.2984$

(3) $1 - 0.1492 = 0.8508$

例 3.29 为了说明某种减肥产品有无作用，对比了 30 个使用该产品的女孩体重的变化。该 30 名女孩体重变化的均值为 -3 千克，样本标准差为 7 千克。试给出置信度为 95% 下，体重变化的显著性检验以及置信区间。

对于体重变化的显著性检验，假设检验为：

$$H_0：\mu = 0, H_a：\mu \neq 0,$$

样本标准差已知，故均值的标准误为 $\dfrac{7}{\sqrt{30}} = 1.2780$。统计量服从 t 分布，统计量的值为 $\dfrac{-3-0}{\frac{7}{\sqrt{30}}} = -2.3474$。$\text{qt}(0.975, 29) = 2.0452$，$-2.3474 <$

-2.0452，在拒绝域上，所以，拒绝原假设。这时，P 值为 $2 \times \text{pt}(-2.3474) = 0.0259$，较强地拒绝原假设。

95% 的置信区间为 $[-3 - 2.0452 \times 1.2780, -3 + 2.0452 \times 1.2780] = [-5.6138, -0.3862]$。

从以上分析比较置信区间和假设检验，哪种方式提供了更多的信息？为什么？显著性检验得出体重变化不等于 0，置信区间可以知道总体体重变化与 0 的大致距离。

由此例也可看出双边检验与置信区间的关系：当 P 值 > 0.05 时，置信度为 95% 的置信区间必然包含原假设中的值；当 P 值 ≤ 0.05 时，95% 的置信区间不包含原假设中的值。

对于单侧假设检验，还需注意下面两种假设形式的一致性。

单侧假设 1：

原假设：$H_0：\mu = \mu_0$

备择假设：$H_a：\mu > \mu_0$

单侧假设 2：

原假设：H_0：$\mu \leqslant \mu_0$

备择假设：H_a：$\mu > \mu_0$

如果检验结果拒绝单侧假设 1，则自然拒绝单侧假设 2。对于统计量 $\dfrac{\overline{X} - \mu}{\frac{s}{\sqrt{n}}}$，显著性水平为 0.05，在上例中 qt(0.95, 29) = 1.70。计算的统计量

的值比 1.70 大的话，则拒绝原假设。当 $\mu \leqslant \mu_0$，$\dfrac{\overline{X} - \mu}{\frac{s}{\sqrt{n}}} \geqslant \dfrac{\overline{X} - \mu_0}{\frac{s}{\sqrt{n}}}$，若检验

结果拒绝单侧假设 1，即 $\dfrac{\overline{X} - \mu_0}{\frac{s}{\sqrt{n}}} > 1.70$，则 $\dfrac{\overline{X} - \mu}{\frac{s}{\sqrt{n}}}$ 也一定比 1.70 大，即单

侧假设 2 也一定是拒绝原假设。

例 3.30 宝妈用"亲宝宝"软件记录宝贝的日常生活。如表 3.5 所示，已知从 2017 年 1 月至 2019 年 9 月每月的记录数如表所示，则宝妈对宝宝的每月记录数不低于 30 的结论合理吗？对于每月记录数不低于 40 的结论合理吗？

表 3.5 亲宝宝软件中的记录数

年份	1	2	3	4	5	6	7	8	9	10	11	12
2017	20	38	20	22	27	23	16	15	17	19	18	16
2018	16	36	44	31	36	56	62	45	33	71	27	28
2019	19	41	49	17	22	33	62	29	28			

第一步是提出零假设和备择假设。零假设是总体均值不低于 30 次，备择假设是总体均值低于 30 次。故建立的假设为：

$$H_0 : \mu \geqslant 30$$

$$H_a : \mu < 30$$

第二步是选择显著性水平。显著性水平选择为 0.05。

第三步是选择检验统计量。标准差由样本估计，故选择 $\dfrac{\overline{X} - \mu}{\frac{s}{\sqrt{n}}}$ 作为检

验统计量，服从 t 分布。由样本计算出的样本均值为 31.39394，样本标准差为 15.14501，样本量为 33。该检验统计量的值为 0.5287269，此时 P 值为 0.6996783。当总体均值假设为 40 时，该检验统计量的值为 −3.264314，P 值为 0.001307383。

第四步是建立决策。决策是指零假设被拒绝或不能被拒绝的具体条件。对于假设 H_0：$\mu \geqslant 30$，H_a：$\mu < 30$，显著性水平选择为 0.05，检验统计量服从 t 分布，拒绝域在左边，故有临界值 −1.69。该临界值点给出了零假设拒绝和不被拒绝区域的分界点。当由样本计算得到的检验统计量的值大于该临界点时，则不能拒绝原假设，当计算得到的检验统计量的值小于该临界点时，则拒绝原假设。该决策规则与 P 值判断的方法是一致的。

第五步是得出结论。由计算得到的检验统计量的值与临界值比较，或 P 值与选择的显著性比较，可以得到是否拒绝零假设的结论。对于该例，无论从检验统计量还是 P 值的计算，都可以得出不能拒绝每月不低于 30 的原假设。对于每月平均不低于 40 的原假设是拒绝的。

R 语句为：

record = c(20,38,20,22,27,23,16,15,17,19,18,16,16,36,44,31,36, 56,62,45,33,71,27,28,19,41,49,17,22,33,62,29,28)

t. test(record, conf. level = 0.95, alternative = c("less"), mu = 30)

```
        One Sample t-test

data: record
t = 0.52873, df = 32, p-value = 0.6997
alternative hypothesis: true mean is less than 30
95 percent confidence interval:
    -Inf 35.85972
sample estimates:
mean of x
 31.39394
```

3.3.3　比例的显著性检验

假定随机样本，对于大样本下的定性变量比例的显著性检验，检验统计量服从正态分布。

双边显著性检验有原假设：H_0：$p = p_0$；备择假设：H_a：$p \neq p_0$。单边

显著性检验有原假设：H_0：$p = p_0$；备择假设：H_a：$p > p_0$。单边显著性检验有原假设：H_0：$p = p_0$；H_a：$p < p_0$。检验统计量为 $\dfrac{p - p_0}{\sqrt{\dfrac{p_0 (1 - p_0)}{n}}}$，在大样本下服从正态分布。

3.3.4 假设检验中的 P 值

在假设检验中，用检验统计量与临界值作比较，从而得出拒绝原假设或不能拒绝原假设的结论。得益于计算机软件的帮助，我们还可以得出关于拒绝或不能拒绝原假设额外的信息，即有多大把握拒绝原假设。P 值是指当零假设为真时，样本结果会和实际已得到的检验统计量的值同样极端或更极端的概率。如果 P 值小于显著性水平，则拒绝原假设，否则不能拒绝原假设。P 值不仅可以得到有关原假设的结论，还可以进一步告诉我们结论的可靠性。若 P 值小于 0.1，则有一定的把握拒绝原假设；若 P 值小于 0.05，则有较强的把握拒绝原假设；若 P 值小于 0.01，则有很强的把握拒绝原假设；若 P 值 0.001，则有极强的把握拒绝原假设。

3.3.5 第二类错误概率的计算

显著性检验犯错类型有两种：第一种错误类型为原假设为真时，拒绝原假设；第二种错误类型为原假设为假时却不能拒绝它。显著性水平是第一类错误概率。两类错误概率不能全部消除。

例 3.31 对于总体比例的假设检验 H_0：$p = \dfrac{1}{3}$；H_a：$p > \dfrac{1}{3}$，分别计算 $n = 30$ 和 $n = 100$ 时的检验统计量，若总体比例 $p = 0.5$，求犯第二类错误的概率。若总体比例 $p = 0.4$，求犯第二类错误的概率。假设显著性水平为 0.05。

对于显著性水平 0.05，在原假设下，检验统计量的 z 值为 1.645，当 $n = 30$ 时，对应的样本比例值 $= 1.645 \times \sqrt{\dfrac{1}{3} \times \dfrac{2}{3} / 30} + \dfrac{1}{3} = 0.4749$。对于

真实的总体比例 $p = 0.5$，此样本比例值对应的 z 值为 $\dfrac{0.4749 - 0.5}{\sqrt{0.5 \times 0.5/30}} =$ -0.2750。犯第二类错误概率即比 $z = -0.2750$ 小的概率，$\mathrm{pnorm}(-0.2750) =$ 0.3917。对于真实的总体比例 $p = 0.4$，此样本比例值对应的 z 值为 $\dfrac{0.4749 - 0.4}{\sqrt{0.4 \times 0.6/30}} = 0.8374$。犯第二类错误概率即比 $z = 0.8374$ 小的概率，$\mathrm{pnorm}(0.8374) = 0.7988$。

当 $n = 100$ 时，对应的样本比例值 $= 1.645 \times \sqrt{\dfrac{1}{3} \times \dfrac{2}{3}/100} + \dfrac{1}{3} =$ 0.4109。对于真实的总体比例 $p = 0.5$，此样本比例值对应的 z 值为 $\dfrac{0.4109 - 0.5}{\sqrt{0.5 \times 0.5/100}} = -1.782$。犯第二类错误概率即比 $z = -1.782$ 小的概率，$\mathrm{pnorm}(-1.782) = 0.0374$。对于真实的总体比例 $p = 0.4$，此样本比例值对应的 z 值为 $\dfrac{0.4109 - 0.4}{\sqrt{0.4 \times 0.6/100}} = 0.2225$。犯第二类错误概率即比 $z = 0.2225$ 小的概率，$\mathrm{pnorm}(0.2225) = 0.5880$。

当显著性水平为 0.01 时，z 值为 2.33，$n = 100$，对应的样本比例值 $=$ $2.33 \times \sqrt{\dfrac{1}{3} \times \dfrac{2}{3}/100} + \dfrac{1}{3} = 0.4412$。对于真实的总体比例 $p = 0.5$，此样本比例值对应的 z 值为 $\dfrac{0.4412 - 0.5}{\sqrt{0.5 \times 0.5/100}} = -1.176$。犯第二类错误概率即比 $z = -1.176$ 小的概率，$\mathrm{pnorm}(-1.176) = 0.1198$。

由例 3.29 可以看出：若原假设中的参数离真实参数近，则第二类错误概率高；若显著性水平较小，则第二类错误概率较高；样本量越大，则第二类错误概率越小。

3.3.6　显著性检验的局限性

注意统计显著与实际显著的区别。很小的 P 值有统计上的显著性，即提供了较强的证据反对原假设，但它并不意味着真的参数值远离原假设中的参数值。

显著性检验并不比置信区间更有用。参数正好等于原假设中的参数值的情况很少。显著性检验只是指出了原假设的参数值是否似乎为真，并没有告诉我们其他的可能值。而置信区间显示了可信值的集合，区间里的值是否远离原假设中的值，从而表明原假设真假的程度。

3.3.7　二项分布

样本比例的抽样分布近似正态分布，故应使用 z 检验统计量。但对于小样本而言，比例的抽样分布只在几个点上发生，使用正态分布是不合适的，比例越接近 0 或 1，偏态越严重。

若满足：1. 每个观测值是二元的，即取值范围为两个数；2. 对于每个观测值的概率为 π（第一种类别）和 $1 - \pi$（第二种类别）；3. 每个观测是独立的。则对于 n 个观测，第一种类别中个数的分布为：

$$P(x = k) = \frac{n!}{k!\,(n-k)!}p^{k}(1-p)^{n-k}, k = 0, 1, 2, \cdots, n$$

例 3.32　拥有超感的人说他可以预测出另一房间中抛掷均匀硬币的结果而不是瞎猜。令 π 表示对每一次抛掷答对的比例。

$$H_0 : \pi = 0.50（随机）$$

$$H_a : \pi > 0.50（比瞎猜要强）$$

实验总共进行 n = 5 次，其中 x = 4 正确。求 P 值并解释。

猜对的次数服从二项分布。观测值为 4，分布中比观测值大的概率为

$$P(x = 4) + P(x = 5) = \frac{5!}{4!\,1!}0.5^{4}0.5^{1} + \frac{5!}{5!\,0!}0.5^{5}0.5^{0} = 0.1875$$。由此概率知不能拒绝原假设。如果五次都对，概率为 0.0313，则拒绝原假设。

3.4 | 两样本的显著性检验

"中国有九百六十多万平方公里土地，五十六个民族，十三亿多人口，经济社会发展水平还不高，人民生活水平也还不高，治理这样一个国家很

不容易，必须登高望远，同时必须脚踏实地。我曾在中国不同地方长期工作，深知中国从东部到西部，从地方到中央，各地各层级方方面面的差异太大了。因此，在中国当领导人，必须在把情况搞清楚的基础上，统筹兼顾、综合平衡，突出重点、带动全局，有的时候要抓大放小、以大兼小，有的时候又要以小带大、小中见大，形象地说，就是要十个指头弹钢琴①。"

综合分析国际国内形势和我国发展条件，从二〇二〇年到本世纪中叶可以分两个阶段来安排。

第一阶段，从二〇二〇年到二〇三五年，在全面建成小康社会的基础上，再奋斗十五年，基本实现社会主义现代化。到那时，我国经济实力、科技实力将大幅跃升，跻身创新型国家前列；人民平等参与、平等发展权利得到充分保障，法治国家、法治政府、法治社会基本建成，各方面制度更加完善，国家治理体系和治理能力现代化基本实现；社会文明程度达到新的高度，国家文化软实力显著增强，中华文化影响更加广泛深入；人民生活更为富裕，中等收入群体比例明显提高，城乡区域发展差距和居民生活水平差距显著缩小，基本公共服务均等化基本实现，全体人民共同富裕迈出坚实步伐；现代社会治理格局基本形成，社会充满活力又和谐有序；生态环境根本好转，美丽中国目标基本实现。

第二个阶段，从二〇三五年到本世纪中叶，在基本实现现代化的基础上，再奋斗十五年，把我国建成富强民主文明和谐美丽的社会主义现代化强国。到那时，我国物质文明、政治文明、精神文明、社会文明、生态文明将全面提升，实现国家治理体系和治理能力现代化，成为综合国力和国际影响力领先的国家，全体人民共同富裕基本实现，我国人民将享有更加幸福安康的生活，中华民族将以更加昂扬的姿态屹立于世界民族之林②。

同时，必须清醒看到，我们的工作还存在许多不足，也面临不少困难和挑战。主要是：发展不平衡不充分的一些突出问题尚未解决，发展质量

---

① 《改革再难也要向前推进》（2014年2月7日）习近平《论坚持全面深化改革》，中央文献出版社2018年版，第85页。

② 《决胜全面建成小康社会，夺取新时代中国特色社会主义伟大胜利》，人民出版社2017年版，第28－29页。

和效益还不高，创新能力不够强，实体经济水平有待提高，生态环境保护任重道远；民生领域还有不少短板，脱贫攻坚任务艰巨，城乡区域发展和收入分配差距依然较大，群众在就业、教育、医疗、居住、养老等方面面临不少难题；社会文明水平尚需提高；社会矛盾和问题交织叠加，全面依法治国任务依然繁重，国家治理体系和治理能力有待加强；意识形态领域斗争依然复杂，国家安全面临新情况；一些改革部署和重大政策措施需要进一步落实；党的建设方面还存在不少薄弱环节。这些问题，必须着力加以解决[①]。

学习要点

1. 相依与独立样本间的区别
2. 两总体比例之差的假设检验
3. 总体标准差相等但未知，两独立总体均值之差的假设检验
4. 总体标准差不相等但未知，两独立总体均值之差的假设检验
5. 成对或相依样本间均值差的假设检验

3.4.1　相依与独立

3.3 节关注的是单样本的情况，本节主要利用置信区间或显著性检验比较两组的均值或比例。

例 3.33　女人是否比男人花了更多的时间做家务吗？如果是，多多少？

研究的对象被称为被解释变量。研究对象的不同性质称为解释变量。研究男女做家务时间的例子中，做家务时间是被解释变量，男和女，即性别是解释变量。两组被试对象来自同样的样本称之为相依样本。两组被试对象之间无关系，即一个样本中的观测值不依赖另一个样本中的观测值称之为独立样本。研究男女做家务时间的例子中，若被试样本为家庭，则为相依样本。若被试样本男女为随机选择，则为独立样本。

---

① 《决胜全面建成小康社会，夺取新时代中国特色社会主义伟大胜利——在中国共产党第十九次全国代表大会上的报告》（2017 年 10 月 18 日）

3.4.2 总体均值的比较

两个独立样本，当各自标准差已知时，对于假设 $H_0: \mu_1 = \mu_2, H_a: \mu_1 \neq \mu_2$，有检验统计量 $z = \dfrac{\bar{x}_1 - \bar{x}_2}{\sqrt{\dfrac{\sigma_1^2}{n_1} + \dfrac{\sigma_2^2}{n_2}}}$。该检验统计量服从正态分布。

两个独立样本，当各自总体标准差相同但未知时，对于假设 $H_0: \mu_1 = \mu_2, H_a: \mu_1 \neq \mu_2$，有检验统计量 $t = \dfrac{\bar{x}_1 - \bar{x}_2}{\sqrt{\dfrac{s^2}{n_1} + \dfrac{s^2}{n_2}}}$。该检验统计量服从 t 分布。

其中 $s^2 = \dfrac{(n_1-1)s_1^2 + (n_2-1)s_2^2}{n_1 + n_2 - 2}$，$s_1^2$ 是第一个样本的方差，s_2^2 是第二个样本的方差。此 t 分布的自由度为 $n_1 + n_2 - 2$。

两个独立样本，当各自总体标准差不同但未知时，对于假设 $H_0: \mu_1 = \mu_2, H_a: \mu_1 \neq \mu_2$，有检验统计量 $t = \dfrac{\bar{x}_1 - \bar{x}_2}{\sqrt{\dfrac{s_1^2}{n_1} + \dfrac{s_2^2}{n_2}}}$。该检验统计量服从 t 分布。

其中，s_1^2 是第一个样本的方差，s_2^2 是第二个样本的方差。此 t 分布的自由度为 $\dfrac{\left(\dfrac{s_1^2}{n_1} + \dfrac{s_2^2}{n_2}\right)^2}{\dfrac{1}{n_1-1}\left(\dfrac{s_1^2}{n_1}\right)^2 + \dfrac{1}{n_2-1}\left(\dfrac{s_2^2}{n_2}\right)^2}$。

对于配对数据，两组均值之间的差异等于差异的均值 $\bar{d}$。把差异看作 n 个独立观测值，由差异的观测个数和标准差可以计算出配对样本差异的标准误 s_d。对于假设 $H_0: \mu_1 = \mu_2, H_a: \mu_1 \neq \mu_2$，有检验统计量 $t = \dfrac{\bar{d}}{\sqrt{\dfrac{s_d^2}{n}}}$。该检验统计量服从 t 分布。其中，$s_d^2$ 是差值的方差，n 是差值的个数。此 t 分布的自由度为 $n-1$。

例 3.34 宝妈用"亲宝宝"软件记录宝贝的日常生活。已知 2018 年和2019年的记录数如图3.1所示，由于2019年的10月～12月数据未统计完成，是否可以预测出2018年的月平均记录数比2019年要多？

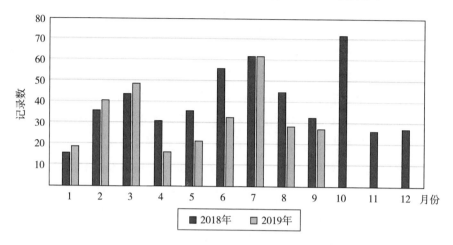

图 3.1 2018 年和 2019 年每月记录数

第一步是提出零假设和备择假设。零假设是2018年总体均值不低于2019年的总体均值，备择假设是2018年总体均值低于2019年总体均值。故建立的假设为：

$$H_0 : \mu_{2018} \geqslant \mu_{2019}$$

$$H_a : \mu_{2018} < \mu_{2019}$$

第二步是选择显著性水平。显著性水平选择为0.05。

第三步是选择检验统计量。标准差由样本估计，服从 t 分布。假设2018年和2019年的总体方差相等，则计算检验统计量 $t = \dfrac{\overline{x}_1 - \overline{x}_2}{\sqrt{\dfrac{s^2}{n_1} + \dfrac{s^2}{n_2}}}$，其中

$s^2 = \dfrac{(n_1 - 1)s_1^2 + (n_2 - 1)s_2^2}{n_1 + n_2 - 2}$，$s_1^2$ 是第一个样本的方差，s_2^2 是第二个样本的方差。算得 t = 1.036335，此 t 分布的自由度为 $n_1 + n_2 - 2 = 12 + 9 - 2 = 19$，此时 P 值为0.8434719。假设2018年和2019年的总体方差不相等，则计算

检验统计量 $t = \dfrac{\overline{x}_1 - \overline{x}_2}{\sqrt{\dfrac{s_1^2}{n_1} + \dfrac{s_2^2}{n_2}}}$，其中，$s_1^2$ 是第一个样本的方差，s_2^2 是第二个

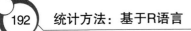

样本的方差。此 t 分布的自由度为 $\dfrac{\left(\dfrac{s_1^2}{n_1}+\dfrac{s_2^2}{n_2}\right)^2}{\dfrac{1}{n_1-1}\left(\dfrac{s_1^2}{n_1}\right)^2+\dfrac{1}{n_2-1}\left(\dfrac{s_2^2}{n_2}\right)^2}$。计算得到

检验统计量 t = 1.046862，此 t 分布的自由度为 17.98775，此时 P 值为 0.8454863。

第四步是建立决策。决策是指零假设被拒绝或不能被拒绝的具体条件。对于 $H_0:\mu_{2018}\geqslant\mu_{2019}$，$H_a:\mu_{2018}<\mu_{2019}$。显著性水平选择为 0.05，检验统计量服从 t 分布，故有临界值 - 1.69。该临界值点给出了零假设拒绝和不被拒绝区域的分界点。当由样本计算得到的检验统计量的值大于该临界点时，则不能拒绝原假设，当计算得到的检验统计量的值小于该临界点时，则拒绝原假设。该决策规则与 P 值判断的方法是一致的。

第五步是得出结论。由计算得到的检验统计量的值与临界值比较，或 P 值与选择的显著性比较，可以得到是否拒绝零假设的结论。对于该例，无论从检验统计量还是 P 值的计算，都可以得出不能拒绝原假设。

R 语句为：

a1 = c(16,36,44,31,36,56,62,45,33,71,27,28)

a2 = c(19,41,49,17,22,33,62,29,28)

t. test(record,conf. level = 0. 95 ,alternative = c("less") ,mu = 30)

s2 = (11 * var(a1) + 8 * var(a2))/19

t3 = (mean(a1) − mean(a2))/sqrt(s2/12 + s2/9)

pt(t3,19)##方差相等假设下

t3 = (mean(a1) − mean(a2))/sqrt(var(a1)/12 + var(a2)/9)

s2 = (var(a1)/12 + var(a2)/9)^2/((var(a1)/12)^2/11 + (var(a2)/9)^2/8)

pt(t3,s2)##方差不同的假设下

t. test(x = a1,y = a2,var. equal = TRUE,alternative = c("less"))##方差相同的 t 检验

```
        Two Sample t-test

data:  a1 and a2
t = 1.0363, df = 19, p-value = 0.8435
alternative hypothesis: true difference in means is less than 0
```

```
95 percent confidence interval:
    -Inf 18.90193
sample estimates:
mean of x mean of y
 40.41667  33.33333
```

t. test (x = a1 , y = a2 , var. equal = FALSE , alternative = c (" less ")) ##方差不相同的 t 检验

```
        Welch Two Sample t-test

data:  al and a2
t = 1.0469, df = 17.988, p-value = 0.8455
alternative hypothesis: true difference in means is less than 0
95 percent confidence interval:
    -Inf 18.81688
sample estimates:
mean of x mean of y
 40.41667  33.33333
```

如果按配对样本来做比较，则语句 t. test (x = a1 , y = a2 , paired = TRUE , alternative = c (" less ") 会报错。只能对 1 月到 9 月的数据进行统计。此时，2018 年与 2019 年的 1 月到 9 月记录数差值为 - 3 , - 5 , - 5 , 14 , 14 , 23 , 0 , 16 , 5，该差值的均值为 6. 555556，标准差为 10. 4536。则计算出的 t 统计量为 1. 881329。虽然 t 统计量大于临界值 qt (0. 95 , 8) = 1. 859548，但是，符号和备择假设的符号不一致，故不能拒绝原假设。计算的 P 值为 pt (1. 881329 , 8) = 0. 9516462。

R 语言为：

a1 = c (16 , 36 , 44 , 31 , 36 , 56 , 62 , 45 , 33)

a2 = c (19 , 41 , 49 , 17 , 22 , 33 , 62 , 29 , 28)

t. test (x = a1 , y = a2 , paired = TRUE , alternative = c (" less "))

```
        Paired t-test

data:  al and a2
t = 1.8813, df = 8, p-value = 0.9516
alternative hypothesis: true difference in means is less than 0
95 percent confidence interval:
    -Inf 13.03521
sample estimates:
mean of the differences
          6.555556
```

3.4.3　两样本的比例比较

两个独立样本，总体比例 P_1 和 P_2 往往未知。对于假设 $H_0 : P_1 = P_2$，

$H_a : P_1 \neq P_2$，有检验统计量 $z = \dfrac{p_1 - p_2}{\sqrt{\dfrac{p(1-p)}{n_1} + \dfrac{p(1-p)}{n_2}}}$。大样本下，该检验

统计量服从正态分布。其中 $p = \dfrac{p_1 n_1 + p_2 n_2}{n_1 + n_2}$。对于假设 $H_0 : P_1 - P_2 = d$，

$H_a : P_1 - P_2 \neq d$，有检验统计量 $z = \dfrac{p_1 - p_2 - d}{\sqrt{\dfrac{p_1(1-p_1)}{n_1} + \dfrac{p_2(1-p_2)}{n_2}}}$。在大样本

下，该检验统计量服从正态分布。

3.5 方差分析

对于不同类型的被解释变量和解释变量，通常分析方法如表 3.6 所示。

表 3.6 不同类型的被解释变量和解释变量的分析方法

被解释变量 y	解释变量 x	统计方法
定性变量	定性变量	列联表
定量变量	定量变量	回归、相关性分析
定量变量	定性变量	方差分析

学习要点

1. F 分布的特征
2. 假设检验两个总体的方差是否相等
3. 方差分析的假设和检验步骤

3.5.1 F 分布

F 分布是以现代统计学的奠基人之一 R. Fisher 的名字命名的。F 分布可以作为以下两个假设检验的检验统计量：

（1）两个总体的方差是否相等。

（2）多个总体的均值是否相等。

F 分布的特征：

（1）F 分布是一族分布，由两个参数确定。

（2）F 分布是连续型概率分布。

（3）F 分布取值范围是 0 到正无穷。

（4）F 分布是典型的右偏分布，长尾在右边。随着分子和分母自由度的增加，F 分布近似为正态分布。

（5）F 分布是渐近分布。随着 X 的增加，F 曲线趋向于 X 轴，但不与 X 轴相交。

3.5.2 比较两个总体的方差

在用 t 检验来检验两个独立总体的均值是否相等时，总是假定这两个总体的方差相等。F 分布对两个总体方差是否相等提供了假设检验方法。第一步是提出零假设和备择假设。若要检验两个总体方差相等，原假设和备择假设为：

$$H_0 : \sigma_1^2 = \sigma_2^2$$
$$H_1 : \sigma_1^2 \neq \sigma_2^2$$

第二步是选择显著性水平。显著性水平必须在建立决策、收集样本数据之前做出，通常为 0.05、0.01、0.1 等。

第三步是选择检验统计量。检验统计量为 $F = \dfrac{s_1^2}{s_2^2}$，其中 s_1^2 和 s_2^2 是样本方差。检验统计量的自由度为 $n_1 - 1$ 和 $n_2 - 1$，其中 n_1 和 n_2 分别是两个样本的总个数。

第四步是建立决策。决策是指零假设被拒绝或不能被拒绝的具体条件。对于双侧检验，需要将选定的显著性除以 2，结合自由度，得到上下临界值。若检验统计量的计算值落入此区间，则不能拒绝原假设。对于单侧检验，则不需要将选定的显著性除以 2。若检验统计量的计算值落入备择假设方向，则拒绝原假设。也可以利用 P 值来判断。当 P 值小于显著性水平，则拒绝原假设。P 值越小，则反对 H_0 的证据越强。

第五步是得出结论。由计算得到的检验统计量的值与临界值比较，或

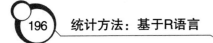

P 值与选择的显著性比较，可以得到是否拒绝零假设的结论。

例 3.35   两位宝妈用"亲宝宝"软件记录宝贝的日常生活。已知从 2016 年 1 月至 2019 年 9 月每月的记录数如表 3.7 和表 3.8 所示，则这两位宝妈用该软件记录宝宝日常生活的习惯一样吗？即记录频数的方差是否相同？

表 3.7 宝妈一亲宝宝中的记录数

年份	1 月	2 月	3 月	4 月	5 月	6 月	7 月	8 月	9 月	10 月	11 月	12 月
2017	20	38	20	22	27	23	16	15	17	19	18	16
2018	16	36	44	31	36	56	62	45	33	71	27	28
2019	19	41	49	17	22	33	62	29	28			

表 3.8 宝妈二亲宝宝中的记录数

年份	1 月	2 月	3 月	4 月	5 月	6 月	7 月	8 月	9 月	10 月	11 月	12 月
2016	3	40	57	46	82	43	39	36	33	44	67	50
2017	97	48	67	57	51	39	71	64	27	135	66	68
2018	81	93	82	85	72	72	220	32	30	149	80	155
2019	73	111	78	112	185	117	129	134	101			

第一步是提出零假设和备择假设。若要检验两个总体方差相等，原假设和备择假设为：

$$H_0 : \sigma_1^2 = \sigma_2^2$$
$$H_1 : \sigma_1^2 \neq \sigma_2^2$$

第二步是选择显著性水平。显著性水平选为 0.05。

第三步是选择检验统计量。检验统计量为 $F = \dfrac{s_1^2}{s_2^2}$，其中 s_1^2 为宝妈一的记录数方差 229.3712，s_2^2 为宝妈二的记录数方差 1931.598。检验统计量的自由度分别为 32 和 44，由样本值计算得到的检验统计量值为 0.1187。

第四步是建立决策。决策是指零假设被拒绝或不能被拒绝的具体条件。对于双侧检验，需要将选定的显著性除以 2，结合自由度，得到 qf (0.975,32,44) = 1.891055，qf(0.025,32,44) = 0.511092。若检验统计量的计算值没有落入此区间，则拒绝原假设。在该假设检验下，P 值非常小，强烈拒绝原假设。进一步的，对于单侧检验：

$$H_0 : \sigma_1^2 \leqslant \sigma_2^2$$

$$H_1 : \sigma_1^2 > \sigma_2^2$$

对于显著性水平 0.05，临界值为 1.705583，若检验统计量的计算值小于该临界值，则不能拒绝原假设。此时，P 值接近为 1。

第五步是得出结论。该两位宝妈的记录数方差不一样，即记录行为不一致，且第一位宝妈的记录数方差相对较小，每月记录数相对而言保持稳定，可能与其职业性质不同有关。

R 语句为：

record1 < − c(20,38,20,22,27,23,16,15,17,19,18,16,16,36,44,31, 36,56,62,45,33,71,27,28,19,41,49,17,22,33,62,29,28)

record2 < − c(3,40,57,46,82,43,39,36,33,44,67,50,97,48,67,57, 51,39,71,64,27,135,66,68,81,93,82,85,72,72,220,32,30,149,80,155, 73,111,78,112,185,117,129,134,101)

f = var(record1)/var(record2)

2 * pf(f,32,44)

var. test(record1, record2, alternative = " two. sided")

```
        F test to compare two variances

data:  record1 and record2
F = 0.11875, num df = 32, denom df = 44, p-value = 1.286e-08
alternative hypothesis: true ratio of variances is not equal to 1
95 percent confidence interval:
 0.06279399 0.23233950
sample estimates:
ratio of variances
        0.1187469
```

var. test(record1, record2, alternative = " greater")

```
        F test to compare two variances

data:  record1 and record2
F = 0.11875, num df = 32, denom df = 44, p-value = 1
alternative hypothesis: true ratio of variances is greater than 1
95 percent confidence interval:
 0.06962246        Inf
sample estimates:
ratio of variances
        0.1187469
```

3.5.3 方差分析

F 分布可以检验 3 个或 3 个以上总体的均值是否相等，该过程称之为方差分析（ANOVA）。要对 3 个或 3 个以上总体的均值进行方差分析，则需要假定总体满足如下条件。

（1）总体服从正态分布；

（2）总体方差相等；

（3）总体相互独立。

当以上条件满足时，可以进行方差分析。

为什么要用方差分析来检验多个均值相等，而不用之前讨论的两两均值比较的方法去检验？若用 t 分布来比较 3 个总体的均值是否相等，则需要进行 3 次 t 检验。若选择 0.05 的显著性假设，则每一次检验不犯第一类错误的概率为 0.95，三次检验不犯第一类错误的概率为 $0.95\char`^3 = 0.8573$。至少有一次犯第一类错误的概率为 $1 - 0.8573 = 0.1427$。故如果使用 t 分布来做两两比较的话，第一类错误概率由 0.05 上升到 0.1427。方差分析则可以同时比较多个均值，且能避免第一类错误概率的叠加。

为什么将多个总体均值的比较方法称为方差分析？因为方差分析使用的 F 检验统计量是两个方差估计的比。

$$F \text{ 检验统计量} = \frac{\text{组间方差估计}}{\text{组内方差估计}}$$

当原假设为真时，组间方差估计和组内方差估计非常接近，此时，F 检验统计量接近 1。当原假设为假时，F 检验统计量大于 1。F 检验统计量值越大，则 P 值越小。P 值是 F 分布右尾的概率。

表 3.9 为 F 检验统计量中的符号和含义。

表 3.9　　　　　　　　F 检验统计量中的符号和含义

组别	组内个数	取值	均值	标准差
第 1 组	n_1	y_{11}，y_{12}，$\cdots$，y_{1n_1}	$\bar{y}_1$	s_1
第 2 组	n_2	y_{21}，y_{22}，$\cdots$，y_{2n_2}	$\bar{y}_2$	s_2
第 3 组	n_3	y_{31}，y_{32}，$\cdots$，y_{3n_3}	$\bar{y}_3$	s_3
$\vdots$	$\vdots$	$\cdots$	$\vdots$	$\vdots$
第 g 组	n_g	y_{g1}，y_{g2}，$\cdots$，y_{gn_g}	$\bar{y}_g$	s_g

$$组间方差估计为：\frac{\sum\limits_{i=1}^{g} n_i(\bar{y}_i - \bar{y})^2}{g-1}，组内方差估计为：\frac{\sum\limits_{i=1}^{g}(n_i-1)s_i^2}{\sum\limits_{i=1}^{g} n_i - g}，$$

其中，组间方差估计和组内方差估计的分母为 F 检验统计量的自由度。

例3.36 三位宝妈用"亲宝宝"软件记录宝贝的日常生活。已知从 2016 年 1 月至 2019 年 9 月每月的记录数如表 3.10、表 3.11、表 3.12 所示，则这三位宝妈平均每月的记录数一致吗？

表 3.10　　　　　　　宝妈一亲宝宝中的记录数

年份	1 月	2 月	3 月	4 月	5 月	6 月	7 月	8 月	9 月	10 月	11 月	12 月
2017	20	38	20	22	27	23	16	15	17	19	18	16
2018	16	36	44	31	36	56	62	45	33	71	27	28
2019	19	41	49	17	22	33	62	29	28			

表 3.11　　　　　　　宝妈二亲宝宝中的记录数

年份	1 月	2 月	3 月	4 月	5 月	6 月	7 月	8 月	9 月	10 月	11 月	12 月
2016	3	40	57	46	82	43	39	36	33	44	67	50
2017	97	48	67	57	51	39	71	64	27	135	66	68
2018	81	93	82	85	72	72	220	32	30	149	80	155
2019	73	111	78	112	185	117	129	134	101			

表 3.12　　　　　　　宝妈三亲宝宝中的记录数

年份	1 月	2 月	3 月	4 月	5 月	6 月	7 月	8 月	9 月	10 月	11 月	12 月
2018						31	20	21	18	8	15	20
2019	21	20	23	20	22	20	12	15	15	12		

第一步是提出零假设和备择假设。若要检验两个总体均值相等，原假设和备择假设分别为：$H_0: \mu_1 = \mu_2 = \mu_3$，$H_1$：至少存在两个总体均值不相等。

第二步是选择显著性水平。显著性水平选为 0.05。

第三步是选择检验统计量。检验统计量为 F 统计量，其中 $g = 3$，$n_1 = 33$，$n_2 = 45$，$n_3 = 17$，$\bar{y} = 51.26316$，$\bar{y}_1 = 31.39394$，$\bar{y}_2 = 78.24444$，

$\bar{y}_3 = 18.41176$，$s_1^2 = 229.3712$，$s_2^2 = 1931.598$，$s_3^2 = 27.75735$。组间方差估计量为32067.06，组内方差估计量为1008.416，自由度为2，92。则由样本值计算得到的检验统计量值为31.8。

第四步是建立决策。决策是指零假设被拒绝或不能被拒绝的具体条件。计算出来的值31.8，远远大于0.05显著性水平下的临界值 $qf(0.95, 2, 92) = 3.095433$。或计算右尾的概率为 $1 - pf(31.8, 2, 92) = 3.175404e - 11$，P值很小，拒绝原假设。

第五步是得出结论。三位宝妈的记录均值不一样，即记录行为不一致。

R 语句为：

record1 < -c(20,38,20,22,27,23,16,15,17,19,18,16,16,36,44,31,36,56,62,45,33,71,27,28,19,41,49,17,22,33,62,29,28)

record2 < -c(3,40,57,46,82,43,39,36,33,44,67,50,97,48,67,57,51,39,71,64,27,135,66,68,81,93,82,85,72,72,220,32,30,149,80,155,73,111,78,112,185,117,129,134,101)

record3 < -c(31,20,21,18,8,15,20,21,20,23,20,22,20,12,15,15,12)

x = c(record1, record2, record3)

n1 = length(record1)

n2 = length(record2)

n3 = length(record3)

A = factor(rep(1:3, c(n1, n2, n3)))

z = data.frame(x, A)

F = aov(x ~ A, z)

summary(F)

```
          Df Sum Sq Mean Sq F value   Pr(>F)
A          2  64134   32067    31.8 3.18e-11 ***
Residuals 92  92774    1008
---
Signif. codes:  0 '***' 0.001 '**' 0.01 '*' 0.05 '.' 0.1 ' ' 1
```

第4章

线性回归方程

4.1 什么是回归分析

第 1 章将介绍计量经济学如何用回归分析这一方法描述商品需求量与价格之间的关系。我们知道降低商品价格可以提高销售量。通过回归分析，可以确切告诉我们，商品价格降低 1 元将促进多大幅度的商品销售量。

4.1.1 概念

计量经济学是经济学的一个分支学科，它对实际经济和商业现象进行数量度量和分析。具体研究内容包括如下三点。第一，对经济现象进行描述。第二，对经济理论假设进行检验。第三，对未来经济活动走势进行预测。

回归分析是一种统计方法，它通过一个方程的量化来解释被解释变量如何随一系列解释变量的变动而变动，即，

$$Q = f(P_1, P_2, P_3)$$

其中，Q 称为被解释变量，P_1, P_2, P_3 称为解释变量，也称为自变量。

在商品需求量例子里，被解释变量 Q 为商品需求量，解释变量 P_1 为

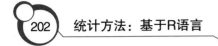

价格，解释变量 P_2 为替代品价格，解释变量 P_3 可以是收入。请问，还可以有哪些解释变量与商品需求量相关？

【教学活动 4-1】请给出两个变量相关的例子。

注意，回归关系不能证明因果关系，只能检验相关数量关系的强度和方向。如何表示？数量关系的强度由回归系数的数量来表示，数量关系的方向由回归系数的正负来表示。

4.1.2　单方程线性模型

最简单的单方程线性模型：

$$Y = \beta_0 + \beta_1 X \tag{4.1}$$

其中，β_1 是回归分析关注的重点，称为斜率参数，表示解释变量每增加 1 个单位引起的被解释变量的变化量。β_1 给出了数量关系的强度和方向。

方程（4.1）称为线性模型，即被解释变量 Y 关于解释变量 X 的函数图象是一条直线。

当理论方程为非线性时，比如：

$$Y = \beta_0 + \beta_1 X^2 \tag{4.2}$$

进行回归分析时，首先应将方程变换成线性方程。即假定 $Z = X^2$，则方程（4.2）变为：

$$Y = \beta_0 + \beta_1 Z \tag{4.3}$$

然后再进行回归分析。

4.1.3　随机误差项

被解释变量 Y 的变化除了受解释变量 X 的影响之外，还有可能受到的影响有：已忽略的影响因素；数据的测量误差；错误的函数形式；纯粹随机因素或完全无法预料的未知因素等。所以，回归方程要引入随机误差项。

随机误差项代表回归方程中除了已有解释变量外所有的其他影响因素。用符号"ε"来表示。

在单方程线性函数（4.1）中加入随机误差项后，就成为了一个典型的回归方程：

$$Y = \beta_0 + \beta_1 X + \varepsilon \tag{4.4}$$

回归方程由两部分组成，即确定部分和随机部分。

确定部分可以表示为在 X 下对 Y 的条件期望，即 $E(Y \mid X) = \beta_0 + \beta_1 X$。此时，随机误差项可以写成 $\varepsilon = Y - E(Y \mid X)$。

4.1.4　回归方程的估计

当有 N 个观测值时，添加下标表示个体观测值，此时，有：

$$Y_i = \beta_0 + \beta_1 X_i + \varepsilon_i, i = 1, 2, \cdots, N$$

此时，一个观测值建立一个方程，可形成 N 个方程，但是，系数 β_0 和 β_1 是相同的，Y_i、X_i、ε_i 对不同观测值是不同的。

更一般的，对于多元线性回归模型，即解释变量大于 1 个的模型，

$$Y_i = \beta_0 + \beta_1 X_{1i} + \beta_2 X_{2i} + \varepsilon_i, i = 1, 2, \cdots, N$$

任意一个回归系数表明，当其他解释变量保持不变时，某个解释变量变动 1 个单位引起的被解释变量的变化。

对于下标的写法，一般有以下形式：

（1）下标"i"用以区分不同的个体，数据常称为截面数据；

（2）下标"t"用以区分不同时期的同一个体，数据常称为时间序列数据。

（3）小标"it"用以区分不同时期不同个体的数据，数据常称为面板数据。

例 4.1　考虑工资（WAGE）的影响因素，有工作年限（EXP）、教育年限（EDU）、性别（GEND，男性取 1，女性取 0）

考虑工人个体的工资影响因素，则可建立模型：

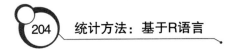

$$\text{WAGE}_i = \beta_0 + \beta_1 \, \text{EXP}_i + \beta_2 \, \text{EDU}_i + \beta_3 \, \text{GEND}_i + \varepsilon_i$$

考虑工人个体从 2000 年至今的月工资变动的影响因素，则可建立模型：

$$\text{WAGE}_t = \beta_0 + \beta_1 \, \text{EXP}_t + \beta_2 \, \text{EDU}_t + \beta_3 \, \text{GEND}_t + \varepsilon_t$$

对于一个工厂内，考虑所有工人从入职至今的月工资影响因素，则可建立模型：

$$\text{WAGE}_{it} = \beta_0 + \beta_1 \, \text{EXP}_{it} + \beta_2 \, \text{EDU}_{it} + \beta_3 \, \text{GEND}_{it} + \varepsilon_{it}$$

对于例 4.1，请思考：（1）系数 β_1 的具体含义是什么？（2）β_2 的具体含义是什么？（3）β_3 的具体含义是什么？（4）还可以考虑其他哪些解释变量？

到目前为止，讨论的回归方程都是"真实的"，即理论上未知的回归方程，或称之为总体。对应于"真实的""总体"回归模型，是"估计的""样本"回归模型。即使用统计方法，可以得到理论回归模型（4.4）的估计结果：

$$\hat{Y}_i = \hat{\beta}_0 + \hat{\beta}_1 X_i$$

即估计结果在书写上多了一顶"帽子"，读作"尖"。使用不同的样本，将得到不同的估计参数。把第 i 组观测值 X_i 代入方程得到 $\hat{Y}_i$，$\hat{Y}_i$ 就是 Y_i 的估计值。$\hat{Y}_i$ 与观测值 Y_i 越接近，则回归方程的拟合程度就越好。同时，估计的残差项就越小，通常用 e_i 来表示残差项，即 $e_i = Y_i - \hat{Y}_i$。请注意残差项与随机误差项概念以及数学表达式的区别。请思考：（1）随机误差项是否可以被观测到？（2）残差项是否可以被观测计算？

4.2 | 普通最小二乘法

第 4.1 节讲述了运用回归分析得到计量结果。本节将学习回归分析的机理，即如何得到回归方程的估计和如何判断回归模型的优劣？

4.2.1 估计单方程线性模型

对于单方程线性模型

$$Y_i = \beta_0 + \beta_1 X_i + \varepsilon_i, \tag{4.5}$$

通过使用样本数据可以得到估计结果：

$$\hat{Y}_i = \hat{\beta}_0 + \hat{\beta}_1 X_i \tag{4.6}$$

再次强调式（4.5）是理论式子，式（4.6）是经验估计的结果。

那么，现在的问题是如何得到式（4.6）？

我们知道各样本点的残差为真实值和估计值之差，即，

$$e_i = Y_i - \hat{Y}_i$$

e_i 越小，则拟合度越好。

普通最小二乘估计（OLS）就是找到 $\hat{\beta}_0$、$\hat{\beta}_1$ 使得残差平方和最小，即，

$$\min \sum_{i=1}^{n} e_i^2$$

为什么使用最小二乘估计法？

原因有几点：第一，相对简单；第二，最小化残差平方的目的，理论上是希望估计的回归方程与各观测值尽可能接近，符合直观解释；第三，最小二乘估计量有许多有用的性质，比如残差之和为 0，在满足一定的条件下，最小二乘估计法得到的估计量是"最优的"。

最小二乘估计的系数估计值表达式为：

$$\hat{\beta}_1 = \frac{\sum_{i=1}^{n} [(x_i - \bar{x})(y_i - \bar{y})]}{\sum_{i=1}^{n} (x_i - \bar{x})^2}$$

$$\hat{\beta}_0 = \bar{y} - \hat{\beta}_1 \bar{x}$$

其中，$\bar{x} = \sum x_i / n$，$\bar{y} = \sum y_i / n$。

习题：试着推导最小二乘估计的系数估计值表达式。

令：

$$L = \sum_{i=1}^{n} e_i^2$$

$$= \sum_{i=1}^{n} (Y_i - \hat{\beta}_0 - \hat{\beta}_1 X_i)^2$$

导数为 0，得极值点。联合方程可以得到最小二乘估计的系数估计值表达式。

由 $\hat{\beta}_0 = \bar{y} - \hat{\beta}_1 \bar{x}$，可知样本均值点在拟合曲线上。

4.2.2 估计多元回归模型

以二元回归方程为例：

$$Y_i = \beta_0 + \beta_1 X_{1i} + \beta_2 X_{2i} + \varepsilon_i$$

最小二乘估计法是使残差平方和最小，即，

$$\min \sum_{i=1}^{n} (Y_i - \hat{\beta}_0 - \hat{\beta}_1 X_{1i} - \hat{\beta}_2 X_{2i})^2$$

4.2.3 方差分解

真实值和平方值的离差平方和称为总离差平方和（TSS），TSS = $\sum (Y_i - \bar{Y})^2$。

估计值和真实值的离差平方和称为残差平方和（RSS），RSS = $\sum (Y_i - \hat{Y}_i)^2$。

估计值和平均值的离差平方和称为回归离差平方和（ESS），ESS = $\sum (\hat{Y}_i - \bar{Y})^2$。

进行方差分解，可以得到 $\sum (Y_i - \bar{Y})^2 = \sum (Y_i - \hat{Y}_i)^2 + \sum (\hat{Y}_i - \bar{Y})^2$，即 TSS = RSS + ESS. 思考：方差分解为什么成立？由这个式子可以看出

什么？

RSS 相对 TSS 越小，则估计得越好。

4.2.4 拟合优度

回归方程的质量可以通过以下几点来评估。

（1）方程是否得到理论的支持？

（2）估计结果对数据的拟合优度如何？

（3）数据集是否足够大、足够精确？

（4）最小二乘估计是用于该方程的最优估计吗？

（5）估计的结果与研究者的预期一致？

（6）是否所有重要的解释变量都包含在方程中了？

（7）是否采用了理论上符合逻辑的函数形式？

（8）回归结果是否避免了计量经济学模型的主要问题？

拟合优度检验即检验回归得到的估计方程与样本数据的拟合程度检验。最简单的拟合度衡量指标是判断系数 R^2，$R^2 = \dfrac{\text{ESS}}{\text{TSS}}$。当解释变量与被解释变量不相关时，$R^2 = 0$；当完全拟合时，此时所有样本点在回归直线上，则 $R^2 = 1$。

R^2 越接近 1，则拟合程度越好。但是，并不是 R^2 越高越好，要根据经验和理论来判断。一般来讲，$R^2 \geqslant 0.5$，就可以算拟合程度较高。

另外，由 $\text{ESS} = \sum (\hat{Y}_i - \bar{Y})^2 = \sum (\hat{Y}_i - \bar{\hat{Y}}_i)^2$，得知 R^2 的分子为估计模型的方差，分母为总体变量的方差，故 R^2 可以解释为估计模型的方差占总体方差的百分比，即总体的不确定性有多大百分比可以由估计模型来衡量。

简单相关系数 r 是衡量两个变量间线性关系强弱和方向的指标。$-1 \leqslant r \leqslant 1$，r 的绝对值越接近 1，则两个变量间相关性越强。当两个变量是严格正相关时，则 $r = 1$；当两个变量严格负相关时，则 $r = -1$；当两个变量完全不相关时，则 $r = 0$。

判定系数 R^2 存在的主要问题是，随着解释变量的增加，该系数一定

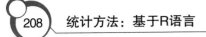
增加，即该系数不能很好地解释新增变量的合理性。

一个替代的方法是使用调整的判定系数 $\bar{R}^2$，

$$\bar{R}^2 = 1 - \frac{\sum (Y_i - \hat{Y}_i)^2/(n-k-1)}{\sum (\hat{Y}_i - \bar{Y})^2/(n-1)}$$

这里，自由度为 $n-k-1$，n 为样本个数，k 为解释变量个数，即 $k+1$ 为待估参数个数（这里为什么加 1？）。

在使用判定系数或调整的判定系数时，要注意以下几点：

（1）拟合优度只是衡量回归总体质量的指标之一；

（2）参数估计值要符合经济理论和预期；

（3）参数估计值的符号要合理，否则估计方程没有用。

思考：有同学说，判定系数不是衡量一个回归方程质量的绝佳指标，因为方程中增加一个变量时它总会增大。但若使用经自由度调整后的判定系数，则调整的判定系数值越大，方程越合理。指出该思想的错误之处。

4.3 | 古典模型

前一章解释了如何用最小二乘估计法得到回归的估计值。这里再次强调回归模型不是只追求拟合优度，符合模型假设、理论预期和解释变量间的逻辑关系才是最重要的。只有当一些模型假设成立时，最小二乘估计法才是最优的。若是有某个或多个假设不成立，则应考虑其他估计方法，将结果作比较，然后得到最优估计。

4.3.1 古典假设

古典误差假设是指：（1）回归模型是线性的，模型设定无误，且只包含一个误差项。（2）误差项均值为 0。（3）解释变量与误差项不相关，即不存在内生性问题。（4）误差项观测值不相关，即不存在序列相关性。（5）误差项具有同方差，即不存在异方差。（6）任何一个解释变量都不是其他解释变量的完全线性函数。如果误差项还满足正态分布的假设，则称该误差项为古典正态误差项。思考：请将条件中的叙述转换为符号（此为古典假设1）。

回归模型是线性的，即假设总体方程对待估参数而言是线性的。比如，

$$Y_i = \beta_0 + \beta_1 X_{1i} + \beta_2 X_{2i} + \cdots + \beta_k X_{ki} + \varepsilon_i$$

$$Y_i = \beta_0 + \beta_1 X_{1i}^2 + \beta_2 X_{2i}^2 + \cdots + \beta_k X_{ki}^2 + \varepsilon_i$$

提问：$Y_i = e^{\beta_0} X_i^{\beta_1} e^{\varepsilon_i}$，经过怎样的变化能变成线性的？取对数后，对两个待估参数而言仍为线性。

此外，模型还有满足方程的设定无误，即方程无遗漏变量，函数形式正确。方程中只含有一个随机误差项，且误差项以相加的形式加入方程，而不是与方程中的任意变量相乘或相除。

误差项的均值为0。误差项是不能被模型解释的部分，可以看作是从随机变量分布中抽取的。若误差项的均值不为0，则常数项的存在可以弥补。

例4.2

$$Y_i = \beta_0 + \beta_1 X_i + \varepsilon_i$$

若 $E(\varepsilon_i) = 3$，则 $E(\varepsilon_i - 3) = 0$。

新方程为：

$$Y_i = (\beta_0 + 3) + \beta_1 X_i + (\varepsilon_i - 3)$$

此时，新方程也满足古典假设2。

解释变量与误差项不相关，即观测值与误差项相互独立。考虑方程

$$Y_i = \beta_0 + \beta_1 X_{1i} + \beta_2 X_{2i} + \varepsilon_i$$

带来的偏误，如果 X_{1i} 与误差项正相关，则 β_1 偏高，即比 X_{1i} 与误差项无关时估计值要大，普通最小二乘估计法把由随机误差项引起的被解释变量的变化归因于解释变量 X_{1i}。

观测值与误差项相关可能是模型中忽略了其他重要的解释变量，如设定模型为：

$$Y_i = \beta_0 + \beta_1 X_{1i} + \varepsilon_i$$

此时，$\varepsilon_i = \beta_2 X_{2i} + \varepsilon_i$，若解释变量 X_{1i} 与遗漏变量 X_{2i} 相关，则 ε_i 与 X_{1i} 相关，违背古典假设 3。

误差项观测值不相关。即误差项的各观测值相互独立抽取。所谓相关，是指当 ε_t 为正，则下一期的误差观测值为正的概率会增加。

在时间序列中，古典假设 4 表明当期的误差项取值不会以任何方式影响它在其他观测期的取值。如果当期的误差项与下一期的误差项相关，则称误差项序列相关，或称自相关。如洪水等自然灾害会在较长时间内对当地产生影响。

误差项同方差的假设是指误差项的观测值是从方差不变的分布中抽取的。如果违背古典假设 5，则称为异方差性。例如，大城市和小城市做比较，大城市贫富差距大，随机误差项的波动大，小地方贫富差距相对较小，则方差较小。

古典假设 6 要求解释变量间没有完全的线性关系。如果两个变量存在完全共线性，则可能是相同的变量，或一个变量是另一个变量的倍数，或两个变量间差一个常数，或某个变量为两个变量的和。

如果存在完全共线性，则去掉一个变量。比如同时考虑商店的年度营业额与营业税；收入与个人所得税等，必须去掉一个变量。

古典正态误差项假设误差项服从均值为 0，方差相同的正态分布。但是，古典假设 7 对于普通二乘估计法而言不是必需的。那为什么考虑古典正态误差项的假设？由中心极限定理可知，误差项是由许多微小影响因素的和，当影响因素数量增多，误差项的分布接近于正态分布。在做假设检验时，t 统计量和 F 统计量的前提假设就是误差项服从正态分布。

4.3.2　高斯–马尔科夫定理

对于不同的样本，估计出来的模型参数是不一样的。在给定古典假设 1~6 的条件下，在对参数的所有线性无偏估计量中，普通最小二乘估计法得到的估计量是方差最小的（试证明它！）。所谓的 OLS 是 BLUE（Best，Liner，Unbiased，Estimator），最优指的是方差最小。

　　要证明普通最小二乘估计得到的估计量是所有线性无偏估计量中方差最小的，需要证明三件事情。

　　（1）普通最小二乘估计量是线性的。

　　（2）普通最小二乘估计量是无偏的。

　　（3）普通最小二乘估计量是最优的，即在所有线性估计量中方差最小。

　　下面以单方程线性模型为例进行证明。

　　对于，

$$Y_i = \beta_0 + \beta_1 X_i + \varepsilon_i$$

　　（1）线性。由于，

$$\hat{\beta}_1 = \frac{\sum_{i=1}^{n} [(x_i - \bar{x})(y_i - \bar{y})]}{\sum_{i=1}^{n} (x_i - \bar{x})^2}$$

$$= \frac{\sum_{i=1}^{n} (x_i - \bar{x}) y_i}{\sum_{i=1}^{n} (x_i - \bar{x})^2}$$

令 $k_i = \dfrac{(x_i - \bar{x})}{\sum_{i=1}^{n} (x_i - \bar{x})^2}$，则 $\hat{\beta}_1 = \sum k_i y_i$，$\sum k_i = 0$，$\sum k_i x_i = 1$。

同理，

$$\hat{\beta}_0 = \bar{y} - \hat{\beta}_1 \bar{x}$$

$$= \sum w_i y_i$$

其中，$w_i = \dfrac{1}{n} - \bar{x} k_i$，则 $\sum w_i = 1$，$\sum w_i x_i = 0$。

　　（2）无偏性。

$$E\,\hat{\beta}_1 = E(\sum k_i y_i)$$

$$= E[\sum k_i (\beta_0 + \beta_1 x_i + \varepsilon_i)]$$

$$= \beta_0 E(\sum k_i) + \beta_1 E(\sum k_i x_i) + E(\sum \varepsilon_i)$$

$$= \beta_1$$

$$E\,\hat{\beta}_0 = E(\sum w_i y_i)$$

$$= \beta_0$$

（3）在所有线性无偏估计量中方差最小。即假设 $\tilde{\beta}_1$ 是 β_1 的一个线性无偏估计量。且记 $\tilde{\beta}_1 = \sum (k_i + \theta_i) y_i$。

由线性无偏性，$E\,\tilde{\beta}_1 = \beta_1$，知，

$$\sum \theta_i = 0, \sum \theta_i x_i = 0, \sum k_i \theta_i = \sum \frac{(x_i - \bar{x})}{\sum\limits_{i=1}^{n} (x_i - \bar{x})^2}\theta_i = 0,$$

则方差为：

$$VAR(\tilde{\beta}_1) = VAR(\sum (k_i + \theta_i) y_i)$$

$$= \sum (k_i + \theta_i)^2 VAR(y_i)$$

$$= \sum (k_i^2 + \theta_i^2) VAR(y_i)$$

$$\geqslant \sum k_i^2 VAR(y_i)$$

$\hat{\beta}_0$ 证明类似。

4.4 | 模型设定

当任何一个方程被估计之前，方程应当被正确设定。设定一个计量经济模型由三个部分组成：解释变量、函数形式、随机误差项形式。设定误差是指当模型设定三个部分中的任意一点未被满足时，设定误差就会产生。

4.4.1 遗漏相关变量

本章节将学习如何判断遗漏相关变量和相应的处理办法。即方程设定违背古典假设 3 时，导致的后果以及处理的方式。当没有考虑到或数据无

法得到，则会引起相关解释变量被遗漏。

若原方程为：

$$Y_i = \beta_0 + \beta_1 X_{1i} + \beta_2 X_{2i} + \varepsilon_i$$

若遗漏变量 X_{2i}，则，

$$Y_i = \beta_0 + \beta_1 X_{1i} + \mu_i$$

的估计结果为：

$$\hat{Y}_i = \hat{\beta}_0 + \hat{\beta}_1 X_{1i}$$

此时，$\mu_i = \beta_2 X_{2i} + \varepsilon_i$，若解释变量 X_{1i} 与遗漏变量 X_{2i} 相关，则 μ_i 与 X_{1i} 相关，违背古典假设 3。则高斯 – 马尔科夫定理不成立，即普通最小二乘估计量不再是方差最小的线性无偏估计。那么，此时的参数估计是否无偏？

由于解释变量 X_{1i} 与遗漏变量 X_{2i} 相关，设：

$$X_{2i} = \alpha_0 + \alpha_1 X_{1i} + u_i$$

代入原方程，得：

$$Y_i = \beta_0 + \beta_1 X_{1i} + \beta_2 (\alpha_0 + \alpha_1 X_{1i} + u_i) + \varepsilon_i$$

给定 X_{1i} 后取期望，有：

$$E(Y_i \mid X_{1i}) = \beta_0 + \beta_1 X_{1i} + \beta_2 (\alpha_0 + \alpha_1 X_{1i})$$

于是，$E(\hat{\beta}_1) = \beta_1 + \beta_2 \alpha_1$。

新的参数估计量期望不再等于 β_1。故遗漏变量将得到有偏的估计量。偏误为 $\beta_2 \alpha_1$，即遗漏的解释变量对被解释变量的影响与遗漏解释变量和已含解释变量相关系数的函数的乘积。

偏误在以下两种情况下为 0，一是遗漏变量的真实回归参数为 0，二是遗漏变量与在模型中的解释变量不相关。

例 4.3 考虑鸡肉消费量，其影响因素有鸡肉价格、牛肉价格、收入水平等。若遗漏牛肉价格，因为牛肉价格与鸡肉价格为正相关，牛肉价格与收入水平正相关，牛肉价格对鸡肉消费量的回归参数为正，故对鸡肉价格参数偏误为正，对收入水平参数的偏误也为正。遗漏牛肉价格的模型得到的参数偏大。

要解决遗漏解释变量造成的设定误差理论上只要将遗漏的解释变量加入方程即可。但是，不幸的是，事实没有这么简单。遗漏的解释变量很难被识别出来，且太多的相关变量会降低估计的精确性。通过加入变量来修正方程，虽然可以得到在已有样本下的较好估计，但对于总体而言并不是很有效。

4.4.2 不相关变量

考虑模型：

$$Y_i = \beta_0 + \beta_1 X_{1i} + \beta_2 X_{2i} + \varepsilon_i$$

其中，X_{2i} 为不相关变量。真实回归参数 β_2 为 0，此时，得到 $E(\hat{\beta}_1) = \beta_1$。但是，被估计参数估计量的方差增大，从而 t 统计量降低，调整后的判定系数也降低。

例4.4 考虑鸡肉消费量，其影响因素有鸡肉价格、牛肉价格、收入水平等。此时，加入温度变化这一解释变量，重新得到估计方程。则加入温度后，其他三个变量的参数没有发生变化，但是方程拟合优度降低，被估计参数的估计量方差不变或增大，且温度变化这一解释变量的 t 统计量很小，并非显著异于 0。

模型设定的四个重要标准，即判断一个解释变量是否属于该方程有以下四条标准。第一，依靠理论。即方程中的变量是否有明确的理论意义？第二，看 t 检验结果。即变量的估计参数是否显著？第三，调整的判定系数。加入变量后，拟合优度是否改变？第四，看偏误。即变量加入后，其他变量的参数估计值是否发生显著变化？

满足以上四个条件时，则该变量应当包含进入模型中。如果没有一个条件满足，则模型中不能包含该变量。如果仅满足部分条件，则需要研究者作出决定。如果遗漏的是相关变量，则加入后，调整的判定系数增加，且至少改变一个其他参数。如果遗漏的变量不相关，则加入后，调整的判定系数减小，且其他变量基本不变。四个准则要综合考虑，其中，理论是判断的重要准则。另外，还有 AIC（Akaike's Information Criterion，称之为赤池信息准则）和 SC（Schwarz Criterion，称之为施瓦茨准则）可以辅助判断。一般而言，AIC 与 SC 的值越小，模型设定越好。AIC 和 SC 计算公式如下所示。

$$AIC = \log(RSS/N) + 2(K+1)/N$$

$$SC = \log(RSS/N) + \log N \times (K+1)/N$$

这一章节学习了变量的选择，下一章节将学习解释变量与被解释变量之间的关系，即函数形式的选择。若选择不准确的函数形式，则正确的解释变量可能会变得不显著或符号与预期不符，导致解释或预测不准确。

4.4.3　常数项的应用与解释

剔除常数项会违背古典假设 2，即误差项期望为 0 的假设。若剔除常数项，有时会造成估计偏误，此时估计的回归直线一定要经过原点，拟合结果不准确。

虽然不能剔除常数项，但是，常数项无须分析。因为，常数项是集合了很多变量的综合影响，是当所有解释变量取 0 时的取值。而所有解释变量取 0 时，位于观测样本范围之外。

4.4.4　备选函数形式

函数形式需分清是变量线性还是参数线性。变量线性是指关于变量是线性的，参数线性是指关于被估参数是线性的。

例 4.5　$Y = \beta_0 + \beta_1 X^2 + \varepsilon$ 关于被估参数是线性的，但是关于变量是非线性的。

线性回归一般是指关于参数是线性的，即参数的幂次是一次的，参数与其他参数没有相乘或相除，且没有其他形式的函数，如对数、指数等。

函数形式的选择要基于理论研究，函数形式有其特征。基于理论，根据逻辑关系，选择合理函数形式，即变量的关系。

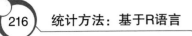

当函数形式为线性，即解释变量与被解释变量之间的斜率是常数。该参数的意义是，保持其他解释变量不变，相应的解释变量改变 1 个单位所引起的被解释变量的变化量。

当函数形式为双对数时，即被解释变量和解释变量都含有对数形式：

$$\ln Y = \beta_0 + \beta_1 \ln X_1 + \beta_2 \ln X_2 + \varepsilon$$

该函数形式下，不是变量线性而是参数线性。这时，弹性固定，即，

$$\beta_1 = \frac{\Delta Y / Y}{\Delta X_1 / X_1} = \frac{\Delta(\ln Y)}{\Delta(\ln X_1)}$$

即解释变量变化 1 个百分比，所引起的被解释变量的变化百分比固定。在双对数函数模型中，被解释变量和解释变量均为正值。

当取为虚拟变量时，通常赋值为：

$$x = \begin{cases} 1, 第一种情况; \\ e, 其他情况 \end{cases}$$

当函数形式为半对数形式时，即函数形式中只有一部分变量以对数形式出现。如，

$$Y = \beta_0 + \beta_1 \ln X_1 + \beta_2 X_2 + \varepsilon$$

当 $\beta_1 > 0$ 时，Y 随着 X_1 增大而增大，但是，X_1 对 Y 的影响越来越小，这种模型适用于递减的增长率。该参数的意义是，当解释变量 X_1 变化 1 个百分比，Y 相应变化 $\beta_1 \times 0.01$ 个单位。

例 4.6 牛肉销售量模型，人们收入增加会促进牛肉的销售量。但是，随着收入的增加，销售量增长的速率（即增长率）会越来越小。所以可以采用半对数模型，对可支配收入取对数。

当被解释变量取对数时，此时，

$$\ln Y = \beta_0 + \beta_1 X_1 + \beta_2 X_2 + \varepsilon$$

当 $\beta_1 > 0$ 时，Y 随着 X_1 增大而增大，但是，X_1 对 Y 的影响越来越大，这种模型适用于递增的增长率。该参数的意义是，当解释变量 X_1 变化 1 个单位，Y 相应变化百分之 β_1。

例 4.7 个人收入模型。解释变量对被解释变量的影响以百分比的形式出现。

当函数形式为多项式形式时，此时，斜率随变量自身变化而变化。即，

$$Y_i = \beta_0 + \beta_1 X_{1i} + \beta_2 X_{1i}^2 + \varepsilon_i$$

对 X_{1i} 的斜率为 $\frac{\Delta Y}{\Delta X_1} = \beta_1 + 2\beta_2 X_1$，此时，被解释变量随解释变量的增加呈现有增有减的过程。例如：年龄与收入。

当函数形式为反函数时，即包含一个或多个解释变量的倒数。则，

$$Y_i = \beta_0 + \beta_1 / X_{1i} + \varepsilon_i$$

随着解释变量增大，解释变量对被解释变量的影响逐渐减小，当解释变量足够大时，该影响趋向于 0。特别的，当 $\beta_1 > 0$ 时，有被解释变量随解释变量的增大而减小。当 $\beta_1 < 0$ 时，有被解释变量随解释变量的增大而增大。

需要注意的是，不能仅仅依据模型的拟合优度来选择函数形式。被解释变量的函数形式不同，调整的判定系数难以比较。一个错误的函数形式也很有可能对样本有很好地拟合程度，但是，对于样本外的数据，却有很大的误差。

4.4.5 滞后解释变量

解释变量和被解释变量为同一时期，称为瞬时的。当解释变量的变化对被解释变量的影响要延迟一段时间时，称为滞后变量。

例 4.8 当年的棉花供应量相关变量为前一年的棉花价格，当年农场劳动力等，这里前一年的棉花价格为滞后变量，农场劳动力为瞬时变量。

4.4.6 截距虚拟变量

当一个变量只取 0 或 1 时，称为虚拟变量。按具体变量不同，有截距

虚拟变量，被解释变量为虚拟变量，解释变量为虚拟变量等。

如何确定虚拟变量的个数？虚拟变量的个数应比状态少 1 个。比如有三个状态，则虚拟变量个数应为 2。比如手机使用状态，有新、刮痕、无刮痕三个状态，此时，应设置两个虚拟变量，即 $X_1 = 1$，为新的；$X_2 = 1$，为刮痕；$X_1 = X_2 = 0$，为无刮痕。

比如考虑工资与学历的关系，学历分博士、硕士、本科、其他。则应该取几个虚拟变量？应该取 3 个虚拟变量，有 $X_1 = 1$，为博士；$X_2 = 1$，为硕士；$X_3 = 1$，为本科；$X_1 = X_2 = X_3 = 0$，为其他。如果换一种做法，令一个变量为 X，

$$X = \begin{cases} 0, \text{其他}; \\ 1, \text{博士}; \\ 2, \text{硕士}; \\ 3, \text{本科}。 \end{cases}$$

即把名义变量赋值，此时硕士对工资的影响是本科的两倍，且学历的变动对工资的影响不变，是否合理？

4.4.7 斜率虚拟变量

所谓交叉项是指两个或两个以上的解释变量相乘。有如下几种形式。两个连续取值的解释变量相乘，即 $X_1 X_2$；两个虚拟变量相乘，即 $D_1 D_2$；一个连续取值变量与一个虚拟变量相乘，即 $X_1 D_2$。

交叉项表示一个解释变量对被解释变量的改变受另一个解释变量的影响。

含斜率虚拟变量的方程设为：

$$Y_i = \beta_0 + \beta_1 X_{1i} + \beta_2 D + \beta_3 X_{1i} D + \varepsilon_i$$

含交叉项时，方程中一般也含有解释变量 X_{1i} 和 D。当 $D = 0$ 时，

$$Y_i = \beta_0 + \beta_1 X_{1i} + \varepsilon_i$$

当 $D = 1$ 时，

$$Y_i = \beta_0 + \beta_1 X_{1i} + \beta_2 + \beta_3 X_{1i} + \varepsilon_i$$

改变了方程的斜率和截距。

运用虚拟变量的典型例子：考虑性别对收入的影响。

$$Y_i = \beta_0 + \beta_1 X_{1i} + \beta_2 D + \varepsilon_i$$

在方程中，D 为性别二元取值变量，X_{1i} 为工龄或经验。此方程考察的是性别是否为收入的一个影响因素，即性别不同是否引起工资的变化？

考虑加入交叉项，即，

$$Y_i = \beta_0 + \beta_1 X_{1i} + \beta_2 D + \beta_3 X_{1i} D + \varepsilon_i$$

如果估计得到的 $\hat{\beta}_3 > 0$，则说明每增加 1 年工龄所引起的男女工资变化量不同。即模型考虑性别不同，经验增加所引起的工资变化量的不同。

4.4.8　虚拟被解释变量

首先考虑三个案例。

例 4.9　（1）高中毕业生是否考上大学？（2）喝百事可乐还是可口可乐？或者喝加多宝还是王老吉？（3）选择公共交通工具出行还是自驾？用什么变量可以表示考虑的对象？

对于模型：$D = \beta_0 + \beta_1 X_1 + \beta_2 X_2 + \varepsilon$。该模型关于参数是线性的。模型的右边给出了 $D = 1$ 的概率（如何理解？）。由数据得到参数估计值 $\hat{\beta}_0$，$\hat{\beta}_1$，$\hat{\beta}_2$，对于下一个样本，即 (X_1, X_2) 已知，得估计结果：

$$\hat{D} = \hat{\beta}_0 + \hat{\beta}_1 X_1 + \hat{\beta}_2 X_2$$

当 $\hat{D} = 1$ 时，事件一定发生；当 $\hat{D} = 0$ 时，事件一定不会发生；当 $0 < \hat{D} < 1$ 时，即事件以 $\hat{D}$ 的概率发生。

参数 $\hat{\beta}_1$ 的意义是，该参数度量了保持变量 X_2 不变时，X_1 变化一个单位所引起的 $D = 1$ 的概率变化。

思考：以线性模型估计二元取值的被解释变量，模型估计结果可能有哪些问题？

模型估计的结果 $\hat{D}$ 不能保证在 $[0,1]$ 之间。当解释变量 X 取值很小或很大时，此时的估计结果 $\hat{D}$ 在 $[0,1]$ 之外。怎么办？考虑二项 Logit 模型或 Probit 模型。

二项 Logit 模型为：

$$D = \frac{1}{1 + e^{-(\beta_0 + \beta_1 X_1 + \beta_2 X_2 + \varepsilon)}}$$

回归结果为：

$$\hat{D} = \frac{1}{1 + e^{-(\hat{\beta}_0 + \hat{\beta}_1 X_1 + \hat{\beta}_2 X_2)}}$$

当 $\hat{\beta}_0 + \hat{\beta}_1 X_1 + \hat{\beta}_2 X_2 = \infty$ 时，

$$\hat{D} = \frac{1}{1 + e^{-\infty}} = 1$$

当 $\hat{\beta}_0 + \hat{\beta}_1 X_1 + \hat{\beta}_2 X_2 = -\infty$ 时，

$$\hat{D} = \frac{1}{1 + e^{\infty}} = 0$$

这样，估计结果就被限制在了 $[0,1]$ 之间。该模型可以用极大似然函数估计方程中的参数。令 $z = \beta_0 + \beta_1 X_1 + \beta_2 X_2 + \varepsilon$，则，

$$D = \frac{1}{1 + e^{-z}}, 1 - D = \frac{e^{-z}}{1 + e^{-z}}, \ln\frac{D}{1 - D} = \ln e^z = Z$$

由于 $P(D = 1) = \hat{D}$，$P(D = 0) = 1 - \hat{D}$，则 $P(D) = \hat{D}^D (1 - \hat{D})^{1 - D}$。似然函数为 $L = \prod_{i=1}^{n} P(D_i) = \prod_{i=1}^{n} \hat{D}_i^{D_i} (1 - \hat{D}_i)^{1 - D_i}$，取对数，则为：

$$\ln L = \sum \left[D_i \ln \hat{D}_i + (1 - D_i) \ln(1 - \hat{D}_i) \right]$$

$$= \sum \left[D_i \ln \frac{\hat{D}_i}{1 - \hat{D}_i} + \ln(1 - \hat{D}_i) \right]$$

$$= \sum \left\{ D_i(\hat{\beta}_0 + \hat{\beta}_1 X_{1i} + \hat{\beta}_2 X_{2i}) - \ln[1 + \exp(\hat{\beta}_0 + \hat{\beta}_1 X_1 + \hat{\beta}_2 X_2)] \right\}$$

对参数求导得极数。

因为 $\hat{Z} = \ln \dfrac{\hat{D}_i}{1 - \hat{D}_i} = \hat{\beta}_0 + \hat{\beta}_1 X_{1i} + \hat{\beta} X_{2i}$，则自变量变化 1 个单位时对 D 产生怎样的影响？各自求微分，有，

$$\left(\frac{1}{\hat{D}} + \frac{1}{1 - \hat{D}} \right) d\hat{D} = \hat{\beta}_1 dX_1 + \hat{\beta}_2 dX_2$$

则当 X_2 不变时，X_1 变化一个单位，则 $\hat{D}$ 增长量为 $\hat{D}(1 - \hat{D})\hat{\beta}_1$。当 X_1 不变时，X_2 变化 1 个单位，则 $\hat{D}$ 增长量为 $\hat{D}(1 - \hat{D})\hat{\beta}_2$。

同样，令 $Z = \beta_0 + \beta_1 X_1 + \beta_2 X_2 + \varepsilon$，则，

$$D = \frac{1}{\sqrt{2\pi}} \int_{-\infty}^{Z} e^{-\frac{s^2}{2}} ds$$

由极大似然估计法同样可以得到估计结果，且能把估计结果限制在 $[0,1]$ 之间。该模型称之为 Probit 模型。

另外，对于多元选择情况下，如有 N 个选择，设置 N−1 个虚拟变量，$D_1, D_2, \cdots, D_{N-1}$，则，

$$P(D_1 = 1) = \frac{\exp(\beta_{10} + \beta_1 X)}{1 + \exp(\beta_{10} + \beta_1 X) + \cdots + \exp(\beta_{(N-1)0} + \beta_{N-1} X)}$$

$$P(D_2 = 1) = \frac{\exp(\beta_{20} + \beta_2 X)}{1 + \exp(\beta_{10} + \beta_1 X) + \cdots + \exp(\beta_{(N-1)0} + \beta_{N-1} X)}$$

$$\vdots$$

$$P(D_{N-1} = 1) = \frac{\exp(\beta_{(N-1)0} + \beta_{N-1} X)}{1 + \exp(\beta_{10} + \beta_1 X) + \cdots + \exp(\beta_{(N-1)0} + \beta_{N-1} X)}$$

余下的为：

$$1 - P(D_1 = 1) - \cdots - P(D_{N-1} = 1) = \frac{1}{1 + \exp(\beta_{10} + \beta_1 X) + \cdots + \exp(\beta_{(N-1)0} + \beta_{N-1} X)}$$

则
$$\begin{cases} \ln \dfrac{P(D_1 = 1)}{\text{余下的}} = \beta_{10} + \beta_1 X \\ \qquad \vdots \\ \ln \dfrac{P(D_{N-1} = 1)}{\text{余下的}} = \beta_{(N-1)0} + \beta_{N-1} X \end{cases}$$

4.5 多重共线性

完全多重共线性违背古典假设6。对参数 β_k 的解释为，在其他解释变量不变的情况下，X_k 变动1个单位时引起的被解释变量的影响。若两个解释变量间相关性很强，则普通最小二乘估计很难区分两个变量各自对被解释变量的影响。

4.5.1 完全多重共线性与不完全多重共线性

完全多重共线性指的是一个解释变量的变动完全被其他解释变量的变动所解释。比如，

$$Y_i = \beta_0 + \beta_1 X_{1i} + \beta_2 X_{2i} + \varepsilon_i, X_{1i} = \alpha_0 + \alpha_1 X_{2i}$$

当存在完全多重共线性变量时，普通最小二乘估计法无法得到参数的估计值。因为完全的多重共线性使得模型中的解释变量无法被分离开来。或者说，"保持其他解释变量不变"没有办法保证，即一个解释变量的变化一定会引起另一个解释变量的变化。若一个解释变量是另一个解释变量的倍数，或者是加上常数项，或者是两个解释变量的和，则其中一个变量应删除。当一个变量与被解释变量高度相关时，此变量也应该删除。例如，鞋子产量＝皮革数＋劳动力＋资本＋随机误差项。皮革数与鞋产量高度相关，也不能作为解释变量。

当，

$$Y_i = \beta_0 + \beta_1 X_{1i} + \beta_2 X_{2i} + \varepsilon_i, X_{1i} = \alpha_0 + \alpha_1 X_{2i} + \mu_i$$

其中，μ_i 为随机误差项时，解释变量 X_{1i} 与 X_{2i} 之间有较强的线性关系，但不是完全的线性关系，此时，普通最小二乘估计还是无偏的。

选择严重多重共线性的解释变量得出的估计仍然是无偏估计。严重多重共线性的估计量方差增大，t 统计量变小。导致的后果是，对模型设定的变化更敏感，增加或删除一个解释变量或者观测值增加或减少，或者去

掉统计上不显著的变量，都将导致估计值较大变化。另外，选择严重多重共线性的解释变量总体方程的拟合度不变，其他不存在多重共线性的变量参数估计值几乎不变。例如，考虑消费与收入、储蓄的例子，收入越高，消费能力越高，储蓄越高，消费能力越高。这里收入与储蓄之间有很强的多重共线性。比较去掉储蓄后的方程与原来的方程，得到原来有多重共线性的方程存在四点变化。即方差变大，t 统计量减小，参数估计值变化大，方程拟合度几乎不变。

4.5.2 多重共线性的检验

任何一个方程中都或多或少存在多重共线性，即所有的变量在一定程度上都是相关的，就算这些变量都是随机的，也是如此。因此，对于多重共线性，考察的是程度问题，而不是存不存在的问题。多重共线性既是样本现象，也是理论现象，只是大小程度随样本的不同而不同。

通常有两个基本的方法帮助我们识别多重共线性的程度，一是较高的简单相关系数，二是较高的方差膨胀因子。

检验多重共线性最简单的办法就是计算两个变量之间的简单相关系数。绝对值大的，相关性大，但反之不然。即绝对值小的时候，相关性也有可能大。这时候多重共线性可能是由一组解释变量共同导致的。这时候应该怎么办？

方差膨胀因子也是一种诊断多重共线性严重程度的方法。多重共线性增大了参数估计量的方差，方差膨胀因子是方差增大程度的指标。

如何计算方差膨胀因子？

对于方程 $Y_i = \beta_0 + \beta_1 X_{1i} + \beta_2 X_{2i} + \varepsilon_i$，计算 X_{1i} 的方差膨胀因子，第一步，把 X_{1i} 作为方程中其他解释变量的函数，进行普通最小二乘估计，即估计：

$$X_{1i} = \alpha_0 + \alpha_1 X_{2i} + \mu_i$$

其中，μ_i 为随机误差项。注意，X_{1i} 没有出现在右边。

第二步，计算 $\hat{\beta}_1$ 的方差膨胀因子，为 $\dfrac{1}{1 - R_1^2}$，其中，R_1^2 是第一步中未

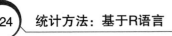

调整的判定系数。方差膨胀因子越大，则多重共线性越严重。说一说为什么以及方差膨胀因子计算过程的原理是什么？

方差膨胀因子的取值范围是什么？

当第一步中未调整的判定系数为 1 时，方差膨胀因子为无穷，即存在完全多重共线性。当第一步中未调整的判定系数为 0 时，方差膨胀因子为 1，即不存在多重共线性。一般的，如果方差膨胀因子大于 5，则认为存在严重多重共线性。

当解释变量个数增加时，当第一步中未调整的判定系数增大，方差膨胀因子自然增大。当方程中只有两个解释变量时，其方差膨胀因子值相等。但是，同相关系数一样，当方差膨胀因子并不是很大时，也有可能会存在严重的多重共线性。

4.5.3　多重共线性的处理

对于多重共线性的处理有几个方式。

第一，去掉多余变量。例（1），消费与收入、储蓄的关系，应去掉储蓄这个变量。例（2），汽油需求量与公路长度、汽油税率、车辆数之间的关系。考虑这个问题，应去掉公路长度这个变量。公路长度与车辆数存在多重共线性。那么，本质上是衡量同一事物，应选择哪个变量？删除哪个变量？这就要依据经济理论！

第二，增大样本容量。增大样本容量可以减少方差，在一定程度上降低多重共线性的影响。

第三，什么都不做。方程的多重共线性没有使 t 统计量降低到不显著或参数的符号与预期相符，则一般不需要进行重新设定方程。当 t 统计量不显著时，应从理论出发考虑问题，避免因遗漏变量而造成设定偏误。

4.6　序列相关性

序列相关性是指某期的误差项依赖于过去若干期的误差项，违背古典假设4。本节将学习纯序列相关和非纯序列相关的概念，判断方法，以及修正的方法。

4.6.1 纯序列相关性和非纯序列相关性

在正确的方程设定中，$\mathrm{Er}_{\varepsilon_i\varepsilon_j} = 0$。若违背古典假设4，即 $\mathrm{Er}_{\varepsilon_i\varepsilon_j} \neq 0$，误差项的相关系数期望值不为零。

一阶序列相关，即 $\varepsilon_t = \rho\varepsilon_{t-1} + \mu_t$，系数 ρ 为 1 阶自相关系数，表示序列相关性的强度。μ_t 为古典误差项，且与 ε_t 不相关。如果 ρ 为 0，则没有序列相关性。随着 ρ 在绝对值上趋向于 1，上一期的观测值随机误差项对本期观测值随机误差项的影响将越来越大。此时，序列相关性的程度在增加，而 ρ 超过 1 是没有意义的。ρ 的取值范围为 $-1 < \rho < 1$。其符号表明了序列相关性的性质。当本期随机误差项倾向于下一期随机误差项有相同的符号时，即正序列相关性。在一个连续的观测序列中，随机误差项倾向于不断地改变符号，从正到负，从负到正，则为负序列相关性。

非纯序列相关性指的是由设定偏误引起的序列相关性，如遗漏变量或选择错误函数形式等。这里设定偏误如何导致序列相关性呢？

假设正确的方程为：

$$Y_t = \beta_0 + \beta_1 X_{1t} + \beta_2 X_{2t} + \varepsilon_t$$

如果遗漏变量 X_{2i}，则，

$$Y_t = \beta_0 + \beta_1 X_{1t} + \varepsilon_t$$

在一些情况下，新的误差项 ε_i 可能存在序列相关性。如遗漏变量 X_{2i} 自身有序列相关性，此时就有 $\varepsilon_t = \rho\varepsilon_{t-1} + \mu_t$ 存在。

当函数形式不正确时，也有可能存在序列相关性。若正确的函数形式为：

$$Y_t = \beta_0 + \beta_1 X_{1t} + \beta_2 X_{1t}^2 + \varepsilon_t$$

若采用线性模型，即，

$$Y_t = \beta_0 + \beta_1 X_{1t} + \varepsilon_t$$

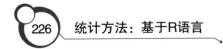
此时新误差项等于 $\beta_2 X_{1t}^2 + \varepsilon_t$，误差项存在明显自回归。即应该采取非线性函数形式却采用了线性函数形式时，通常会导致非纯序列相关。

4.6.2 序列相关性的后果

若误差项存在序列相关，如果使用普通最小二乘估计法，会有以下后果。一是纯序列相关不会导致参数有偏。二是非纯序列相关可能导致参数有偏。三是无论是纯序列相关还是非纯序列相关都将是普通最小二乘估计量不再是线性无偏估计量中的最小方差估计量。四是对于方差的估计，是有偏估计量，从而导致 t 统计量错误，使得假设检验不可靠。

4.6.3 序列相关性的检验

Durbin-Watson 统计量只有在以下条件满足时才可以使用。

第一，回归模型必须包含截距项。

第二，序列相关性是 1 阶的。

第三，回归模型中的解释变量中不能包含被解释变量的滞后项。

该统计量的表达式为 $d = \dfrac{\sum_2^T (e_t - e_{t-1})^2}{\sum_1^T e_t^2}$，其中，$e_t$ 为普通最小二乘估计的残差。

由于 $\sum_2^T (e_t - e_{t-1})^2 \approx 2\sum_2^T e_t^2 - 2\sum_2^T e_t e_{t-1}$

由样本相关系数公式：

$$\hat{\rho} = \frac{\sum_2^T e_t e_{t-1}}{\sum_1^T e_t^2}$$

得到近似表达式 $d \approx 2(1 - \hat{\rho})$。

由 d 与 $\hat{\rho}$ 的数量关系可知，若不存在序列相关性，$\hat{\rho}$ 接近于 0，那么 d 接近于 2。若序列相关性非常强，则 $\hat{\rho}$ 接近于 1 或者 -1，则 d 接近于 0 或者 4。即完全正相关，则 d = 0。完全负相关，则 d 约为 4。不相关，则 d

约为2。

如何判断序列是否正相关？序列负相关在经济或商业分析中很难得到理论上的解释。

第一步，先对方程进行普通最小二乘估计，得到残差，计算 d 统计量。

第二步，根据样本容量和解释变量个数，查表得 d 统计量上界和下界。上下界（d_U，d_L）取决于解释变量个数（不包括常数项），样本容量和检验的显著性水平。

第三步，判断序列是否正相关。

原假设 H_0：$\rho \leqslant 0$

备择假设 H_A：$\rho > 0$

判定规则为，若 $d < d_L$，则拒绝原假设；若 $d > d_U$，不能拒绝原假设；若 $d_L \leqslant d \leqslant d_U$，则不能确定。

如何判断是否存在序列相关？

原假设 H_0：$\rho = 0$

备择假设 H_A：$\rho \neq 0$

判定规则为，若 $d < d_L$，$d > 4 - d_L$ 则拒绝原假设；若 $4 - d_U > d > d_U$，不能拒绝原假设；其他情况，则不能确定。

4.6.4 序列相关性的处理

当存在序列正相关时该如何修正？纯序列相关与非纯序列相关修正的方法不一样，所以首先应确定是哪种序列相关性。

在用 Durbin-Watson 统计量检验存在序列相关性后，第一步考虑是否存在非纯序列相关，即重新审查是否存在遗漏变量或函数形式是否正确。第二步如果是序列负相关，则可能存在非纯序列相关，则回到第一步重新审查。第三步确定为纯序列相关，则应用广义最小二乘估计或 Newey-West 标准差法估计参数。

对于一阶序列相关模型：

$$Y_t = \beta_0 + \beta_1 X_{1t} + \varepsilon_t$$

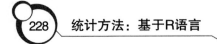

若存在纯序列相关，即 $\varepsilon_t = \rho\varepsilon_{t-1} + \mu_t$，则该模型可写为：

$$Y_t = \beta_0 + \beta_1 X_{1t} + \rho\varepsilon_{t-1} + \mu_t$$

那么，问题是如何消除 ε_{t-1}？

考虑模型的滞后一期：

$$Y_{t-1} = \beta_0 + \beta_1 X_{1t-1} + \varepsilon_{t-1}$$

滞后一期乘以 ρ 再相减，得：

$$Y_t - \rho Y_{t-1} = (1-\rho)\beta_0 + \beta_1 X_{1t} - \rho\beta_1 X_{1t-1} + \mu_t$$

可以写成：

$$Y_t^* = \beta_0^* + \beta_1 X_{1t}^* + \mu_t$$

此方程称为广义最小二乘形式。这里主要任务是估计 ρ。解决的办法就是用 AR（1）估计方法去估计。利用 AR 模型估计方程时，要注意得到结果的写法。

Newey-West 标准差法通过修正标准误来修正序列相关性，而不改变估计的回归系数，纯序列相关性只是影响标准差而不影响参数的无偏性。因此，Newey-West 标准差降低了推断的误差，可以用于存在序列相关时的 t 检验和其他假设检验。

4.7 | 异方差性

古典假设 5 指出，随机误差项的观测值分布必须服从相同的方差，即 $VAR(\varepsilon_i) = \sigma^2$ 为常数。但在现实中，方差往往不是恒定的，常常依赖于某个观测值，或者说方差随样本变化。异方差性就是对古典假设 5 的违背。

4.7.1 纯异方差性和非纯异方差性

与序列相关性一样，异方差性分为纯异方差和非纯异方差。纯异方差性针对正确设定的模型。而非纯异方差性是由模型的错误设定导致的。

最常用的纯异方差模型为：

$$Y_t = \beta_0 + \beta_1 X_{1t} + \beta_2 X_{2t} + \varepsilon_t, VAR(\varepsilon_i) = \sigma^2 Z_i^2$$

其中，Z 称之为比例因子。

非纯异方差主要由遗漏变量引起，解决的办法为找到遗漏变量并计入方程，这与纯异方差性的补救方式不同。故判断是否为纯异方差性很重要。即方程的设定很重要。一些科研论文会专门对函数形式，如倒 U 型等展开讨论。

4.7.2 异方差性的后果

纯异方差不会导致参数估计量的有偏性，但是，估计量不再是线性无偏估计量中方差最小的。其标准差的估计量有偏，故将导致检验结果不可信。

4.7.3 异方差性的检验

异方差性的检验首先应思考是否为纯异方差性？即要对方程的设定是否遗漏变量，函数形式是否正确等做思考。其次，应思考所研究的课题异方差性是否是重要影响因素？比如在截面数据研究中，探索各地汽油消耗量的影响因素和探索各地汽油税率的影响因素，前者研究就应考虑异方差性。最后，可以画出回归残差图，如果残差图中有扩张或收缩的趋势，则存在异方差性。异方差性的检验常用的有两种，一种是 Park 检验，另一种是 White 检验。

对于 Park 检验，我们给出操作步骤。$VAR(\varepsilon_i) = \sigma^2 Z_i^2$。Park 检验第一步进行普通最小二乘回归，得估计方程的残差 e_i。第二步，选定最优比例因子 Z_i。比如在消费模型中，方差变动很可能与人口数有关，则比例因子 Z_i 可以选择为人口数。第三步进行模型回归，该模型为：

$$\ln e_i^2 = \alpha_0 + \alpha_1 \ln Z_i + u_i$$

第四步假设检验原假设：$\alpha_1 = 0$，备择假设：$\alpha_1 \neq 0$ 下，对最优比例因子进行显著性检验。若 α_1 显著异于 0，则方程存在与 Z_i 相关的异方差。

对于 Park 检验而言，第二步中有一个明显的挑战，即选什么因素作为比例因子？该比例因子可以是方程中的解释变量，也可以不是。White 检验是把误差项的方差影响因素固定为解释变量平方项及其交叉项。这样就不需要 Park 检验中的第二步。

White 检验第一步，建立回归方程 $Y = \beta_0 + \beta_1 X_1 + \beta_2 X_2 + \varepsilon$，计算残差。第二步，建立以残差平方为解释变量的回归方程 $e_i^2 = \alpha_0 + \alpha_1 X_{1i} + \alpha_2 X_{2i} + \alpha_3 X_{1i} X_{2i} + \alpha_4 X_{1i}^2 + \alpha_5 X_{2i}^2 + \mu_i$。第三步，检验统计量为 NR^2，其中 N 为样本量，R^2 为判定系数。若该检验统计量值大于临界值，则方程存在异方差。其中，自由度为斜率系数的个数。

4.7.4 异方差性的处理

对异方差性的处理我们这里只考虑纯异方差性，即假设方程设定正确的条件下。采用异方差修正标准差，此修正标准差比普通最小二乘估计得到的标准差要大，从而可以进行 t 检验和其他假设检验。消除异方差性的另一种方法是重新回到方程的内在理论，重新定义变量，重新设定函数形式，如线性改成对数形式。如在截面模型中，研究支出的影响因素。设定模型为城市总支出 = 人口 + 总收入 + 平均工资水平。则此模型不同城市受城市人口的影响较大，会存在异方差性。故重新设定为人均支出 = 人均收入 + 平均工资水平。则第二个模型不含城市规模因素。

4.8 内生性问题

在古典模型假设 3 中，解释变量与误差项不相关，该假设保证所有解释变量是严格外生的，即不存在内生性问题。

4.8.1 内生性的来源

当解释变量与误差项不相关这一基本假设被破坏，就会产生内生性，可能是遗漏变量，可能是测量误差偏误，可能是联立方程偏误（双向因果关系）等。

4.8.2 内生性的后果

由于古典假设3被破坏，此时，普通最小二乘估计将不再是无偏估计。

4.8.3 内生性的处理

当模型存在内生性问题时，使用工具变量进行两阶段最小二乘回归是常见的处理办法。

什么是工具变量？工具变量是指与内生解释变量相关，但与误差项不相关的变量。

如何选择工具变量？寻找工具变量的步骤大致有两步。第一步，列出尽可能多的与内生解释变量相关的变量清单。第二步，删除清单中与扰动项可能相关的变量。这一步可以从工具变量对被解释变量的影响是否仅仅通过内生变量产生这一点来考虑。对于时间序列或面板数据，常使用内生解释变量的滞后项作为工具变量。在实践中，工具变量的寻找更多的是靠创造力和想象力来实现。

如何运用工具变量进行回归？两阶段最小二乘估计法。第一步，为内生解释变量寻找合适工具变量，以内生解释变量为被解释变量，工具变量和外生变量为解释变量，建立回归模型。第二步，估计原始回归模型。以第一步中得到的拟合值作为内生解释变量取值带入原来方程中。

4.8.4 Hausman 检验

如何用统计方法检验是否存在内生解释变量？原假设为所有的解释变量为外生变量，如果假设成立，则最小二乘估计和在工具变量下的两阶段二乘估计得到的结果是一致的，都收敛于真实的参数。如果最小二乘估计和在工具变量下的两阶段二乘估计得到的结果是不一致，相差比较大，则倾向于拒绝原假设，即认为存在内生解释变量。而该检验统计量为 Hausman 检验统计量。

Hausman 检验还可用来判断面板数据中的固定效应和随机效应。如果模型截距项与解释变量无关，此时随机效应下的估计量与基于固定效应得到的估计量，两者没有显著差异。如果模型截距项与解释变量相关，则随机效应下的估计量是有偏且非一致的，固定效应下的估计量是一致的，即随机效应下的估计量和固定效应下的估计量会存在差异。基于这个结果，Hausman 检验的原假设为，数据存在随机效应。备择假设为，数据不存在随机效应。如果拒绝原假设，则 Hausman 检验建议选择固定效应模型估计结果。如果不能拒绝原假设，则 Hausman 检验结果表明不能拒绝随机效应模型估计结果。对于固定效应和随机效应将在下一节继续讲解。

4.9 | 面板数据

本节将关注面板数据，面板数据是由截面数据和时间序列结合生成的数据。使用面板数据进行研究，可以给那些单独使用截面数据或时间序列数据无法回答的问题给出一种新的分析视角。

4.9.1 什么是面板数据

面板数据结合了截面与时间两个维度，面板数据是同一截面样本的相同变量在两个或两个以上时期的观测值。例如，对本校 200 名毕业生做了一份统计调查，5 年后对同样的学生再进行同样的调查，这就生成了一个面板数据。但是，并不是所有结合了时间序列和截面数据的样本都是面板数据。比如，不同时期观测的变量不同，或不同时期观测的样本对象不同等，都不可以称为面板数据。这类数据可以称为混合时间序列和截面数据，通常用差分方法来估计。对于面板数据，常用两种模型来建模，一种是固定效应模型，另一种是随机效应模型。

使用面板数据常会遇到四种不同类型的变量。第一种，随个体改变，但不随时间改变的变量。这类变量有性别、民族、出生地等。第二种，不随个体改变，但随时间改变的变量。这类变量有国家经济指标等。第三种，既随个体又随时间改变的变量。这类变量有收入、婚姻状态、健康状态、幸福感等。第四种，是沿着可预测的路径变化的趋势变量。这类变量有年龄、身高等。

在对面板数据进行估计方程时，必须确保数据按软件所要求的次序排列。典型的面板数据排列是从整个时间期限内的第 1 个个体开始，排列出该个体各时期的所有观测值，然后再依次排列出第 2 个截面的所有观测值，以此类推。在具体操作时，要检查并确保数据排列与回归程序的软件要求是否一致。

4.9.2　固定效应

固定效应模型是估计面板数据的常用建模方法。固定效应模型允许每个截面有自己的截距。该模型为：

$$Y_{it} = \beta_0 + \beta_1 X_{it} + \beta_2 D2_i + \cdots + \beta_n Dn_n + v_{it}$$

其中：$D2, \cdots, Dn$ 是虚拟变量，表示各截面的截距项，当 $i = n$ 时，取 1，否则取 0。该模型也称为最小二乘虚拟变量模型（LSDV）。

固定效应模型的主要优势在于该模型避免了由于遗漏不随时间改变的变量（如性别、出生地等）而带来的偏误。以两个年度的面板数据为例来说明这点。模型为 $Y_{it} = \beta_0 + \beta_1 X_{it} + \beta_2 D2_i + v_{it}$。如果有遗漏不随时间改变的变量 a_i，则 $v_{it} = \varepsilon_{it} + a_i$，代入原方程中，有 $Y_{it} = \beta_0 + \beta_1 X_{it} + \beta_2 D2_i + \varepsilon_{it} + a_i$。在时间维度上计算均值，有 $\bar{Y}_i = \beta_0 + \beta_1 \bar{X}_i + \beta_2 D2_i + \bar{\varepsilon}_i + a_i$。然后两个式子相减，得到 $Y_{it} - \bar{Y}_i = \beta_1 (X_{it} - X_i) + \varepsilon_{it} - \bar{\varepsilon}_i$，对该式进行最小二乘估计，得到参数 β_1，与原来的 LSDV 模型进行估计得到的参数一致，且消除了因遗漏非时变变量而带来的偏误。

固定效应的缺陷在于，由于对截面观测值做一次中心化（减去时间上的均值）就会减少一个自由度，因此，固定效应模型的自由度不高。另外，固定效应模型中往往不能包含不随时间效应变化的解释变量。

4.9.3 随机效应

固定效应假设每个截面都有自己相应的截距项，而随机效应模型则假设每个截面的截距项是来自同一分布的随机过程，即随机效应模型中截距项的观测值与所有解释变量不相关。

与固定效应模型相比，随机效应模型的优势在于，随机效应模型的自由度比固定效应模型高。因为随机效应模型只需估计截距项服从的分布参数，而不需要估计每个截面的截距项。随机效应的另一个优势在于，随机效应模型可以用来估计不随时间变化的解释变量的参数，但是，随机效应也存在不足，需要假设截距项与解释变量不相关。

4.10 其他一些常见的模型

本节将介绍几种在研究中常用的计量模型。

4.10.1 双重差分模型

双重差分法是用来估计政策实施和事件处置效应的一个常用模型。政策实施或事件处置的特点是，它们并不在同一时间影响所有个体。双重差分模型包括事件、处理组、控制组、和时期四个要素，一般含两个虚拟变量，$D_i = 1$ 表示处理组，$D_i = 0$ 表示控制组，$T_t = 1$ 表示事件发生后或政策实施后的时间段，$T_t = 0$ 表示之前的时间段。

建立模型：$Y_{it} = \beta_0 + \beta_1 D_i + \beta_2 T_t + \beta_3 D_i \times T_t + \varepsilon_{it}$ 模型中的交互项系数 β_3 就是要关心的政策效应。

平行趋势假设是使用双重差分模型估计处置效应的关键假设。平行趋势假设是指，在没有处置事件发生的情况下，控制组和处置组的被解释变量均值差异在不同时间内保持一致。对于控制组而言，在政策实施时间点的前后，受到一些因素的影响形成了差异。对于处理组而言，在政策实施时间点的前后，受到一些因素以及政策的影响形成了差异。故如果没有发生该事件，则一些因素的影响对控制组和处理组造成的差异应该是一致的，这就是平行趋势假设。

另一个常用的检验就是"安慰剂检验"，在医学中指的是给病人无效的药物或治疗，由于心理作用，病人感觉症状有所改善。此类检验的做法通常是，用事件发生前的数据做双重差分。即选择事件发生前的一个时间假设为事件发生点进行回归，如果在该假设事件点下的交互项系数显著，则说明在未实施该政策或事件下，处置组和控制组也会有差异。如果该假设事件点下的交互项系数不显著，则说明政策实施或事件发生的情况下，处置组和控制组的差异的确是由该政策或事件干预而发生的。

4.10.2 分层线性模型

当样本在嵌套的单位中取样，则可以建立多层线性模型（multilevel liner model，MLM）或分层线性模型（hierarchical liner model，HLM）。比如，学生成绩这一研究对象，学生成绩来自于学生，而学生来自于不同的学校。即研究对象不仅受到个体影响，也受到其所处的环境影响。在社会学研究中，往往试图把个体随机效应（个体影响）和固定效应（环境影响）区分开来。这里主要是多层线性模型和层次多元回归（sequential/hierarchical multiple regression）之间的区别。层次多元回归关注变量的选择。而多层线性模型关注变量的嵌套关系，数据呈现组内同质、组间异质的特点，变量选择上注意个体的微观因素和环境的宏观因素。

第一层针对个体进行建模：$Y_{it} = \beta_{0j} + \beta_{1j}X_{1ij} + \cdots + \beta_{pj}X_{pij} + \varepsilon_{it}$，这里有 p 个个体影响因素。

第二层针对组间或者说环境进行建模：$\beta_{0j} = Y_{00} + Y_{0j}$ 固定截距或随机截距，该式中也可以加入组间的影响因素；然后对所有斜率进行建模 $\beta_{1j} = Y_{10}$ 或 $Y_{10} + Y_{1j}$，即固定或随机。

例：考虑学生绩点 GPA 的分层线性模型。

第一层：$GPA_{ij} = \beta_{0j} + \beta_{1j}IQ_{ij} + \varepsilon_{it}$

第二层：来自学校的固定效应：$\beta_{0j} = Y_{00} + Y_{0j}$，$\beta_{1j} = Y_{10}$

得到混合模型 $GPA_{ij} = Y_{00} + Y_{0j} + Y_{10}IQ_{ij} + \varepsilon_{it}$

相应的 R 语言为：$GPA \sim 1 + IQ + (1 \mid SCHOOL)$，此模型中，解释变量 IQ_{ij} 具有固定斜率，而截距是随机的。如果第二层为 $\beta_{1j} = Y_{10} + Y_{1j}$，则得到的混合模型为 $GPA_{ij} = Y_{00} + Y_{10}IQ_{ij} + Y_{0j} + Y_{1j}IQ_{ij} + \varepsilon_{it}$，相应的 R 语言为：$GPA \sim 1 + IQ + (IQ \mid SCHOOL)$，此模型中，解释变量截距随机，斜率随机。注意这里 R 语言写法 $(IQ \mid SCHOOL)$ 等同于 $(1 + IQ \mid SCHOOL)$，如果想要固定截距，随机斜率，则要写成 $(0 + IQ \mid SCHOOL)$。

下面我们给出利用 R 语言建立分层模型的一个具体例子。

例 4.10 R 中自带数据，使用了 nlme 包里面的 MathAchieve 数据，里面可以建立对数据成绩的影响因素分析。

R 语言如下：

library(nlme)

library(psych)

str(MathAchieve)

```
Classes 'nfnGroupedData', 'nfGroupedData', 'groupedData' and 'data.frame':       7185 obs. of  6 variables:
$ School   : Ord.factor w/ 160 levels "8367"<"8854"<..: 59 59 59 59 59 59 59 59 59 59 ...
$ Minority: Factor w/ 2 levels "No","Yes": 1 1 1 1 1 1 1 1 1 1 ...
$ Sex      : Factor w/ 2 levels "Male","Female": 2 2 1 1 1 1 2 1 2 1 ...
$ SES      : num  -1.528 -0.588 -0.528 -0.668 -0.158 ...
$ MathAch  : num  5.88 19.71 20.35 8.78 17.9 ...
$ MEANSES  : num  -0.428 -0.428 -0.428 -0.428 -0.428 -0.428 -0.428 -0.428 ...
- attr(*, "formula")=Class 'formula'  language MathAch ~ SES | School
 .. ..- attr(*, ".Environment")=<environment: R_GlobalEnv>
- attr(*, "labels")=List of 2
 ..$ y: chr "Mathematics Achievement score"
 ..$ x: chr "Socio-economic score"
- attr(*, "FUN")=function (x)
 ..- attr(*, "source")= chr "function (x) max(x, na.rm = TRUE)"
- attr(*, "order.groups")= logi TRUE
```

该数据集包括 7185 个观察值，6 个变量：学校、是否是少数族裔、性别、社会经济地位、数学成绩、所属学校的学生平均社会经济地位。其中有 160 所学校，7185 个学生，学校层面的变量只有平均社会经济地位，其余都为学生层面的变量，数学成绩是因变量。

describe(MathAchieve)

```
          vars    n  mean    sd median trimmed   mad   min    max  range skew kurtosis   se
School*      1 7185 82.24 45.94  82.00   82.42 59.30  1.00 160.00 159.00 -0.01    -1.21 0.54
Minority*    2 7185  1.27  0.45   1.00    1.22  0.00  1.00   2.00   1.00  1.01    -0.98 0.01
Sex*         3 7185  1.53  0.50   2.00    1.54  0.00  1.00   2.00   1.00 -0.11    -1.99 0.01
SES          4 7185  0.00  0.78   0.00    0.02  0.85 -3.76   2.69   6.45 -0.23    -0.38 0.01
MathAch      5 7185 12.75  6.88  13.13   12.91  8.12 -2.83  24.99  27.82 -0.18    -0.92 0.08
MEANSES      6 7185  0.01  0.41   0.04    0.02  0.47 -1.19   0.83   2.02 -0.27    -0.48 0.00
```

pairs.panels(MathAchieve)##输出如图 4.1 所示。

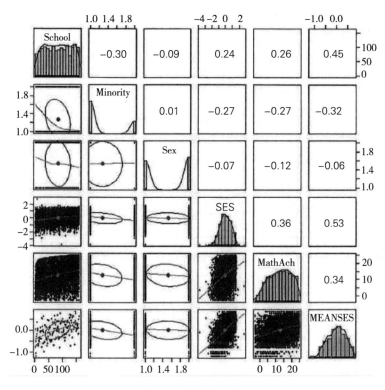

图 4.1 变量相关图

model0 $<-$ lmer(MathAch $\sim$ (1 │ School), data = MathAchieve)#斜率固定

model1 $<-$ lmer(MathAch $\sim$ Sex + (1 │ School), data = MathAchieve)#截距随机,斜率固定

model2 $<-$ lmer(MathAch $\sim$ Sex + (Sex │ School), data = MathAchieve)#截距随机,斜率随机

anova(model0, model1, model2)#比较三个模型

```
refitting model(s) with ML (instead of REML)
Data: MathAchieve
Models:
model0: MathAch ~ (1 | School)
model1: MathAch ~ Sex + (1 | School)
model2: MathAch ~ Sex + (Sex | School)
       npar   AIC   BIC logLik deviance   Chisq Df Pr(>Chisq)
model0    3 47122 47142 -23558    47116
model1    4 47061 47089 -23527    47053 62.4893  1  2.679e-15 ***
model2    6 47063 47105 -23526    47051  2.0204  2     0.3642
---
Signif. codes:  0 '***' 0.001 '**' 0.01 '*' 0.05 '.' 0.1 ' ' 1
```

现实模型 1，即截距随机，斜率固定为最好。

【教学活动 4 - 2】想一想，如何在描述性统计里相互验证结论？

4.10.3　结构方程模型

结构方程模型（structural equation model，SEM）是基于变量的协方差矩阵来分析变量之间关系的一种统计建模方法，也称为协方差结构模型（covariance structural model）。结构方程模型有两部分组成。第一部分是测量模型，这部分也称为验证性因子分析（confirmatory factor analysis，CFA），建立观测变量（也称为显变量）与不可观测因子（也称为隐变量、潜变量）之间的关系。第二部分是结构模型，也称为路径分析，建立隐变量之间的关系。模型可以写成如下形式。

$$X_1 = a_1 \xi_1 + \varepsilon_1$$
$$X_2 = a_2 \xi_2 + \varepsilon_2$$
$$\xi_2 = a_3 \xi_3 + \varepsilon_3$$

其中，X_1 和 X_2 为观测变量，ξ_1 和 ξ_2 为隐变量，ε_1、ε_2、ε_3 为残差项，a_1、a_2、a_3 为待估参数，表示隐变量对其他变量（观测变量、隐变量）的影响。

对于模型拟合结果，有几个评价指标。χ^2 值，不显著则拟合较好。拟合优度指数（goodness of fit index，GFI），大于 0.9 为拟合较好。调整的拟合优度指数（adjusted goodness of fit index，AGFI），大于 0.9 为拟合较好。近似均方根误差（root mean square error of approximation，RMSEA），小于 0.08 为拟合较好，小于 0.05 为拟合良好。相对拟合指数（comparative fit index，CFI），大于 0.9 为拟合较好。标准拟合指数（normal fit index，NFI），大于 0.9 为拟合较好。还有信息标准指数，AIC，越小越好。

结构方程模型的拟合结果一般用图形表示，称为路径图。圆形或椭圆形表示隐变量，正方形或矩形表示观测变量，单箭头表示一个变量对另一个变量的影响，双箭头表示变量的方差或变量间的相关系数。

下面我们给出利用 R 语言建立结构方程模型的具体例子。

例 4.11 利用 R 包 lavaan 中自带数据建立结构方程模型。自带数据为 Holzinger Swineford1939，研究对象是智力水平，数据采集了来自两个学校的七年级和八年级学生。数据有 301 个观测值和 15 个变量，包括学生 id、性别、出生年、出生月、学校、年级和 9 个观测变量 X_1 到 X_9，其中 X_1、X_2、X_3 对应隐变量视觉加工，X_4、X_5、X_6 对应文本理解，X_7、X_8、X_9 对应加工速度。

```
install. packages("lavaan",dependencies = TRUE)#安装 lavaan 包
library(lavaan)#载入 lavaan 包
HS. model < - 'visual =  ~ x1 + x2 + x3
        textual =  ~ x4 + x5 + x6
        speed =  ~ x7 + x8 + x9'
#然后拟合 cfa 函数,第一个参数是模型,第二个参数是数据集
fit1 < - cfa(HS. model,data = HolzingerSwineford1939)
#再通过 summary 函数给出结果
summary(fit1,fit. measure = TRUE)
fit2 < - sem(HS. model,data = HolzingerSwineford1939)
summary(fit2,fit. measure = TRUE)
#sem( )与 cfa( )输出一致
```

从模型拟合结果来看,模型拟合并不好。

```
smodel < - ' g =  ~ x1 + x2 + x3 + x4 + x5 + x7 + x8
        textual =  ~ x4 + x5 + x6
        speed =  ~ x7 + x8 + x9#测量模型,注意符号是" =  ~ ",左边是隐变
量,右边是观测变量
        g ~ textual + speed'#结构方程,注意符号是" ~ "
fit3 < - cfa(smodel,data = HolzingerSwineford1939)
#再通过 summary 函数给出结果
summary(fit3,fit. measure = TRUE)
fit4 < - sem(smodel,data = HolzingerSwineford1939)
summary(fit4,fit. measure = TRUE)
```

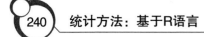

\#sem( )与 cfa( )输出一致

从模型拟合结果来看，模型拟合比之前的要好。用 semPlot 包中的 semPaths（fit3，'est'）函数可以画出路径图。

【教学活动4-3】试说说模型 fit3 比模型 fit1 改进的地方在哪里？为什么说拟合要好一些？fit3 模型存在哪些问题？

第5章

时间序列分析

时间序列分析是分析历史数据、建立模型、预测发展趋势最强有力的工具之一。它利用随机过程理论与数理统计学的方法，研究随机数据序列遵从的统计规律，解决实际问题。本章内容主要关注两个方面。从理论上讲，重点关注差分方程、平稳时间序列，注重数理分析，助力考研。从实践上讲，重点关注波动性建模、趋势建模、多方程建模、非线性建模，注重实际问题的实践，助力毕设。

5.1 | 概念

5.1.1 时间序列数据

人类的一切活动目的无不在于认识和改造世界。时间序列分析从数量上揭示某一现象的发展变化规律或从动态的角度描述这一现象和其他现象之间的关系，达到认识世界的目的。运用时间序列模型可以预测和控制现象的未来行为，达到改造世界的目的。时间序列分析在使用时非常实用，但是，想要建立精度高的时间序列模型不仅要求模型系数有最佳的估计，而且模型阶数选取要适当，所以建模过程是相当复杂的。时间序列分析的应用领域涉及天文、地理、生物、物理、化学等自然科学领域，而且涉及语音通信、图像识别、雷达声呐、遥感技术、环境工程、海洋工程等工程技术领域以及国民经济、市场经济、生产管理等社会经济领域。

将某种随机变量按出现时间的顺序排列起来称为时间序列。从现实世界的角度看，时间序列就是指在一定时期内按时间先后顺序排列的随机变量。

【教学活动5-1】请同学们在统计局官网或金融软件官网查询时间序列数据，并以时间为横坐标做点图或折线图。

不同的时间序列变量展示出各种各样的变动轨迹，经济学者经常把时间序列变量的这种随时间变化的轨迹称为"动态路径"，其中"动态"一词的含义实质上就是指"随时间变化"。

时间序列数据是一段时间的数据记录，并且，时间是数据的一个重要方面。

大多数时间序列分析的目的是要来预测未来。

思考：历史的信息可以拿来预测未来吗？虽然历史总是惊人相似，但是随着科技进步，生活发生了日新月异的变化，以前的信息如何预测未来？时间序列分析为什么是一个有力工具？

时间序列分解包括四个方面：趋势性、季节性、循环、不规则。趋势性是指增长或降低的趋势。季节性是指每年季度的峰值（节假日、寒暑假）。循环是指几年有无循环周期。不规则是指随机波动。

【教学活动5-2】说一说教学活动5-1中展示的时间序列图形中的季节性、循环、不规则。

当考虑的时间序列数据具有明显的这些性质时（一项或两项或全部具备），应该怎样建模？建立的模型如何反映了原始数据的性质？怎样利用建立的模型进行预测？精确度怎么样？这是学习时间序列分析需要关心的问题。

5.1.2　增长率

对于时间序列数据，除了原序列，研究中往往关心增长率。因为有些原序列并不能找到合适的规律，而增长率却能体现出一定的规律。本章节主要介绍几种增长率（或称之为收益率）计算公式的构造。

对于原始数据 P_t，增长率 R_t 计算公式一：

$$R_t = 100\% \times \frac{P_t - P_{t-1}}{P_{t-1}}$$

对于原始数据 P_t，增长率 R_t 计算公式二：

$$R_t = 100\% \times \ln \frac{P_t}{P_{t-1}}$$

一般研究中都选用增长率计算公式二，为什么？

因为增长率计算公式一有两个问题。第一，正向变化和负向变化的不对称性。比如从 100 到 125，增加了 25%，但是从 125 到 100，减少了 20%。第二，有下降趋势的时间序列可能得到正的平均增长率。比如从 100 降到 99，平均增长率为正，但是数据总的来说是下降趋势的。而对于增长率计算公式二，具有正向负向变化的对称性，例如，100 到 125，125 到 100，且如果数据有下降趋势，则平均增长率为负，例如 100 到 125，125 到 100，100 到 98，数据有下降趋势，平均增长率为负。

故大多数研究中采用计算公式二来计算增长率。此时，k 期（k≥2）增长率 $R_t(k)$ 计算公式为：

$$R_t(k) = \ln\left(\frac{P_t}{P_{t-1}} \times \cdots \times \frac{P_{t-k+1}}{P_{t-k}}\right)$$

$$= R_t + \cdots + R_{t-k+1}$$

思考： 如果想在图形中消除季节性变化，考虑数据的趋势性，数据应该怎么处理？

方法一：以上一年的相同季度值代替相邻的上一季度为基准进行计算。计算公式为：

$$R_t = \ln \frac{P_t}{P_{t-4}}$$

若为负值，则说明数据是下降的。

方法二：数据平滑化。四季的数据取平均为当期数据，此时，增长率计算公式为：

$$R_t = (P_t + P_{t-1} + P_{t-2} + P_{t-3})/4$$

5.1.3　随机过程相关概念

时间序列模型是计量模型的一种形式。即对于计量模型 $y_t = c + \beta x_t + \varepsilon_t$，当 y_t 是随时间形成的一系列观察值，且解释变量 x_t 为其前期的观察值时，该模型可称为时间序列模型。

在计量模型中，误差项 ε_t 是随机变量，假设为独立同分布的过程（independently and identically distributed，以下简称为 i. i. d. 过程）。

对于时间序列建模的数理计算，需要掌握如下随机过程的相关概念。

阶矩的定义：一个随机变量 X 的第 n 阶矩 $E[(X-\mu)^n]$ 可以定义为：

$$E[(X-\mu)^n] = \int_{-\infty}^{+\infty} (x-\mu)^n f(x) dx$$

其中，μ 为随机变量 X 的期望。

随机变量的 1 阶矩叫作均值。

随机变量的 2 阶矩叫作方差。

随机变量的 3 阶矩又称为偏度，它度量了随机变量分布的非对称程度。

随机变量的 4 阶矩又称尾峰度，其衡量随机变量分布的尖峰程度或平坦程度。

对于随机误差项 ε_t，$\varepsilon_t \in$ i. i. d. $(0, \sigma^2)$，则有：

$$E\varepsilon_t = 0$$
$$E[(\varepsilon_t - E\varepsilon_t)^2] = Var(\varepsilon_t) = E[\varepsilon_t^2] = \sigma^2$$
$$E[(\varepsilon_t - E\varepsilon_t)^3] = E[\varepsilon_t^3]$$
$$E[(\varepsilon_t - E\varepsilon_t)^4] = E[\varepsilon_t^4]$$

利用样本数据 $\{x_1, \cdots, x_T\}$，可以得到均值和方差的估计，即，

$$\hat{\mu} = \frac{1}{T} \sum_{t=1}^{T} x_t$$

$$\hat{\sigma}^2 = \frac{1}{T-1} \sum_{t=1}^{T} (x_t - \hat{\mu})^2$$

一些有用的运算规则需要记住。

$$E(c\varepsilon_t) = cE(\varepsilon_t)$$
$$E(c + \varepsilon_t) = c + E(\varepsilon_t)$$
$$E(x_t + \varepsilon_t) = E(x_t) + E(\varepsilon_t)$$
$$Var(c\varepsilon_t) = c^2 Var(\varepsilon_t)$$
$$Var(c + \varepsilon_t) = Var(\varepsilon_t)$$
$$Var(x_t + \varepsilon_t) = Var(x_t) + Var(\varepsilon_t) + 2Cov(x_t, \varepsilon_t)$$

思考：以下几个式子为什么成立？

$$Cov(A, \varepsilon_t) = 0$$
$$Cov(Ax_t, \varepsilon_t) = ACov(x_t, \varepsilon_t)$$
$$Cov(x_t + y_t, \varepsilon_t) = Cov(x_t, \varepsilon_t) + Cov(y_t, \varepsilon_t)$$

时间序列分析与随机过程的区别需要注意。随机过程是在对实测数据统计所得的先验概率知识基础上分析其统计性质；时间序列分析是对实测数据建立的模型上分析性质。

随机过程是建立在无限多样本数据的统计基础上的，但是，人们所获得的实测数据总是有限的，而时间序列分析就是在有限个样本数据总量的前提下建立精确的模型，应用方便。

5.1.4　Wold 分解定理

Wold 分解定理适用于方差平稳纯非确定性随机变量。减去其均值函数后，一个平稳过程可以表示为一系列不相关的，具有零均值和恒定方差的随机变量的线性组合。

这里纯非确定性随机过程指的是时间序列的所有确定性成分必须事先剔除。任何确定性成分都可以由其自身的滞后值进行预测。确定性部分包括均值、周期等。

习题：请将 Wold 分解定理用公式形式写出。

解答：$x_t - \mu_t = \sum_{j=0}^{\infty} \psi_j \varepsilon_{t-j}$，$\psi_0 = 1$，$\sum_{j=0}^{\infty} \psi_j^2 < \infty$，$\varepsilon_t$ 为白噪声过程，均值为 0，$E\varepsilon_t\varepsilon_t = \sigma^2$，并求期望、方差、协方差。

5.2 | 差分方程

5.2.1 一阶差分方程

一阶差分方程是指将一个变量的当期值定义为它的前一期和一个当期随机扰动项的函数。即 $y_t = \alpha y_{t-1} + \varepsilon_t$ 为一个一阶差分方程。

如果给定初始值 y_0，则 y_t 可以由随机误差项 ε_t 的序列来表示。

当给定 y_0，则，

$$y_1 = \alpha y_0 + \varepsilon_1$$
$$y_2 = \alpha y_1 + \varepsilon_2$$
$$= \alpha(\alpha y_0 + \varepsilon_1) + \varepsilon_2$$
$$= \alpha^2 y_0 + \alpha \varepsilon_1 + \varepsilon_2$$
$$y_3 = \alpha^3 y_0 + \alpha^2 \varepsilon_1 + \alpha \varepsilon_2 + \varepsilon_3$$
$$\cdots$$
$$y_t = \alpha^t y_0 + \alpha^{t-1} \varepsilon_1 + \alpha^{t-2} \varepsilon_2 + \cdots + \varepsilon_t$$
$$= \alpha^t y_0 + \sum_{i=0}^{t-1} \alpha^i \varepsilon_{t-i}$$

当没有给定 y_0，则 $y_t = \alpha^{t+m+1} y_{-m-1} + \sum_{i=0}^{t+m} \alpha^i \varepsilon_{t-i}$，请推导该公式。

可以观察到，当 $|\alpha| < 1$ 时，α^{t+m+1} 的取值随 m 的不断增大而减小，最终趋向于 0，此时 y_t 称为收敛序列。当 $|\alpha| > 1$ 时，α^{t+m+1} 的取值随 m 的不断增大而不会逐渐减小为 0，此时 y_t 称为非收敛序列。当 $|\alpha| = 1$ 时，此时 y_t 称为非收敛序列，该差分方程有专门的名称，叫作随机游走过程。即系数 α 的大小决定了时间序列的走势特征。

连一连：如图 5.1 所示，试调整各图所对应的一阶差分方程使其正确。

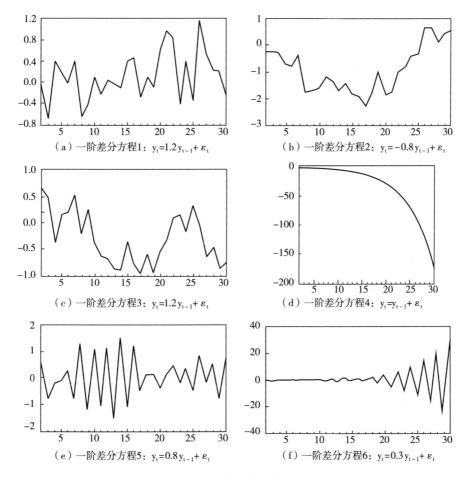

（a）一阶差分方程1：$y_t = 1.2y_{t-1} + \varepsilon_t$

（b）一阶差分方程2：$y_t = -0.8y_{t-1} + \varepsilon_t$

（c）一阶差分方程3：$y_t = 1.2y_{t-1} + \varepsilon_t$

（d）一阶差分方程4：$y_t = y_{t-1} + \varepsilon_t$

（e）一阶差分方程5：$y_t = 0.8y_{t-1} + \varepsilon_t$

（f）一阶差分方程6：$y_t = 0.3y_{t-1} + \varepsilon_t$

图 5.1 序列模拟生成

习题：

对于带有常数项 c 的一阶差分方差 $y_t = c + \alpha y_{t-1} + \varepsilon_t$，请写出：

（1）当给定 y_0 时，y_t 的形式。

（2）当 y_0 未知时，y_t 的形式。

（3）当 y_0 未知且 $|\alpha| < 1$ 时，无穷次迭代下，y_t 的形式。

解答：

（1）$y_t = c \sum\limits_{i=0}^{t-1} \alpha^i + \alpha^t y_0 + \sum\limits_{i=0}^{t-1} \alpha^i \varepsilon_{t-i}$

（2）$y_t = c \sum\limits_{i=0}^{t+m} \alpha^i + \alpha^{t+m+1} y_{-m-1} + \sum\limits_{i=0}^{t+m} \alpha^i \varepsilon_{t-i}$

（3）$y_t = \dfrac{c}{1-\alpha} + \sum\limits_{i=0}^{\infty} \alpha^i \varepsilon_{t-i}$

5.2.2　动态乘数与脉冲响应

对于 $y_t = \alpha y_{t-1} + \varepsilon_t$，则 $\dfrac{\partial y_{t+j}}{\partial \varepsilon_t}$，$j = 0$，1，2，…称为动态乘数。在 $j = 0$ 时，动态乘数也称为影响乘数。由 $y_t = \alpha y_{t-1} + \varepsilon_t$，试推出：

$$y_{t+j} = \alpha^{j+1} y_{t-1} + \alpha^j \varepsilon_t + \alpha^{j-1} \varepsilon_{t+1} + \cdots + \varepsilon_{t+j}$$

一阶差分方程的动态乘数为 $\dfrac{\partial y_{t+j}}{\partial \varepsilon_t} = \alpha^j$。此外，$\dfrac{\partial y_t}{\partial \varepsilon_{t-j}} = \dfrac{\partial y_{t+j}}{\partial \varepsilon_t}$（为什么?）。故动态乘数与时间跨度有关，表示当期的随机因素变化量带来的对 j 期之后时间序列的影响。

从动态乘数的定义可知，对应每一个时期跨度 j，有一个对应的动态乘数，那么如果将不同时期跨度 j 的动态乘数按 j 从小到大的顺序摆放在一起，形成一个路径，就成为了脉冲响应函数。这一路径揭示了变量的整个时间路径是如何受到随机扰动影响的。累积脉冲响应函数公式为：

$$\frac{\partial y_{t+j}}{\partial \varepsilon_t} + \cdots + \frac{\partial y_{t+j}}{\partial \varepsilon_{t+j}} = \alpha^j + \cdots + \alpha + 1$$

累积脉冲响应函数用来衡量随机扰动因素变化一个单位后，对 j 期之后时间序列的影响。

从累积脉冲响应函数模型可知，当 $|\alpha| < 1$ 时，在极限情况下，累积脉冲响应函数就等于 $\dfrac{1}{1-\alpha}$。无论是脉冲响应函数还是累积脉冲响应函数，其根本特性都由一阶滞后项系数决定。以下是图 5.2 脉冲响应函数图，横坐标是时间跨度 j，纵坐标是动态乘数。试说出下列各图中的数值。

从图形中可以清晰看出，不同的 α 取值，对应的脉冲响应函数图表现非常不同。归纳来说：

在 $0 < \alpha < 1$ 的情况下，如图 5.2（a）和图 5.2（b）情形，体现在脉冲响应函数中的动态乘数随时间跨度 j 的增加而呈现几何式递减并最终趋

近于0的趋势。当 $-1 < \alpha < 0$ 时，如图5.2（e）情形，动态乘数的取值正负号交替变化，但是这些动态乘数的绝对值是呈现逐渐递减至0的，这种情形经常被形象地称作震荡式衰减。所以，对于 $|\alpha| < 1$ 的情况，从脉冲响应函数图来看，随机扰动因素对序列 y_t 的冲击将最终消失，而对应的一阶差分方程在这种情况下就是一个稳定的系统。

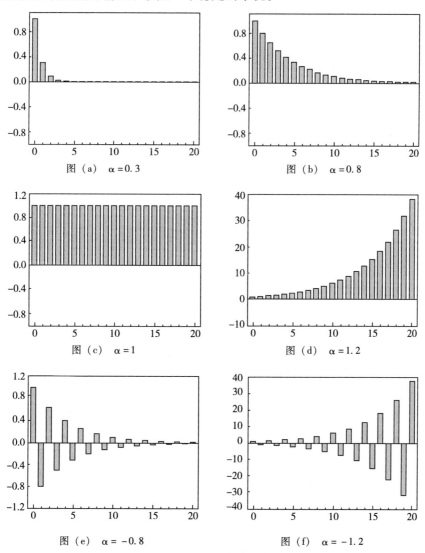

图5.2 脉冲响应函数图

再来考察其他可能的情况。首先，如果 $\alpha = 1$，如图5.2（c），动态乘

数始终等于1，而不管时间跨度 j 如何变化。这样，随机误差项序列一个单位的变化将导致时间序列 y_t 永久性的变化一个单位。其次，对于 $\alpha > 1$ 的情况，图5.2（d）描绘了对应例子的脉冲响应函数图，可以看出，动态乘数随时间跨度 j 的增加呈现几何式上升趋势。而当 $\alpha < -1$ 时，动态乘数表现出震荡式不断上升的变化。可见，在 $|\alpha| > 1$ 的条件下，对应的一阶差分方程为不稳定系统。

5.2.3　高阶差分方程

　　一阶差分方程可以拓展到二阶以及更高阶的差分方程，为方便起见，把高于一阶的差分方程统一称为高阶差分方程。假设差分方程的阶数为 p，则 p 阶差分方程的一般表达式可以写成：$y_t = \alpha_1 y_{t-1} + \alpha_2 y_{t-2} + \cdots + \alpha_p y_{t-p} + \varepsilon_t$。

　　现在，欲把高阶方程转换为一阶方程。首先，定义几个矩阵。

$$Y_t = \begin{bmatrix} y_t \\ y_{t-1} \\ y_{t-2} \\ \vdots \\ y_{t-p+1} \end{bmatrix}, F = \begin{bmatrix} \alpha_1 & \alpha_2 & \cdots & \alpha_{p-1} & \alpha_p \\ 1 & 0 & \cdots & 0 & 0 \\ 0 & 1 & \cdots & 0 & 0 \\ \vdots & \vdots & \vdots & \vdots & \vdots \\ 0 & 0 & \cdots & 1 & 0 \end{bmatrix}, e_t = \begin{bmatrix} \varepsilon_t \\ 0 \\ 0 \\ \vdots \\ 0 \end{bmatrix}$$

　　则 p 阶差分方程可以转化为：

$$\begin{bmatrix} y_t \\ y_{t-1} \\ y_{t-2} \\ \vdots \\ y_{t-p+1} \end{bmatrix} = \begin{bmatrix} \alpha_1 & \alpha_2 & \cdots & \alpha_{p-1} & \alpha_p \\ 1 & 0 & \cdots & 0 & 0 \\ 0 & 1 & \cdots & 0 & 0 \\ \vdots & \vdots & \vdots & \vdots & \vdots \\ 0 & 0 & \cdots & 1 & 0 \end{bmatrix} \begin{bmatrix} y_{t-1} \\ y_{t-2} \\ y_{t-3} \\ \vdots \\ y_{t-p} \end{bmatrix} + \begin{bmatrix} \varepsilon_t \\ 0 \\ 0 \\ \vdots \\ 0 \end{bmatrix}$$

　　即 $Y_t = FY_{t-1} + e_t$.

　　同样通过反复迭代，可以得到：$Y_t = F^{t+1} Y_{-1} + F^t e_0 + \cdots + F e_{t-1} + e_t$.

　　此时，p 阶差分方程的动态乘数为 $\dfrac{\partial y_{t+j}}{\partial \varepsilon_t} = f_{11}^{(j)}, j = 0, 1, \cdots$。其中，$f_{11}^{(j)}$ 表示矩

阵 F^j 的第 1 行第 1 列位置上的元素。一旦动态乘数的解析表达式求解出来了，对应的 p 阶差分方程的脉冲响应方程就可以很容易获得了。

习题：

试将如下二阶差分方程 $y_t = c + \alpha_1 y_{t-1} + \alpha_2 y_{t-2} + \varepsilon_t$ 转换为一阶差分方程形式。

解答：

$$Y_t = \begin{bmatrix} y_t \\ y_{t-1} \end{bmatrix}, C = \begin{bmatrix} c \\ 0 \end{bmatrix}, F = \begin{bmatrix} \alpha_1 & \alpha_2 \\ 1 & 0 \end{bmatrix}, e_t = \begin{bmatrix} \varepsilon_t \\ 0 \end{bmatrix}$$

$$Y_t = C + F Y_{t-1} + e_t$$

5.2.4 滞后算子

滞后算子以英文单词"lag"的大写首字母 L 表示，基本的运算规则如下：

$$Ly_t = y_{t-1}$$
$$L^2 y_t = y_{t-2}$$
$$\vdots$$
$$L^p y_t = y_{t-p}$$

根据这个定义，二阶差分方程：$y_t = \alpha_1 y_{t-1} + \alpha_2 y_{t-2} + \varepsilon_t$，可以写成：$y_t = \alpha_1 L y_t + \alpha_2 L^2 y_t + \varepsilon_t$。即 $L^p y_t = y_{t-p}$，$p = \cdots$，-1，0，1，$2\cdots$当 k = 0 时，$L^0 y_t = y_t$。故可以用 1 代替 L^0。当 k > 0 时，序列向后移动 k 期，当 k < 0 时，序列向前移动 $|k|$ 期。

同样，幂运算也适用于滞后算子。

定义 5.1 阶差分算子为"Δ"：$\Delta y_t = y_t - y_{t-1}$。

思考：试着建立差分算子和滞后算子之间的关系，以及三次差分如何用滞后算子表示？

滞后算子运算还符合标准的"结合律"与"交换律"等如下运算法则：

（1）$L^0 = 1$；

（2）对任何常数 c 取滞后运算等于原来的常数，即 $L^p c = c$；

（3）结合律与分配律，即，

$$y_{t-p} + y_{t-q} = L^p y_t + L^q y_t = (L^p + L^q) y_t$$

$$x_{t-p} + y_{t-p} = L^p x_t + L^p y_t = L^p (x_t + y_t)$$

（4）交换律，即，

$$y_{t-p} + y_{t-q} = L^p y_t + L^q y_t = (L^p + L^q) y_t$$

运用以上介绍的滞后算子运算规律，可以将二阶差分方程 $y_t = \alpha_1 y_{t-1} + \alpha_2 y_{t-2} + \varepsilon_t$ 写成 $y_t = (\alpha_1 L + \alpha_2 L^2) y_t + \varepsilon_t$，即 $(1 - \alpha_1 L - \alpha_2 L^2) y_t = \varepsilon_t$。

这里，$\alpha(L) = (1 - \alpha_1 L - \alpha_2 L^2)$ 称为二阶滞后算子多项式。

初次学习滞后算子，可以把滞后算子与经济学中常用的期望联系起来理解。滞后算子操作符也属于类似的概念范畴，也就是说，L 在这里不仅仅是一个符号，它代表了一种运算过程。

一个非常有用的性质：当 $|\alpha| < 1$ 时，$(1 - \alpha L)^{-1} = 1 + \alpha L + \alpha^2 L^2 + \cdots$，请试着推导该性质。

对于二阶差分方差 $y_t = c + \alpha_1 y_{t-1} + \alpha_2 y_{t-2} + \varepsilon_t$，利用滞后算子，可以写成 $y_t = \dfrac{c}{1 - \alpha_1 - \alpha_2} + \dfrac{1}{1 - \alpha_1 L - \alpha_2 L^2} \varepsilon_t$。

对于 p 阶差分方程，利用滞后算子，可以写成 $(1 - \alpha_1 L - \alpha_2 L^2 - \cdots - \alpha_p L^p) y_t = \varepsilon_t$ 的形式。

练习：

考虑模型 $y_t = c + \alpha y_{t-1} + \beta_1 \varepsilon_t + \beta_2 \varepsilon_{t-1}$。

（1）当 $|\alpha| < 1$ 时，将 y_t 写成 MA(∞) 的形式。

（2）计算动态乘数。

（3）计算累积脉冲响应函数。

解答：

（1）$y_t = \dfrac{c}{1 - \alpha} + \sum_{j=0}^{\infty} \alpha^j \beta_1 \varepsilon_{t-j} + \sum_{j=0}^{\infty} \alpha^j \beta_2 \varepsilon_{t-j-1}$

（2）$\dfrac{\partial y_t}{\partial \varepsilon_t} = \beta_1, \dfrac{\partial y_{t+j}}{\partial \varepsilon_t} = \alpha^j \beta_1 + \alpha^{j-1} \beta_2, j = 1, \cdots$

（3）$\sum_{j=1}^{\infty} (\alpha^j \beta_1 + \alpha^{j-1} \beta_2) + \beta_1$

5.2.5　差分方程的稳定性

差分方程的稳定性是指由差分方程生成的数据的收敛性。这里需要介绍与差分方程相关的特征方程和逆特征方程。对于一般的 p 阶差分方程 $y_t = \alpha_1 y_{t-1} + \alpha_2 y_{t-2} + \cdots + \alpha_p y_{t-p} + \varepsilon_t$ 来说，其特征方程为：$\gamma^p - \alpha_1 \gamma^{p-1} - \alpha_2 \gamma^{p-2} - \cdots - \alpha_p = 0$。当系数均为可知，则可以求出特征方程的根，称为特征根，这些特征根的大小决定了相应差分方程的稳定性。

当特征方程的所有根均落在单位圆内时，则差分方程系统是稳定的。之所以经常使用"单位圆"来比照特征根的"大小"，是因为特征根可能是实数也可能是复数。

与特征方程仅有一字之差的逆特征方程，也经常被许多教材和相关文献使用，所以这里同样给出逆特征方程的概念。p 阶差分方程相 $y_t = \alpha_1 y_{t-1} + \alpha_2 y_{t-2} + \cdots + \alpha_p y_{t-p} + \varepsilon_t$ 对应的逆特征方程表达式为：$1 - \alpha_1 \gamma^1 - \alpha_2 \gamma^2 - \cdots - \alpha_p \gamma^p = 0$。同样的，当逆特征方程的所有根均落在单位圆外时，则差分方程系统是稳定的。

练习：

（1）试给出下列过程的特征方程，求出特征根，并判断该过程是否平稳。

① $y_t = 1.2 y_{t-1} - 0.2 y_{t-2} + \varepsilon_t$

② $y_t = 1.2 y_{t-1} - 0.2 y_{t-2} + \varepsilon_t$

③ $y_t = 1.2 y_{t-1} - 0.2 y_{t-2} + \varepsilon_t$

④ $y_t = 1.2 y_{t-1} - 0.2 y_{t-2} + \varepsilon_t$

（2）用待定系数法确定过程 $y_t = c + \alpha_1 y_{t-1} + \alpha_2 y_{t-2} + \varepsilon_t$ 在 $j = 2$ 的动态乘数。

解答：

（1）①非平稳。

②平稳。

③非平稳。

④非平稳。

（2） $\dfrac{\partial y_{t+2}}{\partial \varepsilon_t} = \alpha_1^2 + \alpha_2$

5.3 | 平稳时间序列

5.3.1　自协方差与自相关函数

对于随机变量 X 和 Y，协方差的定义为 $Cov(X,Y) = E[X - E(X)][Y - E(Y)]$，自协方差的定义为一个随机变量与其自身滞后期之间的协方差，所以，自协方差可以表示为 $\gamma_j = E[y_t - E(y_t)][y_{t-j} - E(y_{t-j})], j = 0, \pm 1, \pm 2, \cdots$

对于均值不变的随机过程 y_t 而言，$\gamma_j = E[y_t - \mu][y_{t-j} - \mu], j = 0, \pm 1, \pm 2, \cdots$

当 $j = 0$ 时，则计算的就是方差：$\gamma_0 = E[y_t - \mu][y_t - \mu] = Var(y_t)$。

对于随机变量 X 和 Y，相关系数的定义为 $\rho = \dfrac{Cov(X,Y)}{\sqrt{Var(X)}\sqrt{Var(Y)}}$。

则自相关函数定义为：

$$\rho_j = \frac{Cov(y_t, y_{t-j})}{\sqrt{Var(y_t)}\sqrt{Var(y_{t-j})}}, j = 0, \pm 1, \pm 2, \cdots$$

一般将 ρ_j 相对于滞后期数 j 绘制出来的图形称为自相关图。

5.3.2　弱平稳和严平稳

弱平稳的定义：对于时间序列 y_t，如果其期望值、方差以及自协方差均不随时间 t 变化而变化，则称该序列为弱平稳随机变量。即对于所有时间 t，弱平稳序列 y_t 满足以下条件：

ⅰ. $E(y_t) = \mu$，为不变的常数；

ⅱ. $Var(y_t) = \sigma^2$，为不变的常数；

ⅲ. $\gamma_j = E[y_t - \mu][y_{t-j} - \mu]$，$j = 0, \pm 1, \pm 2, \cdots$，与 t 无关。

对于弱平稳过程 y_t ，也能推出 $\gamma_j = \gamma_{-j}$ ， $j = \pm 1$ ， ± 2 ，… 自相关函数

$$\rho_j = \frac{Cov(y_t, y_{t-j})}{\sqrt{Var(y_t)} \sqrt{Var(y_{t-j})}} = \frac{\gamma_j}{\gamma_0}, j = 0, \pm 1, \pm 2, \cdots$$

且 $\rho_0 = 1, \rho_j = \rho_{-j}$ ，为什么？

严平稳的定义:如果对于任何 $j_1, j_2, \cdots, j_k$ ，随机变量的集合 $(y_t, y_{t+j_1}, \cdots, y_{t+j_k})$ ，只依赖于不同期之间的间隔距离 $(j_1, j_2, \cdots, j_k)$ ，而不依赖于时间 t，那么这样的集合称为严格平稳过程或简称为严平稳过程，对应的随机变量称为严平稳随机变量。

时间序列过程中所讲的平稳一般是指弱平稳过程。

5.3.3 白噪声过程

一个随机过程如被称为白噪声过程，则组成该过程的所有随机序列彼此互相独立，并且均值为 0，方差为恒定不变值。即对于所有时间 t，白噪声过程 y_t 满足以下条件：

ⅰ. $E(y_t) = 0$ ，

ⅱ. $Var(y_t) = \sigma^2$ ，

ⅲ. $\gamma_j = E[y_t][y_{t-j}] = 0, j = \pm 1, \pm 2, \cdots$

思考：白噪声过程是平稳过程吗？并试着求出白噪声过程的自协方差和自相关函数。

对于白噪声过程，其自协方差为：

$$\gamma_j = \begin{cases} \sigma^2, & j = 0 \\ 0, & j \neq 0 \end{cases}$$

自相关函数为：

$$\rho_j = \begin{cases} 1, & j = 0 \\ 0, & j \neq 0 \end{cases}$$

白噪声过程中的观测值之间互相独立。

5.3.4 一阶自回归模型：AR(1)

一阶自回归模型 AR(1) 可以写成： $y_t = c + \alpha y_{t-1} + \varepsilon_t$ 。当 $|\alpha| < 1$ 时，

AR(1)模型可以表示成无穷个随机误差项的组合（试用迭代法和滞后算子法两种方法推导，并阐述哪里用到了系数的设置条件），即 $y_t = \dfrac{c}{1-\alpha} + \sum_{i=0}^{\infty} \alpha^i \varepsilon_{t-i}$，该组合称为无穷阶移动平均过程 MA($\infty$)。

练习：对于 AR(1) 模型，求：

（1）均值。

（2）方差。

（3）自协方差。

（4）自相关函数。

解答：

（1）$E(y_t) = \dfrac{c}{1-\alpha}$

（2）$\mathrm{Var}(y_t) = \dfrac{\sigma^2}{1-\alpha^2}$

（3）$\gamma_j = \dfrac{\sigma^2}{1-\alpha^2}\alpha^j$

（4）$\rho_j = \alpha^j$

由一阶自相关函数可知，对于 $|\alpha|$，其值越接近 1，则原序列 y_t 相邻观测值之间的相关性越强。故平稳一阶自回归方程的自相关函数图应该是随着滞后期数的增加而逐渐衰减。

下面几幅图给出了不同系数 α 系数下的原序列自相关函数图（见图 5.3）。

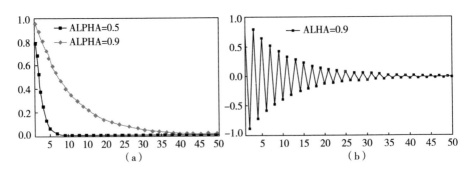

图 5.3　不同系数下原序列自相关函数

5.3.5 高阶自回归模型

对于二阶自回归模型 $y_t = c + \alpha_1 y_{t-1} + \alpha_2 y_{t-2} + \varepsilon_t$，用滞后算子可以表示成 $(1 - \alpha_1 L - \alpha_2 L^2) y_t = c + \varepsilon_t$。其特征方程为 $x^2 - \alpha_1 x - \alpha_2 = 0$。当特征方程所有根都落在单位圆内时，则 AR（2）过程为平稳过程。在这种情况下，AR（2）可以表示成 MA（∞）的形式，试着把它写出来。

习题：考虑二阶平稳自回归模型 $y_t = c + \alpha_1 y_{t-1} + \alpha_2 y_{t-2} + \varepsilon_t$，求

（1）均值。

（2）方差。

解答：

（1） $\dfrac{c}{1 - \alpha_1 - \alpha_2}$

（2）对于 $y_t = c + \alpha_1 y_{t-1} + \alpha_2 y_{t-2} + \varepsilon_t$，且 $\mu = \dfrac{c}{1 - \alpha_1 - \alpha_2}$。则 $y_t - \mu = \alpha_1 (y_{t-1} - \mu) + \alpha_2 (y_{t-2} - \mu) + \varepsilon_t$，故有（这里 $j \neq 0$，为什么？当 $j = 0$ 是什么结果?）

$$\gamma_j = \alpha_1 \gamma_{j-1} + \alpha_2 \gamma_{j-2}$$
$$\rho_j = \alpha_1 \rho_{j-1} + \alpha_2 \rho_{j-2}$$

因此，

$$\rho_1 = \alpha_1 \rho_0 + \alpha_2 \rho_{-1},$$
$$\rho_2 = \alpha_1 \rho_1 + \alpha_2 \rho_0$$

又因为自相关函数的性质 $\rho_j = \rho_{-j}$，$\rho_0 = 1$，得到自相关函数前 2 期的解析表达式：

$$\rho_1 = \frac{\alpha_1}{1 - \alpha_2}$$

$$\rho_2 = \frac{\alpha_1^2 - \alpha_2^2 + \alpha_2}{1 - \alpha_2}$$

又由于 $\gamma_0 = \alpha_1 \gamma_1 + \alpha_2 \gamma_2 + \sigma^2$（这又是为什么?），得到方差的表达式：

$$\gamma_0 = \frac{1-\alpha_2}{(1+\alpha_2)\left[(1-\alpha_2)^2-\alpha_1^2\right]}\sigma^2$$

给出几幅由 AR（2）模型生成的序列图（见图 5.4）。

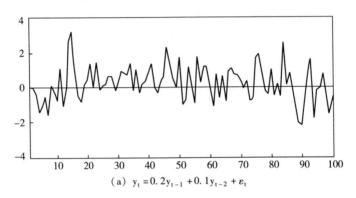

（a）$y_t = 0.2y_{t-1} + 0.1y_{t-2} + \varepsilon_t$

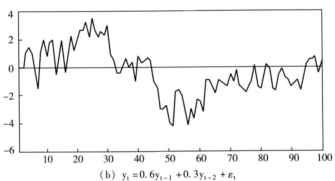

（b）$y_t = 0.6y_{t-1} + 0.3y_{t-2} + \varepsilon_t$

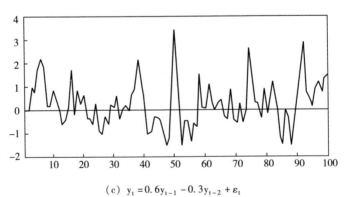

（c）$y_t = 0.6y_{t-1} - 0.3y_{t-2} + \varepsilon_t$

图 5.4　模型生成的序列图

思考： 比较图 5.4（a）与图 5.4（b），图 5.4（b）与图 5.4（c）。

需要注意的是，对于 AR（2）模型来说，随着滞后期 j 的增大，自相关函数（绝对值）不一定总是单调递减的！这一点与 AR（1）模型不同，因为对于平稳 AR（1）模型来说，自相关函数的绝对值一定是单调递减的。

为了说明这一点，现在考虑另外一个 AR（2）模型：$y_t = 0.4y_{t-1} + 0.45y_{t-2} + \varepsilon_t$，如图 5.5 所示。

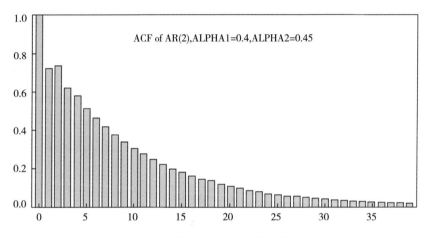

图 5.5 模型的理论自相关函数图

对于 p 阶自回归模型 AR（p）有 $y_t = c + \alpha_1 y_{t-1} + \alpha_2 y_{t-2} + \cdots + \alpha_p y_{t-p} + \varepsilon_t$，用滞后算子可以表示成 $(1 - \alpha_1 L - \cdots - \alpha_p L^p)y_t = c + \varepsilon_t$。其特征方程为 $x^p - \cdots - \alpha_{p-1}x - \alpha_p = 0$。当特征方程所有根都落在单位圆内时，则 AR（p）过程为平稳过程。在这种情况下，AR（p）可以表示成 MA（∞）的形式。

5.3.6 一阶移动平均模型

一阶移动平均过程定义为 $y_t = c + \varepsilon_t + \beta\varepsilon_{t-1}$，如果用滞后算子来定义，则模型可以写成 $y_t = c + (1 + \beta L)\varepsilon_t$。

给出几幅模型生成序列图，如图 5.6、图 5.7 所示。

思考：MA（1）模型是平稳序列吗？是白噪声过程吗？

习题：求 MA（1）过程的均值和方差。

解答：均值为 $\mu = c$，方差 $\gamma_0 = (1 + \beta^2)\sigma^2$。

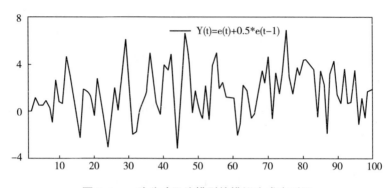

图5.6 一阶移动平均模型的模拟生成序列图

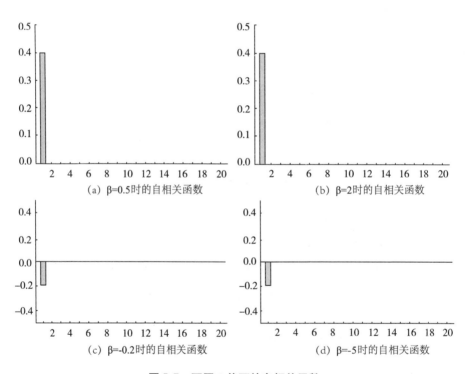

(a) β=0.5时的自相关函数

(b) β=2时的自相关函数

(c) β=-0.2时的自相关函数

(d) β=-5时的自相关函数

图5.7 不同β值下的自相关函数

下面我们来计算协方差。

$$
\begin{aligned}
\gamma_j &= E(y_t - \mu)(y_{t-j} - \mu) \\
&= E(\varepsilon_t + \beta\varepsilon_{t-1})(\varepsilon_{t-j} + \beta\varepsilon_{t-j-1}) \\
&= E(\varepsilon_t\varepsilon_{t-j} + \beta\varepsilon_{t-1}\varepsilon_{t-j} + \beta\varepsilon_t\varepsilon_{t-j-1} + \beta^2\varepsilon_{t-1}\varepsilon_{t-j-1})
\end{aligned}
$$

故得到，

$$\gamma_j = \begin{cases} \beta\sigma^2, & j = 1 \\ 0, & j > 1 \end{cases}$$

故存在一个非 0 的 j，使得自协方差不为 0。由此看出，一阶移动平均过程不是白噪声过程。但是，一阶移动平均过程是平稳过程。其自相关函数为：

$$\rho_j = \begin{cases} \dfrac{\beta}{1 + \beta^2}, & j = 1 \\ 0, & j > 1 \end{cases}$$

当 $|\beta| < 1$ 时，有 $(1 + \beta L)^{-1} = 1 - \beta L + \beta^2 L^2 + \cdots$，（思考：为什么成立？为什么需要系数的条件？）。故 MA(1) 过程 $y_t = c + \varepsilon_t + \beta\varepsilon_{t-1}$，可以写成 $(1 - \beta L + \beta^2 L^2 + \cdots)(y_t - c) = \varepsilon_t$。整理一下得到 $y_t = (c - \beta c + \beta^2 c - \cdots) + \varepsilon_t + \beta y_{t-1} - \beta^2 y_{t-2} + \cdots$ 也就是说，在当 $|\beta| < 1$ 条件下，MA(1) 可以转换成 AR(∞)，该转换称为可逆的。

5.3.7 高阶移动平均过程

二阶移动平均过程 MA（2）定义为 $y_t = c + \varepsilon_t + \beta_1\varepsilon_{t-1} + \beta_2\varepsilon_{t-2}$，如果用滞后算子来定义，则模型可以写成 $y_t = c + (1 + \beta_1 L + \beta_2 L^2)\varepsilon_t$。

习题：求 MA（2）过程的均值、方差、自协方差和自相关函数。

解答：均值为 $\mu = c$，方差 $\gamma_0 = (1 + \beta_1^2 + \beta_2^2)\sigma^2$，自协方差

$$\gamma_j = \begin{cases} \beta_1(1 + \beta_2)\sigma^2, & j = 1 \\ \beta_2\sigma^2, & j = 2 \\ 0, & j > 2 \end{cases}$$

自相关函数

$$\rho_j = \begin{cases} \dfrac{\beta_1(1 + \beta_2)}{1 + \beta_1^2 + \beta_2^2}, & j = 1 \\ \dfrac{\beta_2}{1 + \beta_1^2 + \beta_2^2}, & j = 2 \\ 0, & j > 2 \end{cases}$$

给出序列模拟生成图，如图 5.8、图 5.9 所示。

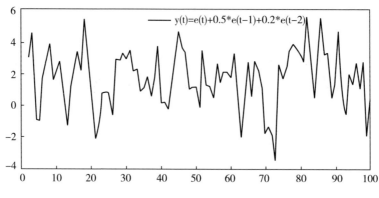

图 5.8　MA（2）过程模拟生成图

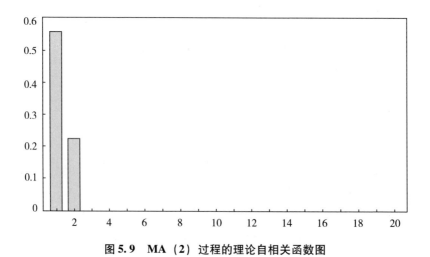

图 5.9　MA（2）过程的理论自相关函数图

与 MA（1）过程的可逆性对应，MA（2）过程的可逆性是指 MA（2）过程转换为 AR（∞）。要使 MA（2）过程可逆，要求特征方程 $x^2 + \beta_1 x + \beta_2 = 0$ 所有的根在单位圆以内，或者说逆特征方程 $1 + \beta_1 x + \beta_2 x^2 = 0$ 所有的根在单位圆以外。那么，MA（2）在什么条件下为平稳过程？

对于 q 阶移动平均过程 MA（q）定义为 $y_t = c + \varepsilon_t + \beta_1 \varepsilon_{t-1} + \cdots + \beta_q \varepsilon_{t-q}$，如果用滞后算子来定义，则模型可以写成 $y_t = c + (1 + \beta_1 L + \cdots + \beta_q L^q) \varepsilon_t$。

习题：求 MA（q）过程的均值、方差、自协方差和自相关函数。

解答：均值为 $\mu = c$，方差 $\gamma_0 = (1 + \beta_1^2 + \cdots + \beta_q^2)\sigma^2$，自协方差

$$\gamma_j = \begin{cases} (\beta_j + \beta_{j+1}\beta_1 + \cdots + \beta_q\beta_{q-j})\sigma^2, & j = 1, 2, \cdots, q \\ 0, & j > q \end{cases}$$

自相关函数

$$\rho_j = \begin{cases} \dfrac{\beta_j + \beta_{j+1}\beta_1 + \cdots + \beta_q\beta_{q-j}}{1 + \beta_1^2 + \cdots + \beta_q^2}, & j = 1, 2, \cdots, q \\ 0, & j > q \end{cases}$$

MA(q) 过程的可逆性是指 MA(q) 过程转换为 AR(∞)。要使 MA(q) 过程可逆，要求特征方程 $x^q + \cdots + \beta_{q-1}x + \beta_q = 0$ 所有的根在单位圆以内，或者说逆特征方程 $1 + \beta_1 x + \beta_2 x^2 + \cdots + \beta_q x^q = 0$ 所有的根在单位圆以外。

5.3.8 自回归移动平均过程

自回归移动平均过程 ARMA(p, q) 定义为 $y_t = c + \alpha_1 y_{t-1} + \alpha_2 y_{t-2} + \cdots + \alpha_p y_{t-p} + \varepsilon_t + \beta_1 \varepsilon_{t-1} + \cdots + \beta_q \varepsilon_{t-q}$，如果用滞后算子来表示，则模型可以写成 $(1 - \alpha_1 L - \alpha_2 L^2 - \cdots - \alpha_p L^p) y_t = c + (1 + \beta_1 L + \cdots + \beta_q L^q) \varepsilon_t$。

移动平均过程在任何条件下都是平稳过程，所以对自回归移动平均过程的平稳性要求，完全依赖于 AR 部分，可逆性要求完全依赖于 MA 部分。所以，对于自回归移动平均过程，平稳性判断准则是逆特征方程 $1 - \alpha_1 x - \alpha_2 x^2 - \cdots - \alpha_p x^p = 0$ 所以根落在单位圆外，可逆性判断准则是 $1 + \beta_1 x + \cdots + \beta_q x^q = 0$ 所有根落在单位圆外。

下面进行平稳且可逆的 ARMA(p, q) 均值的计算。

$$E(1 - \alpha_1 L - \alpha_2 L^2 - \cdots - \alpha_p L^p) y_t = c + E(1 + \beta_1 L + \cdots + \beta_q L^q) \varepsilon_t = c$$

故均值 $\mu = \dfrac{c}{1 - \alpha_1 - \alpha_2 - \cdots - \alpha_p}$。

习题：求 ARMA(1,1) 过程 $y_t = c + \alpha y_{t-1} + \varepsilon_t + \beta \varepsilon_{t-1}$ 的自相关函数。

解答：

自相关函数

$$\rho_j = \begin{cases} \dfrac{(1+\alpha\beta)(\alpha+\beta)}{1+\beta^2+2\alpha\beta}, & j=1 \\[3mm] \alpha\rho_{j-1}, & j>1 \end{cases}$$

当自回归移动平均过程满足平稳性和可逆性时，则自回归移动平均过程可以转换为自回归过程，也能转换为可逆过程。

习题： 对于 $ARMA(1,1)$ 过程 $y_t = c + \alpha y_{t-1} + \varepsilon_t - \beta\varepsilon_{t-1}$，

（1）给出该模型平稳的条件？给出该模型可逆的条件？

（2）在平稳可逆假设下，将模型转换为 MA 形式。

（3）在平稳可逆假设下，将模型转换为 AR 形式。

（4）当 $\alpha = \beta$ 时，该模型为什么过程？

解答：（1）平稳条件：$|\alpha| < 1$，可逆条件：$|\beta| < 1$

（2）$y_t = \dfrac{c}{1-\alpha} + \varepsilon_t + (\alpha-\beta)\varepsilon_{t-1} + \alpha(\alpha-\beta)\varepsilon_{t-2} + \cdots$

（3）$y_t = \dfrac{c}{1-\beta} + \varepsilon_t + (\alpha-\beta)y_{t-1} + \beta(\alpha-\beta)\varepsilon_{t-2} + \cdots$

（4）$y_t = \dfrac{c}{1-\alpha} + \varepsilon_t$

5.3.9 偏自相关函数

K 期偏自相关函数，也称为部分自相关函数，简称为 PACF，是指 y_t 与 y_{t+k} 之间，在剔除了这两期通过中间的 $y_{t+1}, \cdots, y_{t+k-1}$ 这些中间期之后形成的相关关系。对于 $AR(1)$ 过程 $y_t = c + \alpha y_{t-1} + \varepsilon_t$ 而言，y_t 与 y_{t-2} 的关系完全是通过 y_{t-1} 而产生，如果已知 y_{t-1}，则 y_t 与 y_{t-2} 没有关系。即对于 AR（1）模型，2 期偏自相关函数都是 0。同样的，对于 AR（2）过程而言，y_t 与 y_{t-3} 的关系完全是通过 y_{t-1} 和 y_{t-2} 而产生，如果已知 y_{t-1} 和 y_{t-2}，则 y_t 与 y_{t-3} 没有关系。其 3 期偏自相关函数皆为 0。对于 AR（p）过程，p + 1 期偏自相关函数为 0，即 y_{t-p-1} 与 y_t 之间的偏自相关函数为 0。

对于平稳自回归过程，自相关函数是拖尾的，故由自相关函数难以区别不同阶数的自回归过程。由以上的分析可知，偏自相关函数可以区别不同阶数的自回归过程。对于 AR（∞）过程，偏自相关皆不为 0。由于平稳

的 MA（1）过程可以转换为 AR（∞），所以移动平均过程的偏自相关函数呈衰减模型，但不会在某一期之后全部为 0。

PACF 可以用来区分 AR 与 MA 过程，因为对于一个 AR（p）模型，其 PACF 应该在 p 个滞后期之后陡然降为 0，而对于 MA（q）模型来说，由于它可以转化为 AR（∞）的形式，所以其对应的 PACF 应该呈现出逐渐衰减、向 0 趋近的态势。

无论对于 ACF 还是 PACF，如果图示出现在某一期陡然减小为 0（并且之后也为 0）的现象，通常可以形象地描述为 ACF 或 PACF "在某期后出现截尾特征"。相反，如果图示出现逐渐衰减的态势，则可以描述为"拖尾特征"。

【教学活动 5 – 3】用软件模拟生成自回归模型，移动平均模型，自回归移动平均模型和白噪声过程的序列。并比较、总结四类模型的自相关和偏自相关函数的特征。

5.4 波动性建模

自回归模型因为自身经常表现出较高的平滑性而可以用来捕捉相对频数较低的时间序列变量，如月度、季度通胀率、GDP 增长率等。对这样的时间序列数据进行自回归模型的建模后，得到的残差序列一般不会表现出很强的异方差性。但是，高频数据和低频数据有明显的差异，比如日度数据和月度数据比较，高频数据表现出明显的集群现象。高频数据的残差序列方差有重要的含义，比如金融中高频数据的残差衡量了投资的风险程度。

在传统经济学模型中，干扰项的方差被假设为常数，但是时间序列往往呈现阶段性的大波动和阶段性的相对稳定，即某些时刻方差变化很大，该特征称为条件异方差的。比如，作为一个资产持有人，我们对资产在持有期间的回报率及其方差的预测感兴趣。假如在 t 期买进该资产，在 t + 1 期卖出该资产，则无条件方差，即方差的长期预测，就显得不再重要。而时间序列的条件方差，即基于 t 期对 t + 1 期方差的预测显得更为重要。

根据定义，可以写出 ARCH（1）模型的表达式。

5.4.1 ARCH 模型

ARCH（autoregressive conditional heteroskedasticity）模型全称为自回归条件异方差模型，ARCH 模型的核心思想是，误差项在时刻 t 的方差依赖于时刻 t-1 误差的平方。在 ARCH 建模过程中，涉及到两个核心的回归过程，即原始回归模型的均值，该模型常被称为条件均值回归模型，另一个是方差的回归模型，该回归模型常被称为条件异方差回归模型。ARCH 模型或 GARCH 模型主要是对回归模型的残差进行建模。该残差可以来自一个标准回归模型、自回归模型、自回归移动平均模型等。

ARCH(1)对残差建模的最简单形式为 $\varepsilon_t = v_t \sqrt{a_0 + a_1 \varepsilon_{t-1}^2}$。其中，$v_t$ 为白噪声过程，v_t 与 ε_{t-1} 相互独立，a_0 和 a_1 都为常数，且 $a_0 > 0, 0 < a_1 < 1$。

下面考虑序列 $\{\varepsilon_t\}$ 的性质。首先计算序列的无条件期望和无条件方差。

$$E\varepsilon_t = Ev_t \sqrt{a_0 + a_1 \varepsilon_{t-1}^2} = Ev_t E \sqrt{a_0 + a_1 \varepsilon_{t-1}^2} = 0。$$

所以，序列的无条件期望为 0。对于无条件方差，先对 ε_t 进行变形。得到 $\varepsilon_t^2 = v_t^2 (a_0 + a_1 \varepsilon_{t-1}^2)$。借助滞后算子 "L"，有 $\varepsilon_t^2 = a_0 v_t^2 / (1 - a_1 L) = a_0 (v_t^2 + a_1 v_{t-1}^2 + \cdots)$，又由于 $Ev_t^2 = Ev_{t-1}^2 = 1$，故 $E\varepsilon_t^2 = a_0 / (1 - a_1)$。

然后，考虑条件均值和条件方差。对于条件均值，有 $E(\varepsilon_t | \varepsilon_{t-1}) = E(v_t | \varepsilon_{t-1}) E(\sqrt{a_0 + a_1 \varepsilon_{t-1}^2} | \varepsilon_{t-1}) = 0$。对于条件方差，有 $E(\varepsilon_t^2 | \varepsilon_{t-1}) = E(v_t^2 | \varepsilon_{t-1}) E(a_0 + a_1 \varepsilon_{t-1}^2 | \varepsilon_{t-1}) = a_0 + a_1 \varepsilon_{t-1}^2$，即误差项在时刻 t 的方差依赖于时刻 t-1 误差的平方，从而称为"条件异方差"。虽然序列 $\{\varepsilon_t\}$ 不相关（为什么?），但不是相互独立的。当前一期方差增大时，后一期的方差也将增大。序列 $\{\varepsilon_t\}$ 的条件异方差性也将导致原序列 $\{y_t\}$ 的条件异方差性。

【教学活动 5-4】试用软件模拟生成条件异方差的残差序列 $\{\varepsilon_t\}$ 图，和相应的原序列 $\{y_t\}$ 图，说明其条件异方差性。

ARCH(1)可以推广到 ARCH(p)的形式，即 $\varepsilon_t = v_t \sqrt{a_0 + a_1 \varepsilon_{t-1}^2 + \cdots + a_p \varepsilon_{t-p}^2}$。

【教学活动5-5】试着计算 ARCH(p) 的无条件期望、无条件方差、条件期望、条件方差。

此外，ARCH(p) 模型存在另外一种等价形式，$\varepsilon_t^2 = a_0 + a_1 \varepsilon_{t-1}^2 + \cdots + a_p \varepsilon_{t-p}^2 + \eta_p$，其中，$\{\eta_p\}$ 独立同分布，且期望为0，方差为固定值。故随机误差项 $\{\varepsilon_t\}$ 是 ARCH(p) 模型，就是随机误差项的平方 $\{\varepsilon_t^2\}$ 服从 AR(p) 模型。

在处理现实问题时，如何判断该残差项是否需要建立 ARCH 模型？

首先看原序列图，是否存在条件异方差，即是否有集群现象。然后，可以使用 ARCH 检验来给出 ARCH 建模的依据。

现在我们来介绍 ARCH 检验。

第一步，首先进行最小二乘回归，获得残差序列 $\hat{\mu}_t$。

第二步，对模型 $\hat{\mu}_t^2 = c + a_1 \hat{\mu}_{t-1}^2 + a_2 \hat{\mu}_{t-2}^2 + \cdots + a_p \hat{\mu}_{t-p}^2 + \varepsilon_t$ 进行回归。

第三步，进行假设检验。

原假设：$a_1 = a_2 = a_3 = \cdots = a_p = 0$ 备择假设：至少有一个系数不为0。

检验统计量为 $T \times R^2$。其中，T 为样本总个数。如果拒绝原假设，则模型存在条件异方差，即 ARCH 效应。

5.4.2 GARCH 模型

对方差建立模型 $\varepsilon_t = v_t \sqrt{h_t}$，$h_t = a_0 + a_1 \varepsilon_{t-1}^2 + \beta_1 h_{t-1}$，则称为 GARCH(1,1) 模型。对方差建立模型 $\varepsilon_t = v_t \sqrt{h_t}$，$h_t = a_0 + \sum_{i=1}^{p} a_i \varepsilon_{t-i}^2 + \sum_{j=1}^{q} \beta_j h_{t-j}$，则称为 GARCH(q,p) 模型。事实上，$h_t$ 就是 ε_t 的条件方差。1 阶 ARCH 模型就是 GARCH(0,1)。即 ARCH(p) 就是 GARCH(0,p)。那为什么要考虑 GARCH 模型？GARCH 模型的优势显而易见。一个高阶的 ARCH 模型可能有一个更为简洁且易识别和估计的 GARCH 模型。模型越简洁，对系数的限制就越少。

5.4.3 其他 GARCH 模型

GARCH-M 模型，考虑了回归模型的条件期望和条件方差，即在条件期望中也加入了条件方差，从而使得条件期望与条件方差有关。模型为 $y_t = \beta x_t + \varphi g(h_t) + \varepsilon_t$，随机误差 $\varepsilon_t = v_t \sqrt{h_t}$。其中，$v_t$ 为白噪声过程，$g(h_t)$ 为条件方差 h_t 的函数，一般取为 $g(h_t) = h_t$，或 $g(h_t) = \ln h_t$，或 $g(h_t) = \sqrt{h_t}$，条件方差 h_t 可以是 ARCH 或 GARCH 形式。该模型主要检验 φ 是否显著异于 0。即序列的波动有没有影响其均值的变化，该系数的符号正负和大小反映了条件方差对条件均值的影响方向和影响程度。

TGARCH 模型，即门限 GARCH 模型，是指利用虚拟变量来设置一个门限以区分正的和负的冲击对条件波动的影响。方差的模型为 $h_t = a_0 + a_1 \varepsilon_{t-1}^2 + \beta_1 h_{t-1} + \varphi \varepsilon_{t-1}^2 l_{t-1}$，其中，$l_{t-1}$ 是名义变量，当 ε_t 小于 0 时，取值为 1，其他情况取值为 0。从而，当面临正的或负的随机误差变化时，引起的波动不同。该模型主要检验 φ 是否显著异于 0。即正负波动产生的影响是否具有对称性。

EGARCH 模型，即指数 GARCH 模型，也是刻画非对称反应的模型。条件方差建模为 $\text{Log } h_t = a_0 + \sum_{i=1}^{p} \left(a_i \left| \dfrac{\varepsilon_{t-i}}{\sqrt{h_{t-i}}} \right| + \varphi_i \dfrac{\varepsilon_{t-i}}{\sqrt{h_{t-i}}} \right) + \sum_{j=1}^{q} \beta_j \log h_{t-j}$。在这个模型中，$\dfrac{\varepsilon_{t-i}}{\sqrt{h_{t-i}}} = v_{t-i}$ 为服从标准正态分布的白噪声过程，故是一种标准化了的随机误差项。如果存在一个 $\varphi_i \neq 0$，则模型是非对称的。

PGARCH 模型，利用幂函数来刻画非对称反应。条件方差建模为 $(\sqrt{h_t})^{\delta} = a_0 + \sum_{i=1}^{p} a_i (|\varepsilon_{t-i}| - \varphi_i \varepsilon_{t-i})^{\delta} + \sum_{j=1}^{q} \beta_j (\sqrt{h_{t-j}})^{\delta}$，如果所有的 $\varphi_i = 0$，则模型是对称的，如果存在一个 $\varphi_i \neq 0$，则模型是非对称的。当估计出来的参数 $\delta = 2$，所有的 $\varphi_i = 0$ 时，该模型就是 GARCH 模型。

5.5 趋势建模

非平稳时间序列最突出的特点是具有"趋势"。对非平稳时间序列的处理总是先化为平稳过程。对于具有"趋势"的非平稳时间序列怎么去除趋势，化为平稳过程？

5.5.1 确定性趋势模型

所谓确定性趋势，是指模型中含有明确的时间 t 变量，从而使得某一时间序列变量随着时间而明确地向上增长。

最简单的线性确定性趋势模型可以写成：

$$y_t = c + \beta t + \mu_t, t = 1, 2, \cdots$$

其中，μ_t 表示均值为 0 的平稳随机变量。对该式两边取期望，可得

$$E(y_t) = c + \beta t$$

只要系数不为 0，则序列的均值随着时间推移而不断增大。正因为这个特点，确定性趋势模型也称为"均值非平稳"过程。该过程去掉确定性趋势项后是平稳过程。

更一般地，

$$y_t = c + \beta t + \varphi(L) \mu_t$$

其中，$\phi(L) = \phi_1 L + \phi_2 L^2 + \cdots + \phi_m L^m$ 是一个平稳的滞后算子多项式。

5.5.2 随机趋势模型

考虑 AR(1) 模型：

$$y_t = y_{t-1} + \varepsilon_t$$

其中，ε_t 为方差为 σ^2 的白噪声过程。

如果假设初始观测值为 y_0，那么，通过反复迭代，可以得到：

$$y_t = y_0 + \sum_{i=1}^{t} \varepsilon_i$$

这个表达式可以看成是一种随机常数项，这个模型称之为随机趋势模型，又称为差分平稳过程。实际上，该式就是一个随机游走过程。那么，随机游走过程有哪些特点？从该式子可以看出，随机游走过程就是一个常

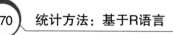

数项为 0 且自回归系数为 1 的 AR(1)模型。

进一步考察该模型的均值和方差，得到均值为 y_0，方差为 $t\sigma^2$，j 期的协方差为 $(t-j)\sigma^2$，j 期自相关函数为 $\sqrt{(t-j)/t}$ （试计算）。

故当 t 较大时，自相关趋向于 1，当 j 期增加时，相关系数不断衰减。表 5.1 给出了随机游走过程和平稳一阶自回归过程的不同特征。

表5.1　　　　　随机游走过程和平稳一阶自回归过程的不同特征

特征	随机游走过程	平稳一阶自回归过程
方差	随时间增长	不变
协方差	与时间和时间间隔有关	无关
自相关函数	不变或缓慢衰减	指数衰减
记忆性	长记忆性	短记忆性

【教学活动5-6】试用软件模拟生成随机游走过程和平稳一阶自回归过程，并对比说明其不同特征。

在随机游走模型中加了一个常数项，则称为带有截距项的随机游走过程。同样，可以计算得到其均值为 $E(y_t)=y_0+ct$，方差为 $t\sigma^2$，j 期自协方差为 $(t-j)\sigma^2$，j 期自相关函数为 $\sqrt{(t-j)/t}$。

【教学活动5-7】试用软件模拟生成随机游走过程和带截距项的随机游走过程，说明其特征，思考随机游走过程是不是平稳过程，为什么。

5.5.3　去除趋势的方法

在实际应用中，平稳时间序列比非平稳时间序列具有更多吸引人的特性。另外，平稳时间序列与非平稳时间序列在某些重要特性方面差异明显。含有趋势的时间序列却永远也不会恢复到一个长期的固定水平。随机干扰项对含有趋势的时间序列的影响是长久的，表现出一种长期的记忆性。如果含有趋势成分的非平稳时间序列参与到计量回归中，则许多经典的回归估计假设条件都将不再满足。所以，必须小心解释相应的统计检验和统计推断。有的情况下会出现所谓的"伪回归"现象，有的情况下要进行协整分析。

　　一般来说，常用的去除趋势的方法有差分法和去除趋势法，前者针对随机趋势非平稳时间序列，后者针对含有确定性趋势的非平稳序列。

　　差分法一般用来去除含有随机趋势的非平稳时间序列。如果从自回归模型的平稳性条件来考虑，如果模型非平稳，则它的特征方程含有一个单位根。只含有一个单位根的过程，即 1 次差分后为平稳过程的原过程，称为一阶单整过程。d 阶单整过程是指该过程经 d 次差分后为平稳过程，d − 1 次差分后为非平稳过程。即随机趋势非平稳过程可以通过差分法变为平稳过程。如果是 1 阶单整过程，则一次差分即可实现。如果是 2 阶单整过程，则通过两次差分即可得到平稳过程。

　　以随机游走过程为例，一阶差分可以表示为 $\Delta y_t = y_t - y_{t-1}$，其中，$\Delta$ 表示差分符号。此时，$\Delta y_t = \varepsilon_t$。从该式可以看出，对于随机游走过程，其一阶差分为一个平稳的时间序列，因为 ε_t 是一个白噪声过程。

　　对于 $y_t = c + \beta t + \varepsilon_t$，差分法并不适用，因为 $\Delta y_t = \beta + \varepsilon_t - \varepsilon_{t-1} = \beta + (1 - L)\varepsilon_t$，从而看出差分法并不适用（为什么？）。对于确定性趋势的时间序列，一般用去除趋势法。去除趋势法的操作步骤为，先进行模型的估计，然后再对原序列进行操作。即先进行估计得到 $\hat{y}_t = \hat{c} + \hat{\beta}t$，然后，$y_t - \hat{y}_t = \varepsilon_t$。

　　当然，如果不能确定时间趋势成分是否仅为一次幂的形式，还可以采用更一般的确定性趋势非平稳序列的模型形式，如 $y_t = c + \beta_1 t + \beta_2 t^2 + \cdots + \beta_m t^m + \varepsilon_t$。然后，通过最小二乘估计法进行回归，确定 t 的阶数。

　　确定性趋势非平稳过程通过去除确定性趋势从而转化为平稳序列。随机趋势非平稳过程通过差分法转化为平稳序列。如果对随机趋势非平稳过程进行去除趋势法操作是否合适？

　　对于随机趋势非平稳过程 $y_t = y_{t-1} + \varepsilon_t = y_0 + \sum_{i=1}^{t} \varepsilon_i$，先进行回归，得到 $\hat{y}_t = \hat{c} + \hat{\beta}t$，再进行相减，得到 $e = y_t - \hat{c} - \hat{\beta}t = y_0 - \hat{c} - \hat{\beta}t + \sum_{i=1}^{t} \varepsilon_i$，即得到的 e 为非平稳序列（为什么？）。

　　以上介绍的方法都是事先假定我们完全知道一个非平稳序列是含有随机趋势还是含有确定性趋势。在分析实际问题时，并不容易判断一个有趋势的非平稳序列究竟是含有确定性趋势还是随机趋势，还是二者兼有。这时，经常采用的办法是遵循前人的研究结果或者分别尝试不同的去除趋势的方法，然后比较得到的序列的平稳性，从而选择合适的一个。另外，可以使用单位根检验来确定模型是哪一种趋势。

5.5.4 单位根检验法

单位根检验法有 DF 单位根检验法（dickey and fuller，DF）、ADF 单位根检验法（augmented dickey-fuller，ADF）、ERS – DFGLS 检验（Elliott Rothenberg and Stock-Dickey-Fuller test with generalized least squares detrending，ERS-DFGLS）、Phillips-Perron 检验、Kwiatkowski Phillips Schmidt Shin 检验、Elliott Rothenberg Stock Point Optimal 检验、Ng Perron 检验等。

DF 检验有三个不同的回归方程，对应三种不同情况。

第一个回归方程为 $\Delta y_t = \phi y_{t-1} + \varepsilon_t$，对应原假设为随机游走模型，即存在单位根，备择假设为平稳过程。

第二个回归方程为 $\Delta y_t = c + \phi y_{t-1} + \varepsilon_t$，对应原假设为随机游走模型，即存在单位根，备择假设为平稳过程。

第三个回归方程为 $\Delta_t = c + yt + \phi y_{t-1} + \varepsilon_t$，对应原假设为随机游走模型，即存在单位根，备择假设为含确定性趋势的非平稳过程。即第三个回归方程的原假设为差分平稳，备择假设为趋势平稳。

ADF 检验是 DF 检验的拓展。在 DF 检验中，所有情况对应的模型都是一阶自回归模型，而没有考虑高阶自回归模型。ADF 检验是将 DF 检验从一阶自回归模型拓展到一般的高阶自回归模型。检验中关心的系数还是 ϕ。

第一个回归方程为 $\Delta y_t = \phi y_{t-1} + \sum_{i=2}^{p} \phi_i \Delta y_{t-(i-1)} + \varepsilon_t$，对应原假设为随机游走模型，即存在单位根，备择假设为平稳过程。

第二个回归方程为 $\Delta y_t = c + \phi y_{t-1} + \sum_{i=2}^{p} \phi_i \Delta y_{t-(i-1)} + \varepsilon_t$，对应原假设为随机游走模型，即存在单位根，备择假设为平稳过程。

第三个回归方程为 $\Delta y_t = c + yt + \phi y_{t-1} + \sum_{i=2}^{p} \phi_i \Delta y_{t-(i-1)} + \varepsilon_t$，对应原假

设为随机游走模型,即存在单位根,备择假设为含确定性趋势的非平稳过程。即第三个回归方程的原假设为差分平稳,备择假设为趋势平稳。

5.5.5 处理非平稳时间序列的步骤

第一步,进行模型的设定,确定模型中含有的滞后项、解释变量 X、被解释变量 Y 等。

第二步,使用合适的方法检验所有变量是否平稳,如 DF 检验。

第三步,如果所有变量没有单位根,即所有变量平稳,则直接估计原方程,即建立 X 与 Y 的模型。

第四步,如果变量含有单位根,则使用 DF 检验第一步中的残差序列,判断 X 与 Y 是否存在协整关系。协整关系是指对于模型 $Y_t = a_0 + \beta_0 X_t + \mu_t$,其中 Y_t 和 X_t 经 DF 检验都是非平稳的,但是 μ_t 为平稳序列,则称 Y_t 和 X_t 为协整的,存在协整关系。

第五步,如果变量含有单位根,但没有协整关系,则应当使用一阶差分的形式,即建立 ΔX 与 ΔY 的模型。

第六步,如果变量含有单位根,且有协整关系,则考虑建立误差修正模型。

5.5.6 误差修正模型

误差修正模型(error correction model,ECM)建立的条件是两个序列 X_t,Y_t 为同阶单整,且两序列存在协整关系。误差修正模型为 $\Delta Y_t = \beta_0 + \beta_1 \Delta X_t + \lambda ecm_{t-1} + \varepsilon_t$。其中,$ecm_{t-1}$ 为误差修正项,λ 为调整系数。那么,误差修正项是什么?

当 X_t,Y_t 为同阶单整,且两序列存在协整关系,可以建立回归模型。

$$Y_t = \beta_0 + \beta_1 X_t + \beta_2 Y_{t-1} + \beta_3 X_{t-1} + \varepsilon_t$$

式子两边同时减去 Y_{t-1},整理得

$$\Delta Y_t = \beta_0 + \beta_1 \Delta X_t - (1 - \beta_2)\left(Y_{t-1} - \frac{\beta_1 + \beta_3}{1 - \beta_2} X_{t-1}\right) + \varepsilon_t$$

其中，$Y_{t-1} - \dfrac{\beta_1 + \beta_3}{1 - \beta_2} X_{t-1}$ 为序列在上一期的误差，是误差修正项，记作 ecm_{t-1}，亦称为均衡误差。若两序列 X_t，Y_t 存在长期均衡关系，则可以由式子 $Y_t = \dfrac{\beta_1 + \beta_3}{1 - \beta_2} X_t$ 来衡量。

5.6 | 多方程建模

5.6.1 格兰杰因果检验

格兰杰因果关系是指当某时间序列变量发生变动时，另一个时间序列会发生一致可预测的变动。但是，格兰杰因果关系不是理论上的因果关系，不能认为是第二个因素变动的原因是第一个因素的变动。或者说，不能认为第一个因素变动导致了第二个因素的变动。

对于模型

$$Y_t = \beta_0 + \beta_1 Y_{t-1} + \cdots + \beta_p Y_{t-p} + a_1 A_{t-1} + \cdots a_q A_{t-q} + \varepsilon_t$$

$$H_0:\ a_1 = \cdots a_q = 0, H_1: 至少一个不为 0$$

对于这个原假设和被择假设，若拒绝原假设，则可以认为 A 是 Y 的格兰杰原因。

对于模型

$$A_t = \beta_0 + \beta_1 A_{t-1} + \cdots + \beta_p A_{t-p} + a_1 Y_{t-1} + \cdots a_q Y_{t-q} + \varepsilon_t$$

$$H_0:\ a_1 = \cdots a_q = 0, H_1: 至少一个不为 0$$

对于这个原假设和被择假设，若拒绝原假设，则可以认为 Y 是 A 的格兰杰原因。

5.6.2 向量自回归模型

考虑模型 $Y_t = \phi_0 + \phi_1 Y_{t-1} + \cdots + \phi_p Y_{t-p} + \varepsilon_t$，式中，$Y_t$ 是 m 维平稳的

变量序列；$\phi_i(i=1,2,\cdots,p)$ 是 $m \times m$ 维系数矩阵；ε_t 是 m 维随机误差序列。考虑 2 维变量序列，即 $Y_t = \begin{bmatrix} y_{1t} \\ y_{2t} \end{bmatrix}$，则 $\varepsilon_t = \begin{bmatrix} \varepsilon_{1t} \\ \varepsilon_{2t} \end{bmatrix}$，若 ε_{1t} 和 ε_{2t} 分别是独立同分布的随机过程，但不要求 $Cov(\varepsilon_{1t}, \varepsilon_{2t}) = 0$，即允许存在同期相关性，但不存在自相关，则该模型可以认为是非结构化模型 VAR（p）。

非结构化 VAR 模型没有考虑变量间的同期关系，即解释变量中没有与因变量同期的变量，只有滞后项，而实际中常常需要考虑变量间的同期影响关系，这就有了结构化 VAR 模型。以 2 维变量序列为例，其建模为：

$$y_{1,t} = \beta_{10} + y_{12}y_{2,t} + \beta_{11}y_{1,t-1} + \beta_{12}y_{2,t-1} + u_{1,t},$$
$$y_{2,t} = \beta_{20} + y_{21}y_{1,t} + \beta_{21}y_{1,t-1} + \beta_{22}y_{2,t-1} + u_{2,t}$$

其中，u_{1t} 和 u_{2t} 为白噪声过程，且相关性为 0。

写成矩阵形式，有：

$$\begin{bmatrix} 1 & -Y_{12} \\ -Y_{21} & 1 \end{bmatrix} \begin{bmatrix} y_{1,t} \\ y_{2,t} \end{bmatrix} = \begin{bmatrix} \beta_{10} \\ \beta_{20} \end{bmatrix} + \begin{bmatrix} \beta_{11} & \beta_{12} \\ \beta_{21} & \beta_{22} \end{bmatrix} \begin{bmatrix} y_{1,t-1} \\ y_{2,t-1} \end{bmatrix} + \begin{bmatrix} u_{1,t} \\ u_{2,t} \end{bmatrix}$$

如果矩阵 $\begin{bmatrix} 1 & Y_{12} \\ -Y_{21} & 1 \end{bmatrix}$ 可逆，则可以写成：

$$\begin{bmatrix} y_{1,t} \\ y_{2,t} \end{bmatrix} = \begin{bmatrix} 1 & -Y_{12} \\ -Y_{21} & 1 \end{bmatrix}^{-1} \begin{bmatrix} \beta_{10} \\ \beta_{20} \end{bmatrix} + \begin{bmatrix} 1 & -Y_{12} \\ -Y_{21} & 1 \end{bmatrix}^{-1} \begin{bmatrix} \beta_{11} & \beta_{12} \\ \beta_{21} & \beta_{22} \end{bmatrix} \begin{bmatrix} y_{1,t-1} \\ y_{2,t-1} \end{bmatrix} +$$

$$\begin{bmatrix} 1 & -Y_{12} \\ -Y_{21} & 1 \end{bmatrix}^{-1} \begin{bmatrix} u_{1,t} \\ u_{2,t} \end{bmatrix}$$

即把 SVAR(1) 转化成了 VAR(1)。此模型中的随机误差项就是 $\begin{bmatrix} \varepsilon_{1t} \\ \varepsilon_{2t} \end{bmatrix} =$

$\begin{bmatrix} 1 & -Y_{12} \\ -Y_{21} & 1 \end{bmatrix}^{-1} \begin{bmatrix} u_{1,t} \\ u_{2,t} \end{bmatrix}$，对于相关性为 0 的两个白噪声过程 u_{1t} 和 u_{2t}，得到的随机误差项相关性不为 0，即 $cov(\varepsilon_{1t}, \varepsilon_{2t}) \neq 0$。除非当 y_{12} 和 y_{21} 都为 0，此时，$y_{1,t}$ 和 $y_{2,t}$ 不存在当期项，形成的 VAR(1) 中的随机误差项相关性为 0。

　　利用初选的阶数 p 构建 VAR 模型，再利用几个评价指标帮助确定合适的阶数。评价指标一般有：LR 检验、AIC 准则、SC 准则、HQ 准则、FPE 最终预测误差等。在实际运用中，宜采用多数指标加以判断，确定合适的阶数。如果最终有两个备选模型，还可利用模型对样本期内的各期值进行估计，与实际值比较，计算估计误差以评估备选模型的精度。

　　这里需要强调的是，VAR 模型往往不关心参数的显著性，并不需要用所选的不同滞后期的变量对因变量进行解释。另外，VAR 模型适用于多变量的平稳序列。对于序列是否平稳，可以运用单位根检验。如果每一个变量序列都是平稳的，则建立 VAR 模型没有问题。当序列存在高阶自相关或多个序列中个别序列略微有趋势，则对序列进行单位根检验不容易得出结论。此时，一般在建立 VAR 模型之后，通过对整个系统进行检验作出判断。VAR 平稳性检验是通过对每一变量序列构建的 AR（p）特征多项式估计系数，即求解特征多项式的根，然后对整个 VAR 模型进行判断。

5.6.3　脉冲响应函数和方差分解

　　非结构化 VAR 模型和结构化 VAR 模型的脉冲响应函数和方差分解的基本意义是相同的。

　　脉冲响应函数是度量模型系统中，每个内生变量对它自己及所有其他内生变量变化的反应。即考虑一个误差项变动，或受到一个干扰或冲击，系统给出的动态反应。脉冲响应函数就是要描述这些动态反应的轨迹，描述一个变量的意外变动如何影响模型的所有其他变量。

　　方差分解是靠考察与分析预测误差的方差构成，即在预测误差的方差（不确定性）中，有多少比例是由自身变动引起的，多少比例是由其他哪一变量引起的。

参考文献

[1] 中共中央党史和文献研究院、中央"不忘初心、牢记使命"主题教育领导小组办公室：《习近平关于"不忘初心、牢记使命"论述摘编》，党建读物出版社、中央文献出版社 2019 年版。

[2] 金勇进：《抽样：理论与应用（第二版）》，高等教育出版社 2016 年版。

[3] [英] 约翰尼斯·莱道尔特：《数据挖掘与商务分析：R 语言》，机械工业出版社 2016 年版。

[4] 张成思：《金融计量学：时间序列分析视角（第二版）》，中国人民大学出版社 2016 年版。

[5] [美] 阿伦·艾格瑞斯蒂，巴巴拉·芬蕾：《社会科学统计方法（第四版）》，电子工业出版社 2011 年版。

[6] [美] 施图德蒙德：《应用计量经济学（原书第七版）》，杜江、李恒译，机械工业出版社 2022 年版。

陈隆作品集

[作者简介] 陈隆，男，文清小学 102 班班长。从小有很多爱好，跑步、画画、足球、篮球、所有的体育运动、搭乐高、弹钢琴、练字、写作文等等。

脸上的"车灯"

我脸上有两个车灯，
左边一个右边一个。
妈妈脸上很多车灯，
爸爸脸上更多车灯，
你们都是照亮路的人！

[妈妈评语] 什么是脸上的"车灯"？是脸上的痣！此篇大作是三岁时和妈妈散步，隆哥说的话。妈妈跟隆哥抱怨说："唉呀，妈妈脸上好多痣啊。"隆哥脱口而出这首诗。

小雪花

小雪花，小雪花，
你是个小雪花啊！好啊！好啊！
白白的，白白白的！好好看啊！
好、好、好！
小雪花啊，小雪花啊！
又好看又小……

2022 年 12 月 6 日作

小树叶

一片片树叶从树上落下来。

好多好多，好好看啊！

一片片的树叶是薄的。

小树叶啊小树叶！

2022 年 12 月 15 日作

咏梅六岁作

粉白蜜蜂多

花是五片叶

花苞是粉色

一暖花就开

风柳七岁作

绿叶长长是春假，

春假没人出来玩。

微风拂柳惬意多，

作业满天飞不停。

2023 年 4 月 28 日

一年级下学期的春假作于浙江杭州高教西公园

小荷叶历险记

小荷花 1 小荷叶和小露珠

从前，有一片荷叶。它很孤独。可是，它还是很开心的。为什么呢？因为它可以自己玩。可是自己玩也会玩腻的呀。有一天，下雨了。雨停的时候，有一颗露珠它对荷叶说："我可以跟你做朋友。"小荷叶非常开心了。

小荷叶2　小荷叶的烦恼

小荷叶有朋友了。可是，它有一个烦恼。因为它只有一个好朋友，而且小露珠也会蒸发的。所以，小荷叶喜欢下雨后的时间。

小荷叶3　小荷叶交朋友

小荷叶只有一个朋友。所以，它变得很热情了。所以，它就有了更多小露珠喜欢它。可是，只有小露珠也会玩腻的呀。它想到了一个动物。可是，它忘记这个动物的名字了。

小荷叶4　惊险篇

现在，小荷叶有朋友了。可是，有一天有一个很调皮的男孩子，他把小荷叶拔了。小荷叶那时已经吸足了水，它吸了百分之百的水。小男孩把小荷叶带回了家后，小荷叶只剩下百分之十的水了。小荷叶感觉非常渴，感觉自己的生命快要结束了。它非常想念它的池塘。小荷叶猜池塘里的小露珠们也非常想念它。小荷叶想起来了，那只动物叫青蛙。

小荷叶5　小荷叶得救了

小荷叶多么想它的池塘啊。小男孩被他的妈妈揍了，他爸爸让他快点把小荷叶种下去。小荷叶终于有水了。小荷叶在心里说："耶！终于有水啦！"小荷叶拼命地吸水，它终于得救了。

小荷叶6　小荷叶和小圆圆

小荷叶有了水，可是又变得非常孤单了。它太想它的池塘了，一时半会儿他就晕过去了。晕了好久好久。醒过来的时候，它发现他不在小男孩家里，他在一辆大卡车里。小荷叶看见失踪了十年的好朋友，都快忘记它了。小荷叶看到了它，突然想起来了，这个朋友叫小圆圆。小圆圆对小荷叶说了它的经历。小圆圆说："自从被搬进大货车里，工作人员老是把我落在车里。"小荷叶说："你都在车子里，一定忘记了一些知识了吧？"小圆圆说："才没有！"小荷叶说："那我考你个《春晓》背一下。"小圆圆说："好啊，我背喽。春眠不觉晓，处处闻啼鸟。夜来风雨声，花落知多少。你看，是不是背下来了？"小荷叶说："好吧，这回我就相信你了。"

小荷叶7　一个难题

小荷叶和小圆圆聊了好久好久。他们两个聊到最后一个话题的时候，突然犯了难，为什么呢？因为要是小圆圆又被工作人员落在车上可怎么办呢？它会死掉的！或者虽然小圆圆被拿下来了，其他的花儿被工作人员落在车上，这是不是也不太好啊？所以，他们得想个办法。它们想啊想啊，想着想着就睡着了。它们在梦里想到了个好办法，是什么办法呢？请听小荷叶8。

小荷叶8　办法

上一集我们讲到了小荷叶和小圆圆在梦里想到办法，是什么办法呢？现在我来揭晓答案喽。其实他们的办法是让他们的叶子更绿更圆！所以，他们两个就拼命地吸水。吸足了水，他们聊起了天。聊着聊着，他们两个聊到了一个话题时"突然"有一点儿生气还有点儿惊讶，是什么话题呢？请听小荷叶9。

小荷叶9　时间

上一集我们讲到了小荷叶和小圆圆聊到了一个话题，是什么呢？让我来揭晓答案。它们说到了拔它们的人是谁？小荷叶说："拔我的人是个小男孩，他很调皮。但是，他心胸不狭窄，被他妈妈骂了也不难过。"小圆圆说："他是不是有点儿胖？"小荷叶说："你怎么知道？难道也是拔你的人？"小圆圆说："是的！我被拔的时间是2022年11月25日，被搬进大卡车的时间是2022年11月30日。"小荷叶说："我被搬进大卡车里的时间是2023年2月1日，被拔的时间是2023年1月30日。"突然，"呼"一声大卡车停住了。工作人员要搬植物了，后来发生了什么？请听小荷叶10。

小荷叶10　永别

原来工作人员发现小圆圆了。可是，他却没有把小圆圆拿出来，那是怎么回事呢？原来他不喜欢小圆圆，所以，他不把小圆圆拿出来。可是，他把小荷叶拿了出来。小荷叶和小圆圆彼此说了一声："再见！"它们就永别了。

小荷叶　尾声

小荷叶永别小圆圆之后，嘿嘿，我先告诉你们小荷叶和小圆圆是怎么成为好朋友的。哈哈，让我来告诉你们：从前有两片荷叶，一片叫小荷叶，一片叫小圆圆。池塘里只有这两片荷叶，所以，他们成为了好朋友。想听更多精彩，请听下卷。

后　记

亲爱的隆宝：

　　我的儿子，还有一个月就是你七周岁的生日，从 2018 年到现在，历经 6 年时间，这书终于即将完稿。这本书主要是汇集了妈妈 2015 年进入职场，所有教授过的统计类专业课程所有讲稿和资料。写着写着，感觉是一个"大部头"，中间随着专业调整，一度中断。但是，自从你上小学以来，"写书"似乎成了你的最爱。在你的鼓励下，妈妈重拾信心，一定要把它完成！

　　从 2015 年到 2023 年最后一届经济统计专业学生的毕业，整整 8 届学生。后续将为大数据管理与应用专业的同学提供服务。时间过得真快，出第一本教材时，我儿才牙牙学语，现在，我儿已上小学一年级。是不是妈妈的第一本教材鼓舞了你呢？放学一回家，一放下书包，就说："我要写书啦！"然后，把房门一关，安安静静。别人家为写作业鸡飞狗跳，我们家却是安安静静。看了你的几篇作品，还真是挺棒，老母亲深感欣慰。本书的附录与大家分享我儿的作品集，也算是对你的一种小小激动。愿你在"写书"路上越走越好！

　　使用这本教材成长起来的哥哥姐姐们，有些还在求学，有些已为人父母，世界各地，各行各业。作为专业课老师，从大二下学期一直跟到大四毕业，不是亲人，胜似亲人。他们也是你最好的哥哥姐姐。这可能是做大学老师的最大幸福。

　　带着这份激励，带着这份幸福，完成本教程，也希望用教材的人也有所激励，也能体会到这份幸福。你会是第一位读者吗？期待与你的讨论。

妈妈：叶露

2023 年 2 月 27 日